O jeito
Peter Lynch
de investir

PETER LYNCH E JOHN ROTHCHILD

O jeito Peter Lynch de investir

As estratégias vencedoras de quem transformou Wall Street

2ª edição

Tradução
Ivan Pedro Ferreira Santos

Benvirá

Copyright © Peter Lynch, 1989
Copyright da introdução © Peter Lynch, 2000

Título original: *One up on Wall Street*

Todos os direitos reservados. Publicado mediante acordo com a editora original, Simon & Schuster, Inc.

Revisão técnica Marco Antonio Gazel Junior
Revisão Laila Guilherme
Diagramação Claudirene de Moura Santos Silva
Capa Deborah Mattos
Imagem de capa Brian Snyder/Reuters/Fotoarena
Impressão e acabamento Gráfica Paym

Dados Internacionais de Catalogação na Publicação (CIP)
Angélica Ilacqua CRB-8/7057

Lynch, Peter (Peter S.)
  O jeito Peter Lynch de investir : as estratégias vencedoras de quem transformou Wall Street / Peter Lynch, John Rothchild ; tradução de Ivan Pedro Ferreira Santos. -- 2. ed. -- São Paulo : Benvirá, 2019.
  304 p.

Bibliografia
ISBN 978-85-5717-314-9
Título original: *One up on Wall Street*

1. Investimentos 2. Ações (Finanças) 3. Especulação (Finanças) I. Título II. Rothchild, John

19-1102
CDD 332.6322
CDU 336.76

Índices para catálogo sistemático:
1. Investimentos

2ª edição, julho de 2019 | 10ª tiragem, fevereiro de 2024

Nenhuma parte desta publicação poderá ser reproduzida por qualquer meio ou forma sem a prévia autorização da Saraiva Educação. A violação dos direitos autorais é crime estabelecido na lei nº 9.610/98 e punido pelo artigo 184 do Código Penal.

Todos os direitos reservados à Benvirá, um selo da Saraiva Educação.
Av. Paulista, 901, 3º andar
Bela Vista – São Paulo – SP – CEP: 01311-100

SAC: sac.sets@saraivaeducacao.com.br

| CÓDIGO DA OBRA | 2977 | CL | 670902 | CAE | 659402 | OP 231241 |

Para Carolyn, minha esposa e melhor amiga por mais de 20 anos, pelo apoio e pelos sacrifícios que têm sido altamente importantes.

Para meus filhos, Mary, Annie e Beth, cujo amor entre si e pelos seus pais representa muito para mim.

Para meus colegas da Fidelity Investments, que, com seus esforços adicionais, tornaram o desempenho do Magellan possível, mas que não receberam nenhuma parcela de publicidade favorável.

Para o um milhão de investidores do Fundo Magellan, os quais confiaram a mim suas economias, enviaram milhares de cartas e realizaram milhares de chamadas telefônicas ao longo dos anos, dando-me apoio durante os declínios do mercado e lembrando-me de que tudo ficaria bem no futuro.

Ao Deus sagrado, por todas as bênçãos incríveis que tem me concedido durante a minha vida.

Sumário

Apresentação 9

Prólogo – Uma nota da Irlanda 31

Introdução – As vantagens do investidor amador 35

Parte I – Preparando-se para investir **49**
1 | A formação de um investidor em ações...................... 51
2 | Os paradoxos de Wall Street 60
3 | Isto é um jogo ou não? 74
4 | Passando pelo teste do espelho................................... 85
5 | Este é um bom mercado? Por favor, não pergunte 92

Parte II – Selecionando vencedores **101**
6 | Perseguindo a *tenbagger*... 103
7 | Eu consegui, eu consegui! O que eu consegui mesmo?........ 113
8 | A ação perfeita, que grande negócio!.......................... 134
9 | Ações que eu evitaria... 153

10	Lucros, lucros e mais lucros	165
11	O exercício de dois minutos	176
12	Obtendo os fatos	185
13	Alguns números famosos	204
14	Conferindo novamente a história	230
15	A lista final de verificação	235

Parte III – A visão de longo prazo **243**
16	Desenhando um portfólio	245
17	O melhor momento para comprar e vender	254
18	As 12 maiores (e mais perigosas) tolices que as pessoas dizem sobre o preço das ações	268
19	Opções, futuro e venda a descoberto	279
20	50 mil franceses podem estar errados	285

Epílogo – Apanhado de calças curtas 297

Agradecimentos 299

Apresentação

Este livro foi escrito para motivar e proporcionar informações básicas ao investidor individual. Quem poderia afirmar que ele atingiria a marca de 30 edições e venderia mais de um milhão de cópias? Embora esta edição esteja sendo relançada 11 anos após a primeira, estou convencido de que os mesmos princípios que me auxiliaram a obter um bom desempenho no Fundo de Investimentos Fidelity Magellan ainda se aplicam ao investimento em ações nos dias de hoje.

Tem sido uma trajetória memorável desde que *O jeito Peter Lynch de investir* chegou às livrarias, em 1989. Eu deixei o Magellan em maio de 1990, e os especialistas disseram-me que essa fora uma decisão brilhante. Eles me parabenizaram por haver partido no momento certo – um pouco antes do colapso do mercado de alta. Naquela ocasião, os pessimistas pareciam espertos. Os maiores bancos do país aproximavam-se da insolvência, e, de fato, alguns deles foram à ruína. No começo do outono, a guerra estava se desenrolando no Iraque[1]. As ações sofreram uma de suas piores quedas na história recente. Mas, quando a guerra foi vencida, o sistema bancário sobreviveu, e as ações reagiram.

E que reação! O índice Dow Jones mais do que quadriplicou desde outubro de 1990, passando de um patamar de 2.400 para acima de 11.000 – a melhor

---

[1] O autor faz referência à Guerra do Golfo, conflito militar iniciado em 1990, na região do Golfo Pérsico, após a invasão do Kuwait por tropas iraquianas, sob o comando de Saddam Hussein. [N. R.]

década para as ações no século XX. Aproximadamente 50% das famílias dos Estados Unidos tinham ações ou fundos de investimentos, bem acima dos 32% em 1989. O mercado como um todo havia criado US$ 25 trilhões em riqueza, os quais agora podem ser vistos em todas as cidades e vilarejos. Se isso continuar, logo alguém escreverá um livro chamado *Meu vizinho é um bilionário*.

Mais de US$ 4 trilhões dessa nova riqueza estão aplicados atualmente em fundos de investimentos, contra US$ 275 bilhões em 1989. A bonança dos fundos parece-me positiva, considerando que eu próprio administro um deles. Mas isso também deve significar que uma porção de investidores amadores obteve péssimos lucros com suas escolhas. Caso tivessem se saído melhor na mãe de todos os mercados de ações, eles não teriam migrado para os fundos na extensão, como o fizeram. Talvez a informação contida neste livro possa colocar algum investidor errante em um caminho mais lucrativo.

Desde que deixei o Magellan, tornei-me, eu mesmo, um investidor individual. No setor caritativo, levanto recursos para a concessão de bolsas de estudo para jovens de áreas menos favorecidas, de todas as religiões, nas escolas católicas de Boston. Adicionalmente, trabalho meio expediente no Fidelity como conselheiro de gestão de fundos e orientador/treinador de jovens analistas. Ultimamente, meu tempo destinado ao lazer cresceu mais de 30 vezes, à medida que passo mais tempo com minha família, tanto em casa quanto no exterior.

Isso já é o bastante a ser dito em relação a mim. Voltemos ao meu assunto favorito: ações. Desde o início deste grande mercado de ações convencionais, em agosto de 1982, testemunhamos o maior crescimento do preço das ações da história dos Estados Unidos, com um aumento de mais de 15 vezes do índice Dow. No jargão Lynch, isso é uma *fifteenbagger*[2]. Estou acostumado a encontrar *fifteenbaggers* em diversas empresas bem-sucedidas, mas uma *fifteenbagger* no mercado de uma forma geral é um resultado espantoso. Considere isto: do ponto mais alto, atingido em 1929, até 1982, o mercado de ações de alta produziu apenas uma *fourbagger*[3]: um crescimento de 248 para 1.046 pontos em meio século! Ultimamente, os preços das ações têm aumentado mais rapidamente, à medida que se tornam maiores. O índice Dow levou 8 anos e meio para dobrar de 5.000 para 10.000 pontos. Entre 1995 e 1999, testemunhamos 5 anos sem precedentes, nos quais o mercado

---

[2] Termo usado para descrever ações que geram 15 vezes o valor nelas investido inicialmente. [N. T.]
[3] Ações que apresentam um retorno de quatro vezes o valor investido. [N. T.]

proporcionou retornos acima de 20%. Nunca haviam sido registrados lucros acima de 20% em períodos consecutivos.

O grande mercado de alta de Wall Street havia recompensado os crédulos e confundido os céticos de um modo que nenhum deles poderia imaginar no marasmo do princípio dos anos 1970, quando inicialmente assumi o comando do Magellan. Naquele momento de baixa, investidores desmoralizados tiveram de lembrar-se de que os mercados de baixa nunca duram para sempre e, com paciência, manter suas ações e cotas de fundos de investimento durante os 15 anos necessários para que o Dow e outros índices recuperassem os preços alcançados, em meados dos anos 1960. Atualmente, é importante lembrar que os mercados de baixa nunca duram para sempre e que se necessita de paciência em ambos os sentidos.

Na página 289 deste livro, afirmo que a divisão da ATT pode ter sido o evento mais importante ocorrido no mercado acionário daquela época. Hoje em dia, esse posto é ocupado pela internet, e, até o momento, a internet me deixou para trás. Durante todo o tempo, tenho sido "tecnofóbico". Porém, minha experiência demonstra que não é necessário seguir a moda para ser bem-sucedido como investidor. De fato, a maioria dos grandes investidores que conheço (Warren Buffett, para começar) é "tecnofóbica". Eles não trabalham com o que não compreendem, assim como eu. Eu compreendo a Dunkin' Donuts e a Chrysler, razão pela qual suas ações habitam o meu portfólio. Entendo os bancos, as caixas de depósitos e seus afiliados mais próximos, como a Fannie Mae. Não acesso a internet. Nunca a utilizei nem mantive uma conversa por meio dela. Sem alguma ajuda especializada (de minha esposa ou de minhas filhas), não conseguiria acessá-la.

Durante o feriado de Ação de Graças, em 1997, tomei uma gemada com um amigo de Nova York mais tolerante em relação à internet. Mencionei que minha esposa, Carolyn, admirava a escritora de livros de mistério Dorothy Sayers. Meu amigo sentou-se em um computador próximo e, com apenas alguns cliques, obteve a relação completa de suas obras, além de comentários de leitores e avaliações de uma a cinco estrelas (em sites de literatura, os autores são avaliados da mesma forma que os gestores de fundos). Comprei quatro livros para Carolyn, escolhi o embrulho para presente, digitei nosso endereço e, assim, eliminei um item da minha lista de presentes. Essa foi a minha apresentação ao Amazon.com.

Posteriormente, você terá a oportunidade de ler acerca do modo pelo qual eu descobri algumas das minhas melhores ações durante uma refeição ou ao fazer compras, algumas vezes muito antes de outros caçadores profissionais de ações as descobrirem. Porém, uma vez que a Amazon existia apenas no ciberespaço, e não em algum centro de compras nas cidades, eu a ignorei. Não que a Amazon estivesse além de minha compreensão – o negócio era tão inteligível quanto o de uma lavanderia. Além disso, em 1997, ela tinha seu preço razoavelmente cotado, como resultado de suas perspectivas, além de ser bem financiada. Mas eu não era suficientemente flexível para enxergar uma oportunidade nesse novo caminho. Se tivesse tido o trabalho de pesquisar, teria percebido o grande mercado para esse tipo de negócio e a habilidade da Amazon em capturá-lo. Infelizmente, não o fiz. Enquanto isso, a Amazon cresceu mais de 10 vezes apenas em 1998 (uma *tenbagger*[4], no jargão Lynch).

As ações da Amazon são uma entre pelo menos 500 ações de empresas "pontocom"[5] que apresentaram crescimentos extraordinários. Nos círculos de alta tecnologia e "pontocom", não é incomum para ofertas públicas de ações recentemente lançadas o aumento em mais de 10 vezes em menos tempo que o necessário para Stephen King escrever um novo suspense. Esses investimentos não exigem muita paciência. Antes do surgimento da internet, as empresas tinham de conquistar seu crescimento para atingir a relação das bilionárias. Atualmente, elas podem atingir valores bilionários antes mesmo de obterem lucros ou, em alguns casos, de sequer obterem quaisquer receitas. O Sr. Mercado (um apelido fictício para as ações em geral) não espera até que um site recém-nascido consiga ter êxito na vida real, como, digamos, o Walmart ou o Home Depot o fizeram na última geração.

Com as ações dinâmicas da internet de hoje em dia, as ações fundamentais do passado são coisa de museu (a expressão "coisa de museu" é igualmente antiga, o que prova que sou antiquado por utilizá-la). A simples aparição das palavras "ponto" e "com" e o empolgante conceito por detrás delas já são suficientes para convencer os otimistas de hoje a pagarem, por antecipação, pelo valor de uma década de crescimento e prosperidade. Os compradores subsequentes pagam preços cada vez maiores, baseados em "ações fundamentais" do futuro, as quais melhoram a cada seleção.

A julgar pelas vendas de Masserati no vale do Silício, as empresas "pontocom" são altamente recompensadoras para os empreendedores que as oferecem publicamente e para os primeiros compradores, que as deixam no

---

[4] Ação que produz mais de 10 vezes o valor nelas investido inicialmente. [N. T.]
[5] Empresas que exploram a comercialização de produtos ou serviços pela internet. [N. R.]

momento oportuno. Mas eu gostaria de advertir as pessoas que compram ações após elas haverem aumentado significativamente. Faz sentido investir em uma empresa "pontocom" quando seus preços já refletem anos de crescimento com lucro rápido, que pode ou não ocorrer? Da forma como coloquei essa questão, você já percebeu que a resposta é "não". Com muitos desses novos lançamentos, o preço da ação dobra, triplica ou mesmo quadruplica no primeiro dia de comercialização. A menos que seu corretor consiga efetuar sua ordem de compra sobre um lote significativo de ações – um prospecto improvável, uma vez que as ofertas públicas de ações de empresas de internet são mais desejadas que ingressos para o Super Bowl[6], você perderá uma parcela expressiva dos lucros. Talvez até perca todo o ganho, considerando-se que algumas "pontocom" atingem, nas primeiras sessões de pregão, preços altos que jamais obterão novamente.

Caso você se sinta deixado de fora desse alvoroço em torno das empresas "pontocom", lembre-se de que pouquíssimos são os investidores da área que efetivamente delas se beneficiam. É enganoso medir o progresso dessas ações a partir do preço de oferta, o qual a maioria dos compradores não consegue alcançar. Aqueles responsáveis por distribuir as ações são considerados sortudos caso recebam mais do que algumas delas.

Apesar da satisfação imediata que me cerca, continuei a investir da forma tradicional. Eu tenho ações nas quais os resultados dependem dos velhos fundamentos: uma empresa bem-sucedida entra no mercado, seus preços sobem, e o preço das ações acompanha esse movimento. Ou, então, uma empresa com problemas consegue reestruturar-se. Um grande vencedor típico do portfólio Lynch (continuo, também, a escolher minha parcela de perdedores!) leva de 3 a 10 anos, ou mais, para apresentar resultados.

Em razão da ausência de lucros no território "pontocom", grande parte dessas empresas não pode ser avaliada utilizando-se o mesmo padrão de preço/lucros. Em outras palavras, não há um "L" na relação essencial "P/L" (preço da ação em relação aos lucros por ação). Sem uma relação P/L para rastrear, os investidores centram-se na pequena porção de dados que veem em todos os lugares: o preço da ação! Na minha concepção, o preço da ação é a informação menos útil que você pode monitorar e, ainda assim, trata-se daquela mais amplamente monitorada. Quando a primeira edição deste livro

---

[6] Campeonato nacional de futebol americano. [N. T.]

foi escrita, em 1989, uma faixa de alerta com informações era exibida no canto inferior da tela no canal Financial News. Hoje em dia, você pode encontrar uma faixa de alerta em diversos canais, enquanto outros apresentam pequenas caixas que exibem o Dow, o S&P 500 e assim por diante. Os espectadores dos canais não conseguem deixar de tomar conhecimento da hora em que se encerra o mercado. Nos portais mais populares da internet, é possível clicar em um portfólio personalizado e obter as últimas oscilações para cada grupo. Você também pode obter os preços das ações por telefones 0800, pagers ou correios de voz.

Para mim, essa barreira em relação ao preço das ações transmite uma mensagem errada. Se minha empresa favorita da internet tem suas ações à venda por US$ 30 e a sua por US$ 10, então as pessoas que focam no preço dirão que a minha empresa é superior à sua. Aquilo que o Sr. Mercado paga por uma ação hoje ou na próxima semana não lhe diz qual empresa tem a melhor chance de ser bem-sucedida daqui a 2 ou 3 anos na internet. Se você consegue apenas uma pequena porção de dados, acompanhe os lucros – considerando que a empresa em questão tenha lucros. Como você verá neste livro, eu concordo com a noção mais básica de que, cedo ou tarde, os lucros podem encorajar ou desencorajar um investimento em ações. Aquilo que ocorre com o preço das ações hoje, amanhã ou na próxima semana é apenas uma distração.

A internet está muito longe de ser a primeira inovação que modificou o mundo. Invenções como a ferrovia, o telefone, o carro, o avião e a TV podem alegar ter produzido efeitos revolucionários sobre a vida cotidiana ou, pelo menos, em relação à parcela mais rica da população global. Esses novos setores produziram novas empresas, mas apenas uma porção delas sobreviveu para dominar a sua área. O mesmo provavelmente acontecerá com a internet. Um grande nome ou dois irão dominar o território, da mesma forma como o McDonald's fez com os hambúrgueres e a Schlumberger com o setor de óleo. Os acionistas dessas empresas triunfantes prosperarão, enquanto os acionistas de empresas consideradas mais morosas, antigos prodígios e promessas perderão dinheiro. Talvez você seja suficientemente esperto para escolher os grandes vencedores que se juntarão ao exclusivo clube das empresas que ganham mais de US$ 1 bilhão por ano.

Embora a "pontocom" típica ainda não tenha lucros, você pode fazer uma análise simples, que proporcionará uma ideia geral daquilo que a empresa precisará ganhar no futuro para justificar o preço atual da ação. Vamos considerar um caso hipotético: Dotcom.com. Inicialmente, você obterá o valor de mercado ao multiplicar o número de ações vigentes (digamos, 100 milhões) pelo preço atual da ação (consideremos US$ 100 por ação). Cem milhões de vezes US$ 100 equivale a US$ 10 bilhões: esse é o valor de mercado da Dotcom.com.

Sempre que investir em qualquer empresa, você está buscando um aumento de sua capitalização de mercado. Isso não acontecerá, a menos que os compradores estejam pagando preços mais altos pelas ações, tornando seu investimento mais valioso. Com isso em mente, antes que a Dotcom.com possa se tornar uma *tenbagger*, seu valor de mercado deve aumentar 10 vezes, de US$ 10 bilhões para US$ 100 bilhões. Uma vez que você estabeleceu esse valor de mercado-alvo, você deve se perguntar: quanto a Dotcom.com deverá ganhar para corresponder a uma avaliação de US$ 100 bilhões? Para obter uma resposta simples, você pode aplicar uma fórmula genérica de preço/lucro para uma operação em franco crescimento – no agressivo mercado atual, digamos, 40 vezes os lucros.

Permita-me fazer uma digressão neste ponto. Na página 171, menciono a forma pela qual empresas maravilhosas tornam-se investimentos arriscados quando as pessoas pagam muito caro por elas, utilizando o McDonald's como exemplo. Em 1972, o preço da ação era cotado precariamente por 50 vezes os lucros. Sem nenhuma possibilidade de "corresponder a essas expectativas", o preço caiu de US$ 75 para US$ 25, tornando-se uma grande oportunidade de compra por um preço "mais realista" de 13 vezes os lucros.

A seguir, também menciono o inchado preço de 500 vezes os lucros que os acionistas pagaram pela Electronic Data Systems, de Ross Perot. No patamar de 500 vezes os lucros, ressaltei: "teria levado cinco séculos para retornar seu investimento, caso os lucros da EDS se mantivessem constantes". Graças à internet, um preço de 500 vezes os lucros perdeu a capacidade de chocar, assim como os de 50 vezes ou 40 vezes da Dotcom.com, de nosso exemplo teórico.

De qualquer modo, para tornar-se um empreendimento de US$ 100 bilhões, podemos especular que a Dotcom.com deva ter receitas de US$ 2,5 bilhões por ano. Apenas um terço das empresas dos Estados Unidos teve lucros acima de US$ 2,5 bilhões em 1999, de modo que, para isso ocorrer com a Dotcom.com, ela deverá juntar-se ao exclusivo clube dos grandes vencedores, ao lado de empresas como a Microsoft. Um feito raro, de fato.

Eu gostaria de encerrar esta breve discussão sobre a internet com uma nota positiva. Há três formas de investir nessa tendência sem ter de aderir à esperança e a um valor de mercado extravagante. A primeira é um produto da velha estratégia "pás e picaretas": durante a Corrida do Ouro, grande parte dos aspirantes a mineiro perdeu dinheiro, mas as pessoas que lhes vendiam picaretas, pás, tendas e jeans índigo (Levi Strauss & Co.) obtiveram bons lucros. Atualmente, você pode procurar por empresas que não são da internet, mas que, indiretamente, beneficiam-se de seu tráfego (empresas de entrega de encomendas são um exemplo óbvio), ou você pode investir em fabricantes de controles e equipamentos relacionados, que mantêm o fluxo operando.

A segunda forma é a chamada "atuação livre na internet". Isso ocorre quando um negócio da internet está atrelado a outro que não se utiliza originalmente do mesmo meio, com lucros reais e um preço razoável para suas ações. Não citarei nomes – você pode realizar suas próprias pesquisas –, mas vários elementos interessantes externos à internet me despertam a atenção. Em uma situação típica, uma empresa qualquer está avaliada, digamos, em US$ 800 milhões no mercado atual, enquanto sua operação incipiente de internet está avaliada em US$ 1 bilhão, antes de ela ter se mostrado viável. Se a operação da internet corresponder à expectativa, ela poderá se mostrar muito recompensadora – aquela parte da empresa pode ser "separada", de modo que será negociada por meio de sua própria ação. Ou, se o empreendimento com a internet não der certo, o fato de ser um anexo à área regular de operação da empresa pode proteger os investidores da derrocada.

A terceira forma é a do benefício tangencial, no qual uma empresa tradicional, do tipo que tenha estrutura física, obtém benefícios por meio da internet decorrentes do corte de despesas e da fluidez nas operações, tornando-se mais eficiente e, desse modo, mais lucrativa. Há uma geração, *scanners* foram instalados nos supermercados. Isso reduziu os furtos, melhorou os controles dos estoques e foi uma grande melhoria para as cadeias de supermercados.

Ao avançarem, a internet e seus seguidores criarão algumas histórias de sucesso, mas, a essa altura, temos essencialmente grandes expectativas e uma precificação ineficiente. Empresas avaliadas atualmente em US$ 500 milhões podem triunfar, enquanto outras avaliadas em US$ 10 bilhões podem não valer um centavo sequer. À medida que as expectativas tornam-se realidade, os vencedores se tornarão mais óbvios do que são hoje em dia. Os investidores que enxergam isso terão tempo para agir em relação à sua "vantagem".

Voltando à Microsoft, uma "multiplicadora de base 100" que ignorei. Assim como a Cisco e a Intel, aquela empresa avassaladora apresentou lucros explosivos praticamente desde o começo. A Microsoft abriu seu capital em 1986, por 15 centavos a ação. Três anos mais tarde, uma ação poderia ser comprada por menos de US$ 1 e, desde então, aumentou 80 vezes de valor. Caso alguém tivesse adotado a abordagem Missouri de "ver primeiro" e esperado para comprar as ações da Microsoft até que ela triunfasse com o Windows 95, teria ganho 7 vezes o seu capital. Ninguém precisava ser programador para enxergar a Microsoft em todos os lugares para os quais olhava. Exceto no quintal da Apple, todos os novos computadores vinham equipados com o sistema operacional da Microsoft, o Microsoft Windows. Os Apple estavam perdendo seu encanto. Quanto mais computadores utilizavam o Windows, mais frequentemente os programadores escreviam programas para Windows, e não para a Apple. Esta estava presa em um dos cantos, em uma situação em que vendia seus computadores para 7% a 10% do mercado.

Enquanto isso, os fabricantes de computadores pessoais que executavam os programas da Microsoft (Dell, Hewlett-Packard, Compaq, IBM etc.) deflagraram uma terrível guerra de preços para vender mais computadores. Essas disputas intermináveis prejudicaram os lucros dos fabricantes de computadores, mas a Microsoft permaneceu intocada. A empresa de Bill Gates não estava no negócio de computadores; ela vendia a "gasolina" que movia os aparelhos.

A Cisco é outra empresa com desempenho exemplar. O seu preço por ação aumentou 480 vezes desde a abertura de seu capital, em 1990. Eu ignorei esse vencedor incrível pelas razões convencionais, mas muita gente deve tê-la notado. As empresas contratavam a Cisco em grande escala para auxiliar a fazer a conexão de seus computadores em rede; então, as faculdades a contrataram para informatizar seus alojamentos. Estudantes, professores e pais em visita aos filhos devem ter notado esse desenvolvimento. Talvez algumas pessoas tenham voltado para casa, pesquisado um pouco sobre ela e comprado suas ações.

Eu mencionei a Microsoft e a Cisco para adicionar exemplos contemporâneos[7], com o objetivo de ilustrar um grande tema deste livro. Um investidor amador pode escolher os grandes vencedores de amanhã ao prestar atenção em novos fatos em seu local de trabalho, centro comercial, pontos de vendas de veículos, restaurantes ou em qualquer outro lugar onde promissores novos negócios fazem a sua estreia. Já que abordo este assunto, se faz necessário um esclarecimento.

Charles Barkley, um famoso jogador de basquetebol, conhecido pelas suas declarações polêmicas, uma vez alegou ter sido equivocadamente citado em sua própria autobiografia. Eu não me queixo de ter sido erroneamente citado

---

[7] À época de lançamento da primeira edição, em 1989. [N. R.]

neste livro, mas fui mal interpretado em um ponto essencial. Aqui está, portanto, minha declaração de isenção:

Peter Lynch não recomenda a você que compre sua ação favorita apenas porque gosta de comprar em determinada loja; tampouco deveria comprar ações de um fabricante apenas porque ele produz seu produto favorito ou de um restaurante somente porque aprecia sua comida. Gostar de uma loja, um produto ou um restaurante é uma boa razão para colocá-lo em sua lista de pesquisa, mas isso não é uma justificativa suficiente para ter sua ação! Nunca invista em qualquer empresa antes de haver feito sua lição de casa acerca das perspectivas de ganho, das condições financeiras, da posição entre competidores, dos planos de expansão e assim por diante.

Se você possui ações de uma empresa de varejo, outro fator essencial na análise é descobrir se a empresa está em sua fase final de expansão – o que eu chamo de "minutos finais do seu jogo". O fato de a Radio Shack ou a Toys"R"Us estarem estabelecidas em 10% do país trata-se de um prospecto muito diferente da manutenção de lojas em 90% do país. Você deve monitorar de onde provém o futuro crescimento e quando há uma probabilidade de ele arrefecer.

Nada ocorreu para abalar minha convicção de que o típico amador tem vantagens sobre o gestor de fundos profissional convencional. Em 1989, os profissionais desfrutavam de acesso mais rápido às melhores informações, porém o fluxo de informações foi bloqueado. Na década de 1970, os amadores poderiam obter informações sobre uma empresa de três formas: a partir da própria empresa, dos informativos disponíveis no mercado ou dos relatórios redigidos por analistas empregados das corretoras de valores nas quais os amadores mantinham uma conta. Geralmente esses relatórios eram enviados pelas matrizes, sendo necessários vários dias para que a informação chegasse a seus destinatários.

Hoje em dia, uma série de relatórios de analistas está disponível na internet, e qualquer navegador pode obtê-los quando desejar. Os alertas de notícias sobre suas empresas favoritas são automaticamente enviados para seu endereço de e-mail. Pode-se descobrir se indivíduos ligados à empresa estão comprando ou vendendo ou se uma ação teve a sua avaliação aumentada ou reduzida pelas corretoras de valores. É possível também utilizar telas personalizadas para procurar ações com características específicas, bem como monitorar fundos de investimento de todas as variedades, comparar seus históricos e descobrir o nome de suas dez melhores ações. Também é possível clicar na seção "livro de informações gerais" inserida na versão on-line do *The Wall Street Journal* e do

Barron's e obter uma visão panorâmica de praticamente todas as empresas negociadas publicamente. Dali, pode-se acessar a página da Zack's e obter um resumo das avaliações de todos os analistas em relação a uma ação em particular.

Novamente graças à internet, o custo de comprar e vender ações foi drasticamente reduzido para o pequeno investidor, assim como ocorreu com os investidores institucionais, em 1975. O comércio on-line pressionou as corretoras de valores tradicionais a reduzirem suas comissões e tarifas de transação, mantendo uma tendência que se iniciou com o nascimento do corretor econômico há duas décadas.

Você pode estar se perguntando o que aconteceu com os meus hábitos de investidor desde que deixei o Magellan. Em vez de acompanhar milhares de empresas, eu agora acompanho, talvez, 50 delas – continuo a ocupar postos em comitês de investimento de diversas fundações e grupos de caridade, mas, em todos esses casos, contratamos gestores de portfólio e deixamos que eles selecionem as ações. Os investidores que acompanham as últimas tendências podem pensar que a família de portfólios de Lynch pertence à New England Society of Antiquities. Ela contém ações de caixas de empréstimos que comprei por preços realmente baixos, no período em que esse tipo de empresa não era apreciado. Essas ações tiveram um movimento excepcional, e eu ainda tenho algumas delas. (Vender vencedores de longo prazo irá sujeitá-lo a um Imposto de Renda – uma alíquota de 20% sobre os lucros.) Também tenho ações de diversas empresas em crescimento que tenho mantido desde os anos 1980 e algumas poucas desde os anos 1970. Esses negócios continuam a prosperar; ainda assim, suas ações continuam a apresentar um preço razoável. Além disso, ainda detenho um amplo suprimento de ações perdedoras que estão à venda por um preço muito inferior àquele que paguei por elas. Não mantenho essas empresas decepcionantes porque sou teimoso ou nostálgico. Eu as mantenho porque, em todas elas, as finanças estão em ordem e há evidências de tempos melhores no futuro.

Minhas ações pouco expressivas me fazem lembrar um ponto importante. Você não precisa ganhar dinheiro com todas as ações que escolhe. Em minha experiência, 6 entre cada 10 vencedores de um portfólio são capazes de produzir resultados satisfatórios. Por que isso ocorre? Suas perdas estão limitadas à quantidade que você investe em cada ação (o que não pode ser maior que nada), enquanto seus lucros não têm um limite absoluto. Invista US$ 1.000 em uma ação pouco expressiva e, no pior caso, você poderá perder US$ 1.000. Invista US$ 1.000 em ações de alto desempenho e poderá ganhar US$ 10.000, US$ 15.000, US$ 20.000 ou ainda mais ao longo dos anos. Tudo o que você precisa para uma vida de investimentos bem-sucedidos são apenas alguns grandes vencedores, e os lucros decorrentes destes conseguirão superar as perdas das ações que não obtiverem um bom desempenho.

Permita-me atualizá-lo acerca de duas empresas cujas ações não tenho, mas sobre as quais escrevo neste livro: Bethlehem Steel e General Electric. Ambas me proporcionam uma útil lição. As ações da Bethlehem, uma antiga ação de primeira linha, estiveram em queda desde os anos 1960. Uma famosa empresa antiga, aparentemente, pode ser tão desanimadora para os investidores quanto uma iniciante instável. E a Bethlehem, um velho símbolo do poder americano, tem continuado a desapontar. Em 1958, ela era vendida por US$ 60 cada ação, declinando para US$ 17 em 1989, o que prejudicou tanto investidores tradicionais quanto caçadores de ofertas, que pensavam haver encontrado um ótimo negócio. Desde 1989, seu preço caiu ainda mais, de US$ 17 para valores de um dígito, provando que uma ação barata sempre pode ficar mais barata. As ações da Bethlehem podem tornar a subir algum dia. Mas presumir que isso irá acontecer é desejar, não investir.

Eu recomendei a compra de ações da General Electric em um programa nacional de televisão (e ela tem sido uma *tenbagger* desde então), mas, no livro, afirmo que o tamanho da GE (valor de mercado de US$ 39 bilhões; lucros anuais de US$ 3 bilhões) poderia tornar difícil para a empresa aumentar seus lucros de uma forma rápida. De fato, a empresa que "traz coisas boas à vida"[8] tem trazido mais benefícios a seus acionistas do que eu havia antecipado. Diferentemente das expectativas, e sob a astuta liderança de Jack Welch, esse gigante corporativo partiu para uma marcha de lucros. Welch, que recentemente anunciou sua aposentadoria, conseguiu fazer com que as numerosas divisões da GE atingissem desempenho máximo, utilizando capital excedente para adquirir novos negócios e recomprar ações. O triunfo da GE nos anos 1990 demonstra a importância de acompanhar a trajetória de uma empresa.

A recompra de ações traz outra mudança importante no mercado: o dividendo está se tornando uma espécie em extinção. Eu escrevo sobre sua importância na página 211, mas o velho método de recompensar os investidores parece ter seguido o mesmo caminho de uma espécie em extinção. A parte má em relação ao desaparecimento dos dividendos é que o recebimento regular de cheques

---

[8] O autor faz aqui uma referência ao antigo slogan da GE, *"We bring good things to life"*. [N. R.]

pelo correio proporcionava aos investidores um fluxo de renda constante, bem como uma razão para manter as ações durante os períodos em que seus preços deixavam de ser recompensadores. Ainda em 1999, o dividendo distribuído pelas empresas listadas na relação das 500 da Standard & Poors caiu para seu ponto mais baixo desde a Segunda Guerra Mundial: próximo a 1%.

É verdade que as taxas de juros são menores hoje do que eram em 1989, de modo que se poderia esperar que os pagamentos em títulos públicos e dividendos sobre ações fossem menores. À medida que os preços das ações sobem, o dividendo pago, naturalmente, cai. (Se uma ação de US$ 50 paga US$ 5 de dividendo, ela remunera 10%; quando o preço da ação atinge US$ 100, ela remunera 5%.) Enquanto isso, as empresas não estão aumentando seus dividendos do modo como o faziam anteriormente.

"O que é tão incomum", observou o *The New York Times*, em 7 de outubro de 1999, "é que a economia está indo muito bem, mesmo quando as empresas se tornam cada vez mais relutantes em aumentar seus dividendos". Em um passado não tão distante, quando uma empresa madura e saudável rotineiramente aumentava seus dividendos, isso era um sinal de prosperidade. Reduzir os dividendos ou deixar de aumentá-los era um sinal de problemas. Ultimamente, empresas saudáveis simplesmente estão evitando os dividendos e utilizando o dinheiro para recomprar suas próprias ações, como a General Electric. Reduzir a disponibilidade de ações aumenta os lucros por ação, o que, consequentemente, recompensa os acionistas, embora eles não colham esses lucros até que vendam suas ações.

Se alguém é responsável pelo desaparecimento dos dividendos, esse alguém é o governo dos Estados Unidos, o qual taxa os lucros corporativos e, consequentemente, os dividendos corporativos pela alíquota máxima. Para auxiliar seus acionistas a evitar a dupla tributação, as empresas abandonaram o dividendo em favor da estratégia de recompra, a qual aumenta o valor da ação. Essa estratégia sujeita os acionistas a impostos sobre ganhos de capital mais elevados no caso de venderem suas ações, enquanto ganhos de capital de longo prazo são tributados pela metade da alíquota do imposto de renda convencional[9].

Por falar em ganhos de longo prazo, durante 11 anos de almoços e jantares eu pedia às pessoas que levantassem as mãos: "Quantos de vocês são investidores de longo prazo em ações?". Até o momento, a resposta foi unânime – todos

---

[9] No Brasil, a tributação de ações para investimentos de curto ou de longo prazo é exatamente a mesma, portanto esse comentário não se aplica à nossa realidade. [N. R. T.]

são investidores de longo prazo, incluindo os operadores de mercado presentes entre os espectadores, os quais haviam tirado algumas horas de folga. O investimento de longo prazo em ações tem se tornado tão popular que é mais fácil admitir ser um consumidor de drogas do que um investidor de curto prazo.

As notícias sobre o mercado de ações passaram de "difíceis de encontrar" (nos anos 1970 e no começo dos anos 1980) para "fáceis de achar" (no final dos anos 1980) e até "difíceis de ignorar". As previsões financeiras são acompanhadas tão continuamente quanto as previsões climáticas de máximas, mínimas, frentes frias, zonas de baixa pressão e turbulências, resultando em uma especulação infinita sobre o que virá a seguir e como lidar com essa informação. As pessoas são aconselhadas a pensar em longo prazo, mas os comentários constantes em cada oscilação as deixam tensas e as mantêm focadas no curto prazo. É um desafio não agir perante essas informações. Se houvesse uma forma de evitar a obsessão pelas últimas subidas e descidas e verificar os preços das ações apenas a cada 6 meses, do mesmo modo que fazemos com o óleo de um carro, os investidores poderiam ficar mais relaxados.

Ninguém acredita no investimento de longo prazo mais do que eu, mas, assim como uma regra de ouro, é mais fácil falar do que fazer. Apesar disso, essa geração de investidores manteve a fé e seguiu o curso durante todas as correções que mencionei anteriormente. A julgar pelos pedidos de resgate de meu antigo fundo, o Fidelity Magellan, os clientes têm sido excepcionalmente descuidados. Apenas uma pequena porção vendeu suas ações durante o mercado de baixa na época da Guerra do Golfo, em 1990.

Graças aos operadores diários e a alguns profissionais gestores de fundos Hedge, as ações agora trocam de mãos a uma velocidade impressionante. Em 1989, um pregão com 300 milhões de ações negociadas era uma sessão extremamente movimentada na Bolsa de Valores de Nova York; hoje, 300 milhões é um prelúdio sonolento, sendo 800 milhões a média negociada. Os operadores diários agitaram o Sr. Mercado? As alterações constantes nos índices de ações têm algo a ver com isso? Independentemente da causa (vejo os operadores diários como um fator significativo), a negociação frequente tornou os mercados de ações mais voláteis. Há uma década, um movimento de mais de 1% no preço das ações para cima ou para baixo era uma ocorrência rara. Atualmente, temos movimento de 1% várias vezes em um mês.

A propósito, as chances de alguém conseguir êxito no negócio de operações diárias são as mesmas encontradas nas pistas de corrida, nas mesas de jogo ou no *video poker*. De fato, eu penso na operação diária como um cassino doméstico. O ponto negativo do cassino doméstico é a papelada. Se você realizar 20 operações diariamente, poderá acabar com 5.000 operações em um ano, as quais devem ser registradas, organizadas e relatadas para a Receita Federal. Desse modo, a operação diária é um cassino, que emprega uma porção de contadores.

Há pessoas que desejam saber como as ações se saíram em determinada data e perguntam como o Dow encerrou o dia. Eu estou mais interessado em quantas ações subiram em relação às ações que caíram. Esses números chamados de relação de subidas/quedas pintam uma imagem mais realista. Nunca isso foi tão verdadeiro quanto no recente mercado exclusivo, no qual algumas poucas ações sobem, enquanto a maior parte delas permanece estagnada. Os investidores que adquirem ações de pequeno porte "subavaliadas" ou ações de porte médio têm sido punidos por sua prudência. As pessoas estão se perguntando: como o S&P 500 pode ter subido 20% e as minhas ações continuarem em baixa? A resposta é que um conjunto pequeno de ações de grande porte no S&P 500 está elevando a média para cima.

Em 1998, por exemplo, o índice S&P 500 havia crescido, de modo geral, 28%, mas bastava um olhar mais detalhado para descobrir que as 50 maiores empresas do índice haviam subido 40%, enquanto as outras 450 haviam atingido as metas com muita dificuldade. No mercado Nasdaq, o lar das ações das empresas de internet e demais empresas de apoio, apenas as 12 maiores empresas eram as grandes vencedoras, enquanto as restantes das ações da Nasdaq reunidas eram perdedoras. A mesma história se repetiu em 1999, quando um grupo de elite de vencedoras distorcia as médias e produzia uma multidão de perdedores. Mais de 1.500 ações negociadas na New York Stock Exchange perderam valor em 1999. Essa dicotomia não tem precedente. A propósito, tendemos a acreditar que o índice S&P 500 é dominado por empresas gigantes, enquanto a Nasdaq é o paraíso para as empresas pequenas, porém, no final dos anos 1990, os gigantes da Nasdaq (Intel, Cisco e um punhado de outras empresas) dominavam o índice Nasdaq de uma forma mais ampla do que os gigantes da S&P 500 dominavam seu índice.

Um setor que está repleto de ações de empresas de pequeno porte é o de biotecnologia. Minha aversão à alta tecnologia me fazia caçoar do empreendimento típico da área de biotecnologia: US$ 100 milhões provenientes da oferta de ações, 100 doutores, 99 microscópios e zero em receitas. Os eventos recentes, no entanto, me inspiraram a adotar um discurso mais favorável em relação à biotecnologia – não que amadores devam escolher suas ações aleatoriamente, mas o setor de biotecnologia, em geral, poderá desempenhar neste novo século o mesmo papel que as empresas de eletrônica tiveram no século passado. Hoje, uma longa lista de empresas de biotecnologia tem receitas; aproximadamente 40 delas obtêm lucros e outras 50 estão prontas para fazer o mesmo. Amgen tornou-se uma genuína *blue chip*[10] em biotecnologia, com lucros acima de US$ 1 bilhão. Um dos vários fundos de investimentos em ações de biotecnologia pode ser digno de receber um investimento de longo prazo com uma parcela do seu dinheiro.

Os comentaristas de mercado enchem os meios de comunicação com comparações entre o mercado de hoje e algum mercado do passado, com afirmações como "Isso se parece muito com 1962" ou "Isso me faz lembrar 1981", ou, quando estão muito pessimistas, "Estamos vivendo um novo 1929". Ultimamente, a comparação prevalente parece ser com o começo dos anos 1970, quando as ações de empresas de pequeno porte falharam e as de maior porte (especialmente as altamente exaltadas "Cinquenta Fabulosas" – *Nifty Fifty*) continuaram a subir. Então, nos mercados de baixa de 1973-1974, as "Cinquenta Fabulosas" caíram entre 50% e 80%! Esse declínio perturbador desmentiu a teoria de que as grandes empresas estavam imunes ao mercado de baixa.

Se você possuía as "Cinquenta Fabulosas" e as manteve por 25 anos (idealmente você estava em uma ilha deserta sem rádio, TV ou revistas para lhe dizer que abandonasse as ações para sempre), agora não pode se queixar dos resultados. Embora tenham demorado uma geração para consegui-lo, as "Cinquenta Fabulosas" realizaram uma recuperação completa e ainda foram além. Em meados dos anos 1990, o portfólio das "Cinquenta Fabulosas" alcançou e ultrapassou os índices Dow e S&P 500 em retorno total sobre capital investido desde 1974. Se você as comprou por preços elevadíssimos em 1972, sua opção estava, então, justificada.

Mais uma vez, temos as 50 maiores empresas à venda por um preço que os céticos descrevem como "muito elevado para adquiri-las". Se nos próximos dias as "Cinquenta Fabulosas" sofrerão uma queda semelhante àquela verificada durante a queima de 1973-1974, trata-se de objeto de pura especulação. A história nos adverte que as correções (quedas de 10% ou mais) ocorrem a cada 2 anos, enquanto os mercados de baixa (quedas de 20% ou mais) advêm a cada 6 anos. Os mercados de baixa severos (quedas de 30% ou mais) se ma-

---

[10] Ações de primeira linha, mais valorizadas, com lucros sólidos e liquidez. [N. T.]

terializaram 5 vezes desde a impressionante derrocada de 1929-1932. Parece tolo apostar que testemunhamos a última das quedas, razão pela qual é importante não comprar ações e cotas de fundos de investimentos com dinheiro que necessitará nos próximos 12 meses para pagar mensalidades da faculdade, despesas de casamento ou quaisquer outros gastos correntes. Você não quer ser forçado a vendê-las em mercados em baixa para conseguir dinheiro. Quando se é um investidor de longo prazo, o tempo está do seu lado.

O mercado de alta de longo prazo continua a cair em armadilhas ocasionais. Quando este livro foi escrito, em sua primeira edição, as ações haviam acabado de se recuperar da derrocada de 1987. A pior queda em 50 anos coincidiu com uma viagem de golfe dos Lynch para a Irlanda. Foram necessárias nove ou dez outras viagens para a Irlanda (compramos uma casa lá) para convencer-me de que o fato de pisar em solo irlandês não deflagraria outro pânico. Eu também não me senti muito confortável visitando Israel, Indonésia ou Índia. Pisar no território de países cuja letra inicial fosse "I" me deixava nervoso, mas fiz duas viagens a Israel, duas à Índia e uma à Indonésia, e nada aconteceu.

Até o momento[11], 1987 não se repetiu, mas as quedas vieram em 1990, o ano em que deixei meu emprego como gestor do Fidelity Magellan Fund. Enquanto o ano de 1987 assustou diversas pessoas (uma queda de 35% em 2 dias pode conseguir esse feito), para mim, o episódio de 1990 foi mais aterrador. Por quê? Em 1987, a economia retomava seu curso, e nossos bancos estavam solventes, de modo que os fundamentos econômicos eram positivos. Em 1990, o país estava entrando em recessão, nossos maiores bancos tinham suas contas em mau estado e estávamos nos preparando para a guerra contra o Iraque. Mas logo depois a guerra havia terminado, a recessão fora superada, os bancos se recuperaram e as ações registraram a sua maior alta da história moderna. Mais recentemente, testemunhamos quedas de 10% nas maiores médias na primavera de 1996, nos verões de 1997 e 1998 e no outono de 1999. O mês de agosto de 1998 trouxe uma queda de 14,5% no índice S&P 500, o segundo pior mês da história desde a Segunda Guerra Mundial. Nove meses depois, as ações estavam novamente em boa forma, com um aumento do S&P 500 de mais de 50%!

Qual é o meu objetivo ao recontar essas histórias? Seria maravilhoso se pudéssemos evitar as dificuldades que ocorrem eventualmente, mas ninguém conseguiu encontrar uma forma de prevê-las. Além disso, se alguém sai do

---

[11] Esta edição foi lançada nos EUA no ano 2000. [N. R.]

mercado de ações e evita uma queda, como pode estar seguro de que retornará às ações antes do próximo movimento de subida? Aqui está um cenário ilustrativo: se você aplicou US$ 100.000 em ações em 1 de julho de 1994 e manteve seu investimento por 5 anos, os US$ 100.000 se transformaram em US$ 341.722. Mas, se você ficou fora do mercado por apenas 30 dias ao longo desse período – os 30 dias em que as ações tiveram seus maiores lucros –, os US$ 100.000 se transformaram em desalentadores US$ 153.792. Ao permanecer no mercado, você mais que dobrou seu investimento.

Segundo afirmou certa vez um famoso investidor, "o argumento mais pessimista em relação ao mercado sempre parecerá mais inteligente". Você poderá encontrar boas razões para se livrar de seus papéis a cada edição do jornal matinal ou a cada transmissão do noticiário noturno. Quando este livro se tornou um *best-seller*, o mesmo ocorreu com a obra *The Great Depression of 1990*, de Ravi Batra. O obituário desse mercado de alta foi escrito inúmeras vezes desde o seu início, em 1982. Entre as causas prováveis, estavam: a economia problemática do Japão, o déficit na balança comercial dos Estados Unidos com a China e com o mundo, o colapso do mercado emergente de 1997, o aquecimento global, a redução da camada de ozônio, a deflação, a Guerra do Golfo, a dívida dos consumidores e, por último, o Y2K – ou *bug* do milênio. No dia seguinte após a celebração do Ano-Novo de 2000, descobrimos que o *bug* do milênio fora o medo mais exagerado que tivemos desde o último filme do Godzilla.

O mantra dos pessimistas durante diversos anos tem sido: "As ações estão sobrevalorizadas". Para alguns, as ações pareciam muito caras em 1989, com o Dow a 2.600 pontos. Para outros, elas pareciam extravagantes em 1992, acima dos 3.000 pontos no Dow. Um coral de negativistas surgiu em 1995, com o Dow acima de 4.000 pontos. Algum dia, testemunharemos outro mercado de baixa severo, mas mesmo uma liquidação em uma queda de 40% ainda deixaria os preços muito acima do ponto que vários especialistas haviam determinado para vender seus portfólios. Tal como eu havia ressaltado em ocasiões anteriores: "Não significa dizer que não há algo como um mercado sobrevalorizado, mas que não há sentido em preocupar-se em relação a isso".

Frequentemente, afirma-se que um mercado de alta ergue um muro de preocupações – e que elas nunca cessam. Ultimamente, nos preocupamos com vários episódios catastróficos "inimagináveis": Terceira Guerra Mundial, Armageddon biológico, estados nucleares hostis, derretimento das calotas de gelo, queda de um meteoro na Terra e assim por diante. Enquanto isso, testemunhamos vários eventos benéficos também "inimagináveis": a queda do Muro de Berlim; a manutenção de superávits nas contas de estados e da União dos Estados Unidos; e a criação de 17 milhões de empregos nos anos 1990 – um fato que mais do que compensou o processo de "*downsizing*" bastante conhecido pelas grandes corporações. O *downsizing* causou desarranjos e dificuldades para os trabalhadores que receberam as cartas de demissão, mas, ao mesmo tempo, liberou milhares deles para mover-se na direção de atividades mais entusiasmantes e produtivas.

Essa impressionante criação de empregos não recebe a atenção que merece. Os Estados Unidos possuem a menor taxa de desemprego do último meio século, enquanto a Europa continua a sofrer com as suas altas taxas. As grandes corporações europeias também realizaram o *downsizing*, mas a Europa carece de pequenos negócios que ajudem a amenizar seu impacto. Eles possuem uma taxa de poupança superior à americana, e seus cidadãos têm bom nível educacional; ainda assim, seu índice de desemprego é mais do que o dobro daquele registrado nos Estados Unidos. Veja também outro fato impressionante: menos pessoas estavam empregadas na Europa de 1999 do que no final da década anterior.

A história permanece simples e contínua. As ações não são bilhetes de loteria. Há uma empresa associada a cada ação. As empresas saem-se melhor ou pior. Se uma empresa se sai melhor do que antes, suas ações subirão. Se ela se sair pior, elas cairão. Se você possui boas empresas, que continuam a aumentar seus lucros, você terá bons resultados. Os lucros corporativos aumentaram 50 vezes, e o mercado de ações cresceu 60 vezes desde o término da Segunda Guerra Mundial. Quatro guerras, 9 recessões, 8 presidentes e um *impeachment* não modificaram isso.

Na tabela a seguir, você encontrará os nomes das 20 empresas que compuseram a lista das 100 vencedoras do mercado de ações dos Estados Unidos nos anos 1990. O número da coluna da esquerda mostra cada uma dessas empresas classificadas segundo o retorno total por dólar investido. Muitos empreendimentos de alta tecnologia (tais como Helix, Photronics, Siliconix, Theragenics), que chegaram à lista das 100, estão omitidos neste caso, porque eu queria demonstrar apenas as oportunidades que a pessoa média poderia ter notado, pesquisado e aproveitado. A Dell Computer foi o grande vencedor de todos; afinal, quem nunca ouviu falar da Dell? Todo mundo teria notado as suas fortes vendas e a crescente popularidade de seu produto. As pessoas que compraram ações inicialmente foram recompensadas com um retorno de 899 vezes: os US$ 10 mil investidos na Dell desde o começo produziram uma fortuna de US$ 8,9 milhões. Você não tinha de entender de computadores para ver as perspectivas da Dell, da Microsoft ou da Intel (toda nova máquina vinha com um adesivo "equipado com Intel"). Você não tinha de ser um engenheiro genético para perceber que a Amgen tinha se transformado de um laboratório de pesquisas em uma fabricante de produtos farmacêuticos com duas drogas campeãs de vendas.

Schwab? Seu sucesso era difícil de ignorar. Home Depot? Ela continuava a crescer a uma grande velocidade, alcançando a lista das 100 maiores por duas décadas consecutivas. Harley Davidson? Os vários advogados, médicos e dentistas que se tornavam motoqueiros eram uma ótima notícia para a Harley. Lowe's? Um caso semelhante ao do Home Depot. Quem teria previsto duas ações de grande porte a partir do mesmo negócio convencional? Paychex? Os pequenos negócios de todos os lugares estavam curando uma dor de cabeça, deixando a Paychex lidar com suas folhas de pagamento. Minha esposa, Carolyn, utilizou a Paychex no trabalho de nossa fundação familiar – e eu não acompanhei a pista e perdi a ação.

Alguns dos melhores lucros da década (como foi o caso nas décadas anteriores) vieram do antigo negócio do varejo. Gap, Best Buy, Staples, Dollar General – todas essas empresas eram *megabaggers*[12] bem administradas que milhões de consumidores experimentaram em primeira mão. Aqueles dois pequenos bancos que aparecem na lista demonstram, mais uma vez, que grandes vencedores podem vir de qualquer setor – até mesmo de áreas tradicionais e com pouco crescimento como o setor bancário. Meu conselho para a próxima década é o seguinte: mantenha-se atento para as grandes multiplicadoras de amanhã. Você provavelmente encontrará alguma.

PETER LYNCH E JOHN ROTHCHILD

---

[12] Em tradução aproximada, *megabaggers* corresponde a "infinitamente multiplicadoras de lucros". [N. T.]

As 20 maiores vencedoras do mercado de ações dos Estados Unidos da década de 1990*

Posição por desempenho de ações	Sigla	Empresa	Atividade	Retornos obtidos por US$ 10.000 investidos no final de 1989 até o final de 1999
(1)	DELL	Dell Computer	Fabricante de computadores	US$ 8,9 milhões
(6)	CCU	Clear Channel Comm.	Estações de rádio	US$ 8,1 milhões
(9)	BBY	Best Buy	Varejo	US$ 995.000
(10)	MSFT	Microsoft	Tecnologia	US$ 960.000
(13)	SCH	Charles Schwab	Corretagem	US$ 827.000
(14)	NBTY	NBTY	Suplementos alimentares	US$ 782.000
(20)	WCOM	MCI Worldcom	Comunicações	US$ 694.000
(21)	AMGN	Amgen	Biotecnologia	US$ 576.000
(30)	PPD	Prepaid Legal Services	Advocacia	US$ 416.000
(33)	INTC	Intel	Fabricante de *chips* para computador	US$ 372.000
(34)	HD	Home Depot	Artigos para construção	US$ 370.000
(40)	PAYX	Paychex	Gestão de folha de pagamento	US$ 340.000
(46)	DG	Dollar General	Varejo popular	US$ 270.000

Posição por desempenho de ações	Sigla	Empresa	Atividade	Retornos obtidos por US$ 10.000 investidos no final de 1989 até o final de 1999
(49)	HDI	Harley Davidson	Motocicletas	US$ 251.000
(52)	GPS	Gap	Varejo de vestuário	US$ 232.000
(69)	SPLS	Staples	Artigos para escritório	US$ 186.000
(75)	WBPR	Westernbank/Puerto Rico	Bancário	US$ 170.000
(77)	MDT	Medtronic	Artigos médicos	US$ 168.000
(82)	ZION	Zion's Bancorp	Bancário	US$ 161.000
(87)	LOW	Lowe's Companies	Artigos para construção	US$ 152.000

* Esta lista não inclui empresas que foram adquiridas por outras.

Fonte: Ned Davis Research.

Prólogo
UMA NOTA DA IRLANDA

Você não pode compreender o mercado de ações atual sem analisar os eventos ocorridos entre 16 e 20 de outubro de 1987. Essa foi uma das semanas mais incomuns que já vivi. Olhando retrospectivamente para o episódio, com certo distanciamento, começo a separar a histeria dos incidentes de importância duradoura. Em relação àquilo de que vale a pena lembrar, eu o apresento da seguinte forma:

- No dia 16 de outubro, uma sexta-feira, minha esposa – Carolyn – e eu passávamos um dia maravilhoso dirigindo por County Cork, na Irlanda. Eu raramente tiro férias, assim, o simples fato de que estava viajando já era extraordinário por si só.
- Eu não parei sequer para visitar a matriz de nenhuma empresa negociada no mercado de ações. Geralmente, eu me desviaria uns 200 km em qualquer direção apenas para obter as últimas informações sobre vendas, estoques e lucros, mas não parecia haver nenhum relatório de desempenho ou balanço de quaisquer empresas da relação S&P em um raio de 400 km do local onde estávamos.
- Fomos a Blarney Castle, onde a famosa pedra Blarney está inconvenientemente alojada no parapeito, no alto de uma construção, vários andares acima do solo. Você relaxa um pouco, ajeita-se entre a grade que o separa de uma queda fatal, enquanto agarra-se a um corrimão em

busca de apoio emocional e beija a pedra lendária. Beijar a pedra Blarney, segundo contam, é uma grande emoção – especialmente se você consegue sair vivo de lá.
- Nós nos recuperamos da viagem à pedra Blarney passando o restante do final de semana jogando golfe – em Waterville, no sábado, e em Dooks, no domingo – e dirigindo pelo maravilhoso Ring of Kerry.
- Na segunda-feira, 19 de outubro, eu enfrentei o maior desafio, o qual exigiu cada parcela de minha inteligência e energia que podia reunir – os 18 buracos do campo de Killeen, em Killarney, um dos campos de golfe mais difíceis do mundo.
- Após colocar os tacos no carro, eu dirigi com Carolyn ao longo da península Dingle para o resort de mesmo nome, onde nos hospedamos no Hotel Sceilig. Eu devia estar cansado; não deixei o quarto pelo restante da tarde.
- Naquela noite, jantamos com amigos, Elizabeth e Peter Callery, no famoso restaurante de frutos do mar Doyle's. No dia seguinte, 20, tomamos o avião de volta para casa.

Aqueles pequenos contratempos

Obviamente, eu deixei de mencionar alguns pequenos contratempos. Após 15 dias, eles sequer valiam a pena ser mencionados. Ao final de um ano, você deveria lembrar-se da Capela Sistina, não do fato de que teve bolhas nos pés por haver caminhado pelo Vaticano. Eu lhes direi o que me aborrecia:

- Na quinta-feira, o dia em que parti para a Irlanda após o trabalho, o índice Dow Jones Industrial havia caído 48 pontos e, na sexta-feira, no dia em que chegamos, caíra outros 108,36 pontos. Isso já me fez questionar se realmente deveria estar de férias.
- Eu estava pensando no Dow Jones, e não na Blarney, mesmo no momento em que beijei a pedra Blarney. Ao longo do fim de semana, entre as jogadas de golfe, tive de procurar por vários telefones para falar com meu escritório acerca de quais ações vender e quais comprar a preços baixos se o mercado caísse ainda mais.
- Na segunda-feira, o dia em que joguei no campo de Killeen, em Killarney, o índice anteriormente mencionado caiu outros 508 pontos.

Graças ao fuso horário, concluí um dos circuitos poucas horas antes de o sino de abertura soar em Wall Street – ou provavelmente teria jogado ainda pior.

Naquela situação, um sentimento de tristeza e de catástrofe perdurava desde sexta-feira, o que talvez tenha explicado (1) meu mau desempenho na finalização das jogadas no golfe, que, nas melhores ocasiões, é horrível; e (2) a falha em recordar minha pontuação. A pontuação que posteriormente, naquele dia, atraiu minha atenção foi a de 1 milhão de cotistas do Magellan Fund que haviam perdido 18% de seus ativos, ou US$ 2 bilhões, na sessão de segunda-feira.

Minha fixação por esse infortúnio me fez ignorar a paisagem no caminho para Dingle. Eu poderia ter estado na esquina da Rua 42 com a Broadway, de qualquer forma[1].

Eu não fiquei dormindo a tarde toda no Hotel Sceilig, como os parágrafos anteriores podem ter sugerido. Em vez disso, eu estava ao telefone com meu escritório, decidindo quais das 1.500 ações de meu fundo deveriam ser vendidas, a fim de obter dinheiro para uma quantidade incomum de resgates do fundo. Havia dinheiro para as circunstâncias normais, mas não o suficiente para as circunstâncias da segunda-feira, dia 19. Em determinado momento, eu não conseguia decidir se o mundo estava acabando, se teríamos uma depressão ou se as coisas não estavam tão ruins assim e apenas Wall Street iria à falência.

Meus colegas e eu vendemos aquilo que tínhamos de vender. Inicialmente, nos livramos de algumas ações inglesas no mercado de Londres. Na segunda-feira pela manhã, os preços em Londres estavam geralmente mais elevados do que os do mercado nos Estados Unidos, graças a um raro furacão que havia forçado a Bolsa de Londres a suspender suas atividades na sexta-feira anterior, evitando, dessa forma, o grande declínio daquele dia. Então, vendemos em Nova York, essencialmente, na primeira parte da sessão, quando o índice Dow estava apenas 150 pontos em queda, mas bem acima de seu ponto de queda mais acentuado, de 508 pontos.

Naquela noite, em Doyle's, eu não conseguiria lhe dizer qual fora o prato de frutos do mar que comi. É impossível distinguir bacalhau de camarão quando o seu fundo perdeu o equivalente ao PIB de uma pequena nação voltada para o oceano.

Regressamos no dia 20 porque todos os acontecimentos acima me deixaram desesperado para retornar ao escritório. Tratava-se de uma possibilidade para a qual eu estivera me preparando desde o dia em que cheguei. Honestamente, eu deixei que esses aborrecimentos me afetassem.

---

[1] O autor faz aqui referência a um dos principais cruzamentos de Nova York, famoso por seus teatros. [N. R.]

As lições de outubro

Eu sempre acreditei que os investidores deveriam ignorar as altas e baixas do mercado. Felizmente, a maioria deles presta pouca atenção às distrações até agora mencionadas. Se isso serve de exemplo, menos de 3% do um milhão de cotistas do Magellan Fund trocaram o fundo de ações por algum fundo conservador durante os momentos desesperadores da semana. E, quando você vende desesperadamente, sempre vende barato.

Ainda que o dia 19 de outubro o tivesse deixado nervoso acerca do mercado de ações, não era necessário vender naquele dia – ou mesmo no dia seguinte. Você poderia ter gradualmente reduzido seu portfólio de ações e obtido melhores resultados do que os vendedores na ocasião do pânico, pois, a partir de dezembro, o mercado começou a recuperar-se continuamente. Até junho de 1988, o mercado havia recuperado cerca de 400 pontos daqueles perdidos durante a queda, ou seja, mais de 23% das perdas.

Em relação às dezenas de lições que deveríamos ter aprendido com os eventos de outubro, eu poderia adicionar três: (1) não deixe que inconvenientes arruínem um bom portfólio; (2) não deixe que inconvenientes estraguem umas boas férias; e (3) nunca viaje ao exterior quando tiver pouco dinheiro.

Provavelmente, eu poderia prosseguir por diversos capítulos realizando observações mais detalhadas, mas não gostaria de desperdiçar o seu tempo. Eu preferiria escrever sobre algo que você poderá julgar mais útil: como identificar as melhores empresas. Seja em um dia de 508 ou de 108 pontos, no final, as melhores empresas se sairão bem, enquanto as medíocres irão decair e os investidores de cada uma delas serão recompensados correspondentemente.

E, tão logo eu me lembre do que comi no Doyle's, eu lhes contarei.

Introdução
AS VANTAGENS DO INVESTIDOR AMADOR

Este é o ponto em que o autor, um investidor profissional, promete ao leitor que, ao longo das próximas páginas, compartilhará os segredos de seu sucesso. Mas a regra número 1 do meu livro é a seguinte: pare de ouvir os profissionais! Vinte anos nesse negócio me convenceram de que qualquer pessoa normal, utilizando os convencionais 3% do cérebro, pode escolher suas ações tão bem quanto – se não melhor – um especialista de Wall Street.

Eu sei que nenhum cirurgião plástico o aconselharia a fazer o seu próprio *facelift*, nenhum encanador lhe sugeriria que instalasse seu reservatório de água quente e nenhuma cabeleireira lhe recomendaria que cortasse sua própria franja; mas isso não é cirurgia, serviço de encanamento ou corte de cabelo. Trata-se de investimentos, em que o investimento especializado não é tão inteligente quanto se pensa, e o investidor amador não é tão tolo quanto se acredita. O dinheiro dos inexperientes apenas se torna tolo quando ouve os especialistas.

Na verdade, o investidor amador tem inúmeras vantagens que, se exploradas, podem resultar em um desempenho melhor que o dos profissionais, bem como do mercado em geral. Além disso, quando você escolhe suas próprias ações, você deve superar os profissionais. Se não for assim, para que se incomodar?

Eu não vou me entusiasmar e aconselhá-lo a vender suas cotas de fundos de investimento. Se isso começasse a ocorrer em qualquer escala significativa, eu iria à falência. Além disso, não há nada errado com os fundos de investimento, sobretudo com aqueles que são lucrativos para o investidor. A honestidade, e não a falta de modéstia, me obriga a ressalvar que milhões de investidores amadores foram bem recompensados por investir no Fidelity Magellan, razão pela qual eu inicialmente fui convidado para escrever este livro. O fundo é uma invenção maravilhosa para as pessoas que não têm tempo nem inclinação para testar sua inteligência com o mercado de ações, bem como para as pessoas com pequenas quantidades de dinheiro para investir e que buscam diversificação.

É apenas quando você decide investir por conta própria que deverá tentar sozinho. Isso significa deixar de lado as boas dicas, as recomendações das corretoras de valores e as últimas sugestões "imperdíveis" de seu jornal favorito – em favor de suas próprias pesquisas. Isso significa ignorar as ações que você ouviu dizer que Peter Lynch ou alguma autoridade similar está comprando.

Há pelo menos três boas razões para ignorar o que Peter Lynch compra: (1) ele pode estar errado! (uma longa lista de ações perdedoras de meu próprio portfólio constantemente me lembra de que os chamados investimentos especializados são excessivamente amadores em mais de 40% do tempo); (2) mesmo se ele estiver correto, ainda assim você nunca saberá quando mudou de ideia sobre uma ação e decidiu vendê-la; e (3) você possui melhores fontes, e elas estão bem ao seu redor. O que as torna melhores é a oportunidade que você tem de monitorá-las, do mesmo modo como acompanho as minhas.

Caso se mantenha medianamente alerta, você poderá escolher as ações com desempenho espetacular diretamente de seu local de trabalho ou do shopping center de sua vizinhança; e isso muito antes de Wall Street descobri-las. É impossível ser um consumidor norte-americano portador de um cartão de crédito sem ter feito antes diversas análises importantes sobre dezenas de empresas – e se você trabalha no setor, ainda melhor. Esse é o local onde você encontrará as *tenbaggers*. Eu testemunhei isso ocorrer diversas vezes do alto da minha posição na Fidelity.

Essas *tenbaggers* maravilhosas

No jargão de Wall Street, *tenbagger* é uma ação com a qual você ganhou 10 vezes o seu investimento inicial. Eu acredito que esse termo altamente técnico tenha sido importado do beisebol, em que apenas se chega até a *fourbagger* (quadruplicador) ou o *home run*. Em minha atividade, uma *fourbagger* é bom, mas uma *tenbagger* é o equivalente financeiro a dois *home runs* e a tomada de duas bases. Se você já teve uma *tenbagger* no mercado de ações, sabe o quão atraente pode ser.

Eu desenvolvi uma paixão por ganhar 10 vezes o valor dos meus investimentos logo no começo de minha carreira. A primeira ação que comprei, da Flying Tiger Airlines, mostrou-se ser uma *multibagger* (grande multiplicadora) que me permitiu chegar à faculdade. Na última década, as ocasionais *fivebaggers* e *tenbaggers*, bem como a raríssima *twentybagger*, auxiliaram meu fundo a superar a concorrência – e eu tenho 1.400 ações.

O efeito é mais impressionante nos mercados de ações mais fracos – sim, há *tenbaggers* em mercados fracos. Regressemos a 1980, dois anos antes do alvorecer do grande mercado de alta. Suponhamos que, em 22 de dezembro de 1980, você tenha investido US$ 10 mil em ações das dez primeiras empresas relacionadas no quadro que aparece a seguir. Essa é a estratégia A. A estratégia B é a mesma, exceto pelo fato de que você acrescentou uma décima primeira ação, Stop & Shop, a qual se revelou ser uma *tenbagger*.

O resultado da estratégia A é o de que os US$ 10 mil investidos teriam aumentado para US$ 13.040, a uma taxa medíocre de 30,4% de retorno sobre capital, após aproximadamente três anos (o índice S&P 500 ofereceu um retorno de 40,6% nesse mesmo período). Você teria tido todo o direito de olhar para trás e fazer a seguinte afirmação: "Grande coisa. Por que eu não deixo o investimento para os profissionais?". Mas, se você adicionou a Stop & Shop, seus US$ 10 mil teriam mais do que dobrado, atingindo US$ 21.060, proporcionando-lhe um retorno total de 110,6% e uma chance de vangloriar-se perante Wall Street.

Além disso, se você tivesse aumentado o seu número de ações da Stop & Shop assim que observou os prospectos da empresa melhorarem, o seu retorno total teria sido duas vezes maior.

Para atingir esse excepcional resultado, você apenas teve de encontrar um grande vencedor entre os 11 que escolheu. Quanto mais certo estiver sobre qualquer ação, mais errado estará acerca de todas as demais e, ainda assim, triunfará como um investidor.

Maçãs e donuts

Você deve pensar que uma *tenbagger* apenas ocorre com ações de empresas pequenas, com gestões pouco transparentes, de elevado risco para os investidores e que possuem oscilações bruscas, pertencentes a alguma empresa estranha, como Braino Biofeedback ou Cosmic R and D, o tipo de ação que investidores razoáveis evitariam. Porém, há diversas *tenbaggers* em empresas que você reconheceria: Dunkin' Donuts, Walmart, Toys"R"Us, Stop & Shop e Subaru, para mencionar apenas algumas delas. Essas são empresas cujos produtos você admirava e dos quais desfrutava, mas será que você teria suspeitado que, se houvesse comprado as ações da Subaru com o veículo, hoje seria um milionário?

Sim, isso é verdade. Esse cálculo eventual é baseado em diversas premissas: inicialmente, que você tenha comprado a ação em seu ponto mais baixo, US$ 2 por ação, em 1977; em segundo lugar, que você a tenha vendido em seu ponto mais alto, em 1986, em que teria correspondido a um valor de US$ 312 por ação. Isso significa uma multiplicação por um fator 156, uma *"156-bagger"*, o equivalente financeiro a 39 *home runs*; desse modo, se você tivesse investido US$ 6.410 na ação (certamente a faixa de preço de um carro nos Estados Unidos), teria obtido exatamente US$ 1 milhão. Em vez de ter um carro usado para troca, você agora teria dinheiro suficiente para comprar uma mansão e para ter uma dupla de Jaguar em sua garagem.

Portfólio da Estratégia A

	Compra ($)	Venda ($)	Variação
Bethlehem Steel	25,10	23,10	-8,0%
Coca-Cola	32,75	52,50	+60,3%
General Motors	46,90	74,40	+58,7%
W. R. Grace	53,90	48,75	-9,5%
Kellogg's	18,30	29,90	+62,6%
Mfrs. Hanover	33,00	39,10	+18,5%
Merck	80,00	98,10	+22,7%
Owens Corning	26,90	35,75	+33,0%
Phelps Dodge	39,60	24,25	-38,8%
Schlumberger (ajustado por divisão)	81,90	51,75	-36,8%
			+162,7%

Portfólio da Estratégia B
Todas as anteriores mais:

Stop & Shop	6,00	60,00	+900%

Você teria tido poucas chances de ganhar US$ 1 milhão ao investir a mesma quantidade gasta em donuts em ações da Dunkin' Donuts (quantos donuts uma pessoa pode comer?). Mas se, além da dúzia de donuts que você comprou a cada semana, por um ano, em 1982 (um gasto total de US$ 270), tivesse investido em ações, então, 4 anos mais tarde, as ações valeriam US$ 1.539 (uma *sixbagger*). Um investimento de US$ 10 mil em ações da Dunkin' Donuts teria resultado em um ganho de US$ 47 mil em 4 anos.

Se, em 1976, você tivesse adquirido dez jeans da Gap por US$ 180, eles já estariam gastos a essa altura, mas as 10 ações da Gap adquiridas com os mesmos US$ 180 (US$ 18 por ação era o preço da oferta inicial) valeriam US$ 4.672,50 na alta do mercado, em 1987. Um investimento de US$ 10 mil na Gap teria resultado em um ganho de US$ 250 mil.

Se, durante 1973, você tivesse passado 31 noites em viagens de negócio nos hotéis da La Quinta Motor Inns (pagando US$ 11,98 pela diária) e tivesse feito um investimento semelhante na compra das ações da La Quinta (23,21 ações), elas teriam valido US$ 4.363,08 uma década mais tarde. Um investimento de US$ 10 mil no La Quinta teria resultado em um ganho de US$ 107.500.

Se, durante 1969, você houvesse estado diante da situação de pagar por um enterro tradicional (US$ 980) de um ente amado feito por uma das muitas agências funerárias da Service Corporation International e, de alguma forma, apesar de seu sofrimento, tivesse investido outros US$ 980 em ações da SCI, suas 70 ações teriam valido US$ 14.352,19 em 1987. Um investimento de US$ 10 mil na SCI teria resultado em um ganho de US$ 137 mil.

Se, em 1982, durante a mesma semana em que adquiriu seu primeiro computador de US$ 2 mil da Apple para que seus filhos pudessem melhorar suas notas escolares e chegar à universidade você tivesse investido outros US$ 2 mil em ações da Apple, então, em 1987, aquelas ações estariam avaliadas em US$ 11.950, o suficiente para pagar um ano de faculdade.

O poder do senso comum

Para obter esses retornos espetaculares, você teria de ter comprado e vendido exatamente no momento certo. Mas, ainda que houvesse perdido as altas e as baixas do mercado, você teria se saído melhor se houvesse investido em qualquer das empresas familiares anteriormente mencionadas do que se o houvesse feito em quaisquer empreendimentos esotéricos que nenhum de nós compreende.

Há uma história famosa de um bombeiro de New England. Aparentemente, de volta a 1950, ele notou que uma unidade local da Tambrands (na ocasião, a empresa era chamada de Tampax) estava se expandindo a uma velocidade impressionante. Ocorreu-lhe que eles não poderiam estar se expandindo tão rapidamente a menos que estivessem prosperando e, com base nessa suposição, ele e sua família investiram US$ 2 mil nas ações da empresa. Não apenas isso: ele investiu US$ 2 mil em cada um dos 5 anos seguintes. Em 1972, o bombeiro era um milionário – e ele não havia comprado nenhum Subaru.

Se nosso feliz investidor pediu ou não conselhos a qualquer corretor ou outro especialista, eu não posso afirmá-lo com certeza, mas muitos lhe teriam dito que sua teoria era deficiente e que, se soubesse o que era bom para ele, teria se limitado às ações *blue chip* que as instituições estavam comprando ou aos novos equipamentos eletrônicos que eram tão populares na ocasião. Felizmente, o bombeiro se ateve a seu próprio conselho.

Você pode ter suposto que são as dicas sofisticadas e de alto nível que os especialistas ouvem em torno dos terminais de cotações que nos proporcionam nossas melhores ideias de investimento, mas eu obtenho grande parte das minhas ideias da mesma forma que o bombeiro obteve a dele. Eu falo com centenas de empresas todos os anos e passo horas em importantes conferências com CEOs, analistas financeiros e colegas gestores de fundos de investimento, mas sempre me deparo com as grandes vencedoras em situações inusitadas, da mesma forma que você poderia fazê-lo.

No caso da Taco Bell, eu fiquei impressionado com seu *burrito* em uma viagem para a Califórnia; com a La Quinta Motor Inns, alguém da rival Holiday Inn comentou algo sobre ela comigo; quanto à Volvo, minha família e meus amigos dirigem esse carro; já no caso da Apple Computer, meus filhos tinham um em casa, e, então, o gestor de sistemas comprou vários deles para o escritório; com a Service International Corporation, um analista do setor eletrônico da Fidelity (que não tinha nenhuma relação com empresas de funeral, pois esta não era sua área) a descobriu em uma viagem para o Texas; já em relação ao Dunkin' Donuts, eu gostei do café; e, recentemente, o renovado Pier 1 Imports, por sugestão de minha esposa. De fato, Carolyn é uma de minhas melhores fontes. Foi ela quem descobriu L'eggs.

L'eggs é o perfeito exemplo do poder do senso comum. Ela havia se transformado em uma das empresas de produtos de consumo mais bem-sucedidas dos anos 1970. Na primeira parte daquela década, antes de eu assumir meu posto no Fidelity Magellan, eu trabalhava como analista de ações na empresa. Eu conhecia o negócio têxtil por haver viajado por todo o país visitando as fábricas de produtos têxteis, calculando as margens de lucro, as relações preço/lucro e os segredos de fios e tramas. Mas nenhuma parcela dessas informações estava disponível para Carolyn. Eu não encontrei L'eggs em minha pesquisa; ela o encontrou em uma ida ao supermercado.

Ali, em uma prateleira de metal próxima ao balcão do caixa, havia um novo modelo de meias-calças femininas empacotadas em ovos de plástico coloridos. A empresa, Hanes, estava testando a aceitação do mercado para a L'eggs em diversos pontos ao redor do país, incluindo o subúrbio de Boston. Quando a Hanes entrevistou centenas de mulheres que saíam dos supermercados escolhidos e lhes perguntou se elas haviam comprado meias-calças, uma alta porcentagem respondeu que sim. Ainda assim, a maioria delas não podia lembrar-se do nome. A Hanes ficou em êxtase. Se o produto se tornou um campeão de vendas sem o reconhecimento da marca, imagine quanto ele venderia quando a marca começasse a ser divulgada.

Carolyn não precisava ser uma analista do setor têxtil para perceber que L'eggs era um produto superior. Tudo o que ela teve de fazer foi comprar um par e testá-las. Essas meias tinham aquilo que chamavam de fio denso, o qual tinha uma probabilidade menor de desfiar em comparação com as meias convencionais. Elas também caíam muito bem, mas o principal atrativo era a conveniência. Você poderia apanhar L'eggs ao lado dos chicletes e das lâminas de barbear, sem ter de dirigir-se à loja de departamento.

Hanes já vendia sua marca convencional de meias em lojas de departamento e em lojas especializadas. Contudo, a empresa havia descoberto que as mulheres normalmente visitam um ou outro desses estabelecimentos a cada 6 semanas, em média, enquanto vão aos supermercados duas vezes por semana, o que lhes proporcionava 12 oportunidades para comprar L'eggs para cada oportunidade de comprar a marca regular. Vender meias em um supermercado era uma ideia muito popular. Você poderia ter percebido isso ao ver o número de mulheres com ovos de plástico em seus carrinhos de compras no balcão do caixa. Você poderia ter imaginado quantos L'eggs estariam sendo vendidos ao longo do país.

Quantas mulheres que compraram meias-calças, atendentes de lojas que viam essas mulheres comprando meias-calças e maridos que observaram suas mulheres chegando em casa com meias-calças sabiam do sucesso de L'eggs? Milhões. Dois ou três anos após a introdução do produto, você poderia ter entrado em qualquer um dos milhares de supermercados e percebido que se tratava de um campeão de vendas. A partir desse ponto, era suficientemente fácil descobrir que a L'eggs era fabricada pela Hanes e que a Hanes estava listada na Bolsa de Valores de Nova York.

Uma vez que Carolyn alertou-me em relação à Hanes, eu realizei minha pesquisa convencional sobre a sua história – e esta era ainda melhor do que eu pensava, de modo que, com a mesma confiança com a qual o bombeiro comprou as ações da Tambrands, eu recomendei a sua ação para os gestores de fundos da Fidelity. A Hanes se tornou uma *sixbagger* antes de ter sido adquirida pela Consolidated Foods, agora Sara Lee. A L'eggs cresceu continuamente ao longo da década seguinte e ainda gera muito dinheiro para a Sara Lee. Estou convencido de que a Hanes teria se tornado uma *fiftybagger* se não houvesse sido adquirida.

A beleza da L'eggs estava no fato de que você não tinha de conhecê-la desde o princípio. Você poderia ter comprado ações da Hanes no primeiro ano, no segundo ano ou mesmo após o terceiro ano em que a L'eggs passou a ser comercializada nacionalmente e teria, pelo menos, triplicado seu dinheiro. Mas muita gente, em especial os maridos, não o fez. Os maridos (normalmente também conhecidos como Investidores Designados) provavelmente estavam muito ocupados com ações de empresas de energia solar, ou de antenas de satélites, ou perdendo todo o dinheiro que tinham.

Considerem o caso de meu amigo Harry Houndstooth — cujo nome troquei para proteger sua identidade. Na realidade, há um pouco de Houndstooth em cada um de nós. Esse Investidor Designado (cada família parece ter um) havia acabado de passar a manhã lendo o *The Wall Street Journal*, além de um informativo anual sobre ações, que lhe custara US$ 250. Ele contemplava um empolgante novo investimento em ações, algo com riscos limitados, mas com muitos pontos positivos. Tanto no jornal quanto no informativo havia uma menção favorável sobre a Winchester Disk Drives, uma pequena empresa sólida com um futuro sugestivo.

Houndstooth não conseguia diferenciar um disco rígido de um vaso de barro, mas ele telefonou a seu corretor e descobriu que a Merrill Lynch havia recomendado forte compra para a Winchester.

Tudo isso pode não ser pura coincidência, pensa Houndstooth. Ele logo está convencido de que seria uma boa ideia colocar US$ 3 mil de seu dinheiro arduamente ganho nesse empreendimento. Além disso, ele realizou a sua pesquisa!

A esposa de Houndstooth, Henrietta — também conhecida como A Pessoa que não Compreende Seriamente Questões de Dinheiro (esses papéis podem ser invertidos, mas geralmente não o são) –, havia acabado de retornar do shopping center, onde descobrira uma nova loja de artigos femininos maravilhosa, chamada The Limited. O local estava repleto de consumidores. Ela mal podia esperar para contar a seu marido sobre os vendedores atenciosos e as ofertas fantásticas. "Eu comprei todas as roupas de outono para Jennifer!", ela exclama. "Por apenas US$ 275."

"US$ 275?", reclama o Investidor Designado. "Enquanto você esteve fora gastando dinheiro, eu estive em casa pensando em uma forma de ganhá-lo. Winchester Disk Drives é a resposta. Estou seguro disso. Estamos investindo US$ 3 mil nisso."

"Eu espero que você saiba o que está fazendo", declara A Pessoa que não Compreende Seriamente Questões de Dinheiro. "Lembra-se da Havalight Photo Cell?" Essa certeza passou de US$ 7 para US$ 3,50. "Nós perdemos mil e quinhentos dólares."

"Sim, mas aquilo era Havalight. Isso é Winchester. O *The Wall Street Journal* chamou o negócio de discos rígidos de uma das indústrias com maior crescimento desta década. Por que deveríamos ser os únicos a não aproveitar a oportunidade?"

O resto da história é fácil de imaginar. A Winchester Disk Drives teve um mau trimestre, ou houve uma concorrência inesperada no setor de discos rígidos, e os preços das ações passaram de US$ 10 para US$ 5. Uma vez que o Investidor Designado não tem como compreender o que significa qualquer uma dessas coisas, ele decide agir de forma prudente e vendê-las, satisfeito por haver perdido apenas outros US$ 1.500 – ou um pouco mais de cinco guarda-roupas de Jennifer.

Enquanto isso, totalmente ignorado por Houndstooth, o preço da ação da The Limited, a loja que impressionou sua esposa, Henrietta, continuava a crescer continuamente, de menos de 50 centavos (ajustados por divisão) em dezembro de 1979, para US$ 9 em 1983 – já uma *twentybagger* –, e, mesmo que ele houvesse comprado pelo preço de US$ 9 (e sofrido durante a queda para US$ 5), teria ganhado mais de 20 vezes o dinheiro investido, à medida que as ações subiram para US$ 52,90. Isso está bem acima da multiplicação por cem que atingiria desde o começo; assim, se Houndstooth houvesse investido US$ 10 mil logo no começo, ele teria ganhado mais de US$ 1 milhão com a ação.

Mais realisticamente, se a sra. Houndstooth houvesse igualado os US$ 275 que gastou com as compras na aquisição de ações, seria razoável acreditarmos que isso teria gerado pelo menos um semestre de mensalidades para sua filha na universidade.

Mas nosso Investidor Designado, que dispunha de muito tempo para comprar as ações da The Limited, mesmo após ter vendido as da Winchester, continuava a ignorar a grande dica de sua esposa. Naquela ocasião, já havia

400 lojas da The Limited espalhadas pelo país, e muitas delas lotadas, mas Houndstooth estava muito ocupado para perceber. Ele estava acompanhando o que Boone Pickens fazia com a Mesa Petroleum.

Em algum momento posterior, próximo do final de 1987, provavelmente antes do abalo dos 508 pontos, Houndstooth finalmente descobriu que a The Limited estava na lista de compras de sua empresa de corretagem. Além disso, houve artigos promissores em três diferentes revistas, a ação havia se tornado uma favorita entre grandes investidores e havia cerca de 30 investidores acompanhando-as. Ocorreu ao Investidor Designado que essa se tratava de uma compra respeitável e sólida.

"Engraçado", ele resmunga para sua esposa um dia. "Lembra-se daquela loja de que você gostava, a The Limited? Parece que ela é uma empresa de capital aberto. Isso significa que você pode comprar suas ações. Ações muito boas, de fato, julgando pelo especial que eu assisti na TV pública. Eu ouvi que a *Forbes* tinha uma matéria de capa sobre ela. De qualquer forma, os investidores especializados parecem estar loucos por ela. Parece que vale a pena investirmos pelo menos alguns milhares de dólares de nosso fundo de aposentadoria."

"Nós ainda temos dois mil dólares no fundo de aposentadoria?", pergunta uma Henrietta cética.

"Claro que temos", responde agressivamente o Investidor Designado. "E haverá mais, graças à sua loja favorita."

"Mas eu não compro mais na The Limited", declara Henrietta. "Os produtos estão caros e não são mais exclusivos. As outras lojas agora vendem os mesmos produtos."

"O que isso tem a ver com alguma coisa?", grita nosso Investidor Designado. "Eu não estou falando de fazer compras. Eu estou falando de investimento."

Houndstooth compra a ação a US$ 50, próximo ao ponto mais alto de 1987. Logo o preço começa a cair para US$ 16, e, aproximadamente a meio caminho da queda máxima, ele vende todas as ações, satisfeito, mais uma vez, por haver limitado suas perdas.

Essa empresa é de capital aberto?

Eu não poderia reprovar Houndstooth por haver perdido a oportunidade da The Limited. Eu também não comprei nenhuma ação enquanto elas subiam, e minha mulher viu as mesmas multidões nos shoppings que a esposa de Houndstooth. Eu também comprei as ações da The Limited quando a loja tornou-

-se popular e seus fundamentos começaram a se deteriorar, e ainda continuo mantendo-as, mesmo estando em baixa.

De fato, eu poderia continuar a discorrer por diversas páginas sobre as *tenbaggers* que perdi; outros tristes exemplos surgirão ao longo do livro. Quando se trata de ignorar oportunidades promissoras, sou tão bom nisso quanto qualquer outra pessoa. Uma vez eu estava literalmente sobre a melhor oportunidade de ativos do século, o campo de golfe de Pebble Beach, e nunca me ocorreu perguntar se aquele negócio se tratava de uma empresa de capital aberto. Eu estava muito ocupado perguntando sobre a distância entre a bola e os buracos.

Felizmente, há muitas *tenbaggers*, de forma que nós dois poderíamos deixar de ter percebido e ainda obteríamos nossa parcela deles. Em um grande portfólio como o meu, tenho de encontrar vários deles antes que representem uma diferença significativa. Em um portfólio como o seu, você apenas tem de acertar uma vez.

Além disso, o melhor de investir em empresas conhecidas, como L'eggs e Dunkin' Donuts, é que, quando você experimenta as meias ou saboreia o café, já está realizando o tipo fundamental de análise feito pelos analistas de Wall Street. Visitar lojas e testar produtos é um dos elementos mais críticos da atividade do analista.

Ao longo de uma vida comprando carros ou câmeras, você desenvolve um senso daquilo que é bom ou ruim e daquilo que vende e não vende. Se você não tem conhecimento sobre carros, deve haver algo sobre o qual saiba alguma coisa; e o mais importante é que você tem ciência disso antes que Wall Street o saiba. Por que, então, esperar que o especialista em restaurantes da Merrill Lynch recomende o Dunkin' Donuts quando você já viu 8 novas franquias abrirem em sua vizinhança? O analista de restaurantes da Merrill Lynch não notará a Dunkin' Donuts (pelas razões que eu logo explicarei) até que a ação tenha quintuplicado de US$ 2 para US$ 10, e você a notou quando ainda estava a US$ 2.

Multiplicando os giga-hertz

Entre os investidores amadores, por alguma razão, não se considera uma prática igualmente sofisticada dirigir pela cidade comendo *donuts* e realizar a fase inicial de uma investigação para o investimento em ações. As pessoas parecem sentir-se mais confortáveis ao investir em algo acerca do qual são inteiramente ignorantes. Parece haver uma regra não escrita em Wall Street: se você não compreende um negócio, coloque todas as suas economias nele. Esqueça o negócio da esquina, o qual pelo menos pode ser observado, e procure aquele de uma empresa que fabrica um produto incompreensível.

Outro dia ouvi uma oportunidade desse tipo. De acordo com um relatório deixado sobre minha mesa, tratava-se de uma fantástica oportunidade para investir em uma empresa que fabrica um produto com as seguintes especificações: "S-Ram de um megabit, SMOC (Semicondutor Metal-Óxido Complementar); arquitetura para computadores de conjuntos reduzidos de instruções (RISC) bipolares, ponto de flutuação, processador vetorial de dados I/O, compilador otimizado, memória de porta dual de 16 bytes, sistema operacional Unix, emissor *wheatstone* de silício policristalino, comprimento de banda larga, 6 giga-hertz, protocolo de comunicação de dupla metalização, compatibilidade assincrônica com versões anteriores, arquitetura de barramento periférico, memória multinível de quatro níveis e capacidade de 15 nanossegundos".

Analise os giga-hertz e considere os megaflops: se você não puder afirmar que isso se trata de uma corrida de cavalos ou de um chip de computador, é melhor manter-se longe dessa empresa, ainda que seu corretor possa estar lhe telefonando para recomendá-la como a oportunidade da década para ganhar muitos milhões.

Um defeito na Boneca Repolhinho

Isso significa que você deva comprar as ações de cada nova franquia de *fast-food*, negócio que possua um produto destacado ou empresa que abra uma loja em algum centro comercial? Se isso fosse tão simples, eu não teria perdido dinheiro na Bidner's, um tipo de 7-Eleven mais sofisticado que havia do outro lado da rua. Eu deveria ter me atido aos sanduíches e ignorado suas ações, ações estas que hoje dificilmente comprariam um sanduíche de atum. Falarei mais sobre isso adiante.

E o que dizer da Coleco? O fato de a Boneca Repolhinho ter sido o brinquedo mais vendido do último século não foi suficiente para salvar uma empresa medíocre com um balanço de resultados ruim; e, embora a ação tenha subido drasticamente por 1 ou 2 anos, sustentada por *videogames* domésticos e pelo entusiasmo com a Boneca Repolhinho, ao final, ela caiu vertiginosamente, do alto de US$ 65, em 1983, para um preço atual de US$ 1,75, à medida que a empresa solicitou a proteção do *Chapter 11*[1], ingressando com um pedido de falência em 1988.

---

[1] Capítulo 11 da lei de falências do Código Comercial dos Estados Unidos. [N. T.]

Encontrar uma empresa promissora é apenas o primeiro passo. O passo seguinte diz respeito à realização de algumas pesquisas. A pesquisa é aquilo que o ajudará a separar Toys"R"Us de Caleco; Apple Computer de Televideo; ou Piedmond Airlines de People Express. Aproveitando que já a mencionei, eu gostaria de ter feito mais pesquisas sobre aquilo que se passava na People Express. Talvez, assim, eu não houvesse comprado essa ação.

Apesar de todas as minhas falhas durante os 12 anos em que administrei o Fidelity Magellan, atingimos um crescimento de 20 vezes os preços por ação – parcialmente graças a algumas das ações menos conhecidas e desprezadas que fui capaz de descobrir e pesquisar por conta própria. Estou seguro de que qualquer investidor pode se beneficiar dessa mesma tática. Não é necessário muito para superar o investimento especializado, o qual, como afirmei anteriormente, nem sempre é tão especializado.

Este livro é dividido em três seções. A primeira, "Preparando-se para investir" (Capítulos 1 a 5), aborda como avaliar-se enquanto selecionador de ações, analisar a concorrência (gestores de portfólio, investidores institucionais e outros especialistas de Wall Street), avaliar se as ações possuem mais riscos que os certificados de depósito, examinar suas necessidades financeiras e desenvolver uma rotina bem-sucedida de seleção de ações. A segunda, "Selecionando vencedores" (Capítulos 6 a 15), aborda como encontrar as oportunidades mais promissoras, o que procurar e o que evitar em uma empresa, como utilizar os corretores, os relatórios anuais e outros recursos para obter as melhores vantagens e o que fazer com os vários números (relação P/L, valor contábil, fluxo de caixa) que frequentemente são mencionados em avaliações técnicas de ações. A terceira, "A visão de longo prazo" (Capítulos 16 a 20), aborda como desenhar um portfólio, como monitorar as empresas pelas quais se interessou, quando comprar e quando vender, a insensatez representada pelas opções e pelo mercado futuro de ações e algumas observações gerais sobre a saúde de Wall Street, dos empreendimentos norte-americanos e do mercado de ações – elementos que notei ao longo de meus mais de 20 anos como investidor.

PARTE I
Preparando-se para investir

Antes de pensar em comprar ações, você deve levar em conta alguns pontos básicos sobre o mercado, o nível de confiança depositado no mercado de capitais, se você necessita investir em ações, qual é a sua expectativa em relação a elas, se é um investidor de curto ou de longo prazo e a forma como reagirá a quedas repentinas, inesperadas e severas das cotações das ações. É melhor que você defina seus objetivos e esclareça suas atitudes (você realmente acredita que as ações são mais arriscadas que os títulos públicos?) antecipadamente, porque, se estiver indeciso, e não convicto, então será uma potencial vítima do mercado, a qual abandona toda a esperança e a razão no pior momento e vende suas ações com perdas. É essa preparação, assim como seu conhecimento e sua pesquisa, que distingue o bem-sucedido investidor em ações do perdedor crônico. Em última instância, não é o mercado de ações ou mesmo as próprias empresas que determinam a sorte de um investidor. É o próprio investidor.

A formação de um investidor em ações

Não é necessário ter um talento especial para selecionar ações. Embora muitas pessoas possam atribuir suas perdas a alguma falha nata, acreditando que, de alguma forma, alguns tenham nascido com a vocação para investir, minha história refuta essa tese. Não havia nenhum painel com cotações sobre meu berço ou tampouco eu utilizava os cadernos com os preços das ações como mordedor da maneira precoce com que o bebê Pelé supostamente brincava com uma bola de futebol. Até onde sei, meu pai nunca deixou a sala de espera do hospital para verificar a cotação das ações da General Motors, nem minha mãe me perguntou sobre os dividendos da ATT durante suas contrações.

Apenas retrospectivamente posso relatar que o índice Dow Jones Industrial[1] médio estava em baixa em 19 de janeiro de 1944, no dia em que nasci, e declinou ainda mais na semana em que estive no hospital. Embora não pudesse haver suspeitado na ocasião, esses eventos foram o primeiro exemplo do funcionamento da Lei Lynch, diretamente relacionado ao Princípio Peter, o qual afirma: sempre que Lynch avança, o mercado declina. (A última prova disso surgiu no verão de 1987, quando, logo após meu editor e eu havermos chegado a um acordo para a produção deste livro – um ponto alto em minha carreira –, o mercado perdeu

---

[1] O Dow Jones Industrial (DJI) é o mais tradicional índice de ações norte-americano, equivalente ao Índice Bovespa. [N. R. T.]

1.000 pontos em 2 semanas. Eu certamente pensarei duas vezes antes de vender os direitos autorais deste livro para a produção de um filme.)

Grande parte de meus familiares desconfia do mercado de ações – e com boas razões. Minha mãe era a mais jovem de sete irmãos, o que significava que meus tios e tias eram suficientemente adultos para haver testemunhado a Grande Depressão e possuir conhecimento prático sobre a grande Queda de 1929. Ninguém recomendava a compra de ações em minha casa.

A única compra desse tipo de que ouvi falar na família foi a ocasião em que meu avô, Gene Griffin, comprou ações da Cities Services. Ele era um investidor muito conservador e escolheu a Cities Services porque imaginava que se tratava de uma empresa de tratamento e fornecimento de água. Quando viajou a Nova York e descobriu que se tratava de uma empresa de óleo, ele vendeu imediatamente suas ações. A Cities Services cresceu 50 vezes depois disso.

A desconfiança em relação às ações era uma atitude prevalente entre os americanos durante as décadas de 1950 e 1960, quando o mercado triplicou e, posteriormente, dobrou. Esse período de minha infância, e não os recentes anos 1980, foi verdadeiramente o maior mercado de alta da história, mas, se ouvisse isso dos meus tios, você pensaria que se tratava de um jogo sujo. "Nunca se envolva com o mercado", advertiam as pessoas. "É muito arriscado. Você perderá todo o seu dinheiro."

Analisando retrospectivamente, eu percebo que havia menos risco de alguém perder seu dinheiro no mercado de ações dos anos 1950 do que em qualquer momento anterior ou posterior. Isso me ensinou não apenas que é difícil prever os mercados mas também que os investidores tendem a ser otimistas e pessimistas precisamente nos momentos equivocados, de modo que é prejudicial a si próprio a atitude de tentar investir em bons mercados e sair de maus mercados.

Meu pai, homem inteligente, antigo professor de matemática que deixou a academia para tornar-se o auditor sênior mais jovem da John Hancock, ficou doente quando eu tinha 7 anos e morreu de câncer no cérebro quando eu tinha 10 anos. Essa tragédia fez minha mãe ter de trabalhar (na Ludlow Manufacturing, posteriormente adquirida pela Tyco Labs), e eu decidi ajudar, arrumando um emprego de meio período. Com 11 anos, fui contratado como *caddy*[2]. Isso aconteceu em 7 de julho de 1955, o dia em que o Dow Jones caiu de 467 para 460 pontos.

---

[2] Carregador de tacos de golfe. [N. T.]

Para um menino de 11 anos que já havia descoberto o golfe, trabalhar como *caddy* era a ocupação ideal. Eu recebia para caminhar pelos trajetos do campo de golfe. Em uma tarde eu ganhava mais que os garotos que entregavam jornais todos os dias às 6 da manhã. O que poderia ser melhor que isso?

No ensino secundário[3], eu comecei a compreender as vantagens mais sutis e importantes de trabalhar como *caddy*, especialmente em um clube exclusivo como o Brae Burn, nos arredores de Boston. Meus clientes eram presidentes e CEOs de grandes corporações. Gillete, Polaroid e, mais especificamente, Fidelity. Ao ajudar D. George Sullivan a encontrar a sua bola, eu estava me auxiliando a encontrar uma carreira. Eu não fui o único *caddy* a perceber que o caminho mais curto para o conselho de administração passava pelo vestiário de um clube como o Brae Burn.

Se você desejasse, naquela época, conhecimentos sobre ações, o campo de golfe era o segundo melhor lugar para obtê-los depois do salão do pregão de uma grande bolsa de valores. Especialmente após haverem acertado uma tacada inicial com efeito, os membros do clube descreviam entusiasticamente seus últimos investimentos bem-sucedidos. Em uma simples rodada de tacadas, eu poderia oferecer 5 dicas de golfe e obter, em troca, 5 dicas sobre ações.

Embora não tivesse recursos financeiros para investir nas dicas de ações, as histórias felizes que eu ouvi nos gramados me fizeram repensar a posição familiar de que o mercado de ações era um lugar para perder dinheiro. Muitos de meus clientes pareciam realmente ter ganhado dinheiro no mercado de ações, e algumas evidências positivas, aos poucos, me contaminaram.

Um *caddy* aprende rapidamente a organizar seus golfistas em um sistema de castas que se inicia com os raros semideuses (grandes golfistas, pessoas e distribuidores de gorjetas), move-se na direção de golfistas medíocres e indivíduos medianamente generosos, até, eventualmente, se alcançar a base, com indivíduos terríveis como golfistas, pessoas e distribuidores de gorjetas – os temíveis habitantes dos morros dos campos de golfe. Essencialmente, eu trabalhava para golfistas medíocres e gastadores medianos, porém, caso tivesse de escolher entre uma má rodada com um bom distribuidor de gorjetas ou uma boa rodada com um jogador pouco generoso, eu aprendi a optar pelo primeiro caso. Trabalhar como *caddy* reforça a noção de que ter dinheiro ajuda.

---

[3] Corresponde, no Brasil, ao período entre a segunda metade do ensino fundamental e o ensino médio. [N. R.]

Continuei a trabalhar como *caddy* ao longo do ensino secundário e do Boston College, no qual a bolsa de estudos para *caddies* Francis Ouimet me auxiliou a pagar minhas despesas. Na faculdade, exceto pelos cursos obrigatórios, eu evitava ciências, matemática e contabilidade – todas disciplinas convencionais para a preparação na carreira de negócios. Eu estava voltado para o lado das artes da escola e, além de História, Psicologia e Ciências Políticas, estudei Metafísica, Epistemologia, Lógica, Religião e Filosofia dos gregos antigos.

Quando olho para isso retrospectivamente, me parece óbvio que estudar História e Filosofia se revelou uma preparação muito melhor para o mercado de ações do que, digamos, Estatística. Investir em ações é uma arte, não uma ciência, e as pessoas que foram treinadas para quantificar tudo rigidamente experimentam, na área, uma grande desvantagem. Se a seleção de ações pudesse ser quantificada, você poderia reservar algum tempo no computador Cray mais próximo e ganhar uma fortuna. Mas não funciona dessa forma. Toda a matemática de que necessitará no mercado de ações (A Chrysler possui US$ 1 bilhão em caixa, US$ 500 milhões em dívidas de longo prazo etc.) é obtida na 4ª série.

Lógica foi a disciplina que mais me auxiliou na escolha de ações, apenas porque me ensinou a identificar a ilógica peculiar de Wall Street. Verdadeiramente, Wall Street pensa da mesma forma que os gregos pensavam. Os primeiros gregos costumavam se sentar durante dias para debater quantos dentes tinha um cavalo. Eles achavam que podiam descobrir ali sentados, em vez de analisar o animal. Diversos investidores preferem debater se uma ação está subindo, como se a musa das finanças fosse lhes proporcionar a resposta, em vez de checar a empresa.

Há muitos séculos, as pessoas que ouviam o galo cantar à medida que o sol nascia decidiram que o cantar do galo fazia o sol nascer. Isso pode soar como uma tolice hoje em dia, mas todos os dias os especialistas de Wall Street confundem causa e efeito ao oferecer alguma nova justificativa para explicar a razão pela qual o mercado sobe: as barras das calças estão mais altas, determinada conferência venceu o Super Bowl, os japoneses estão infelizes, uma tendência foi superada, os republicanos venceram as eleições, as ações estão com preços "excessivos" etc. Quando ouço teorias desse tipo, eu sempre me lembro do galo.

Em 1963, no meu segundo ano na faculdade, eu comprei minha primeira ação – da Flying Tiger Airlines, por US$ 7 cada. Entre o trabalho como *caddy* e uma bolsa de estudos que cobria meus gastos, eu já havia melhorado minha situação e passado de um carro de US$ 85 para um de US$ 150. Após todas as dicas que tive de ignorar, eu finalmente era rico o suficiente para investir!

A Flying Tiger não foi nenhuma suposição infundada. Eu a selecionei com base em uma difícil pesquisa acerca de uma premissa falha. Em uma de minhas aulas, havia lido um artigo sobre o futuro promissor do frete aéreo, em que se afirmava que a Flying Tiger era uma empresa desse setor. Essa fora a razão pela qual eu comprei a ação, mas não foi por isso que sua cotação subiu, e sim porque entramos na Guerra do Vietnã e a Flying Tiger ganhou uma fortuna transportando tropas e cargas para o Pacífico.

Em menos de dois anos, a ação da Flying Tiger atingiu US$ 32,75, e eu tive minha primeira *fivebagger*. Pouco a pouco, vendi suas ações para pagar os custos da universidade. Meus estudos na Wharton foram, digamos, "subsidiados" pela Flying Tiger.

Se a sua primeira ação é tão importante para o seu futuro financeiro quanto o seu primeiro amor o é para o seu futuro sentimental, então a Flying Tiger foi uma escolha muito feliz. Ela me provou que os grandes multiplicadores realmente existiam, e eu estava seguro de que havia mais deles no mesmo lugar de onde essa primeira tinha vindo.

Durante meu terceiro ano no Boston College, me inscrevi para um emprego de férias na Fidelity, por sugestão do sr. Sullivan, o presidente – um indivíduo que pode ser descrito como um desafortunado golfista, um grande sujeito e um excelente distribuidor de gorjetas para quem havia trabalhado como *caddy*. A Fidelity era o New York Yatch Club, o Augusta National, o Carnegie Hall e o Kentucky Derby. Ela era a Cluny[4] das empresas de investimento e, assim como o grande mosteiro medieval para o qual os monges se sentiam lisonjeados de serem convocados, qual devoto de balanços contábeis de empresas públicas não sonharia em trabalhar ali? Havia cem candidaturas para apenas três vagas para o trabalho de verão.

A Fidelity havia feito um trabalho tão espetacular para convencer os Estados Unidos sobre o apelo dos fundos de investimento que até minha mãe colocava US$ 100 todos os meses no Fidelity Capital. Aquele fundo, gerido por Gerry Tsai, era um dos dois mais vibrantes da famosa era das discotecas. O outro era o Fidelity Trend, gerido por Edward C. Johnson III, também conhecido como Ned. Ned Johnson era o filho do famoso Edward C. Johnson II, também conhecido como sr. Johnson, o qual fundou a empresa.

---

[4] Cidade medieval que reunia muitos mosteiros e gozava de grande prestígio. [N. T.]

Os fundos Fidelity Trend, de Ned Johnson, e Fidelity Capital, de Gerry Tsai, superaram a concorrência por uma grande margem e eram motivo de inveja no setor entre 1958 e 1965. Com esse tipo de pessoa me apoiando e me treinando, eu sentia como se houvesse compreendido o que Isaac Newton falou quando afirmara: "Se eu consegui enxergar além, foi porque estive apoiado sobre os ombros de gigantes".

Muito antes dos grandes sucessos de Ned, seu pai, o sr. Johnson, havia modificado a mentalidade dos Estados Unidos sobre investir em ações. O sr. Johnson acreditava que você investe em ações não para preservar o capital, mas para ganhar dinheiro. Dessa forma, você pega seus lucros, os reinveste em mais ações e ganha mais dinheiro. "As ações você negocia; são às mulheres que você fica preso", dizia o sempre citado sr. Jonhson. Ele certamente jamais ganharia nenhum prêmio da revista feminina *Ms*.

Eu fiquei empolgado por haver sido contratado para trabalhar na Fidelity e também por ter sido instalado no antigo escritório de Gerry Tsai, após Tsai haver partido para o Manhattan Fund, em Nova York. Obviamente que o Dow Jones Industrial em 925 pontos, quando me apresentei para meu primeiro dia de trabalho na Fidelity, havia caído para menos de 800 pontos quando iniciei meus estudos universitários em setembro, tal como a Lei Lynch previra.

Caminho aleatório e Maine Sugar

Os estagiários de verão como eu, sem nenhuma experiência em finanças corporativas ou contabilidade, eram colocados para trabalhar na pesquisa de empresas e na redação de relatórios, da mesma forma que os analistas convencionais. Todo aquele negócio intimidador havia repentinamente sido desmistificado – mesmo estudantes de humanidades como eu podiam analisar uma ação. Eu fui alocado para o setor de papel e editoras e viajei pelo país para visitar empresas como a Sorg Paper e a International Textbook. Uma vez que as empresas aéreas estavam em greve, eu viajava de ônibus. No final do verão, a empresa que eu mais conhecia era a empresa de ônibus Greyhound.

Após esse interlúdio com a Fidelity, eu retornei à Wharton para meu segundo ano da graduação, mais cético do que nunca em relação ao valor da teoria acadêmica sobre o mercado de ações. Parecia-me que grande parte do que aprendi na Wharton, que supostamente deveria auxiliar-me a ser bem-sucedido no mercado de investimentos, apenas poderia me ajudar a fracassar.

Eu estudei Estatística, Cálculo Avançado e Análise Quantitativa. Esta última me ensinou que as coisas que eu havia visto acontecer na Fidelity jamais poderiam ter ocorrido.

Também achei difícil integrar a hipótese do mercado eficiente (de que tudo no mercado de ações é "conhecido" e que os preços são sempre "racionais") com a hipótese do caminho aleatório (para a qual as subidas e descidas do mercado são irracionais e totalmente imprevisíveis). Eu já havia testemunhado suficientes estranhas variações para duvidar da parte racional, e o sucesso dos grandes gestores dos fundos de investimentos da Fidelity dificilmente poderia ser descrito como imprevisível.

Parecia óbvio que os professores da Wharton que acreditavam em análises quantitativas e no caminho aleatório não estavam se saindo tão bem quanto meus novos colegas no Fidelity, de forma que, entre teoria e prática, eu optei pelos profissionais. É muito difícil apoiar uma popular tese acadêmica de que o mercado é irracional quando você conhece alguém que recentemente teve um ganho de 20 vezes o valor investido em ações da Kentucky Fried Chicken e, além disso, explicou-lhe com antecedência por que a cotação da ação subiria. Minha desconfiança em relação aos teorizadores e aos elaboradores de prognósticos continua até os dias de hoje.

Alguns cursos da Wharton foram recompensadores, mas, ainda que todos tivessem sido inúteis, teria sido uma experiência valiosa, pois eu conheci Carolyn no *campus*. (Nós nos casamos em 11 de maio de 1968, um sábado, quando o mercado estava encerrado, e tivemos uma lua de mel de uma semana, na qual o Dow Jones perdeu 13,93 pontos – não que eu estivesse prestando atenção. Isso é algo que eu verifiquei posteriormente.)

Após terminar esse segundo ano na Wharton, eu me apresentei ao exército para servir o período de dois anos estabelecido no programa ROTC[5]. De 1967 até 1969, fui tenente da artilharia, enviado inicialmente para o Texas e, posteriormente, para a Coreia – uma missão confortável, considerando a alternativa. Grande parte dos tenentes de artilharia terminava no Vietnã. O único ponto negativo da Coreia é que eu estava muito distante do mercado de ações e, até onde sabia, não havia nada parecido em Seul. Nessa ocasião, sofria de Síndrome de Abstinência de Wall Street.

Eu compensei o tempo perdido durante minhas licenças inconstantes, quando corria para casa para comprar as diversas boas ações recomendadas

---

[5] Programa de Treinamento de Oficiais para a Reserva, em português. [N. T.]

por colegas e amigos. Eles estavam comprando ações com grande potencial, que estavam subindo, mas, para mim, sugeriam ações de empresas que estavam caindo de preço. De fato, eu ganhei algum dinheiro com a Ranger Oil, mas perdi muito mais com a Maine Sugar, uma situação com lucros certos, a qual fracassou.

O pessoal da Maine Sugar havia procurado todos os produtores de batatas do Maine para convencê-los a plantar beterrabas durante a entressafra. Isso seria extremamente lucrativo para a Maine Sugar, sem falar dos fazendeiros do Maine. Ao plantarem as beterrabas – a plantação perfeita para acompanhar a das batatas –, os fazendeiros poderiam ganhar um dinheiro extra e revitalizar o solo ao mesmo tempo. Além disso, a Maine Sugar arcaria com os custos da plantação de beterrabas. Tudo o que os fazendeiros tinham de fazer era transportar as beterrabas crescidas para a gigantesca nova refinaria que a Maine Sugar estava construindo.

O problema era que esses fazendeiros eram do Maine, e os fazendeiros do Maine são muito cautelosos. Em vez de plantarem centenas de acres de beterrabas, no primeiro ano eles experimentaram plantar apenas um quarto de acre e, então, quando o negócio funcionou, eles expandiram a área plantada para meio acre. Na ocasião em que chegaram a um acre, a refinaria fechou por falta de negócios, e a Maine Sugar foi à falência. A ação caiu para seis centavos, de forma que, com o valor de uma ação, você poderia comprar seis bolas de chiclete.

Após o fiasco da Maine Sugar, eu jurei nunca mais comprar nenhuma ação que dependesse de os fazendeiros do Maine terem de procurar uma alternativa para ganhar algum dinheiro extra.

Eu retornei da Coreia em 1969, juntei-me novamente à Fidelity como um empregado efetivo, na posição de analista, e o mercado de ações prontamente despencou. (Teóricos da Lei de Lynch, tomem nota!) Em junho de 1974, fui promovido de diretor assistente de pesquisa para diretor de pesquisa, e o Dow Jones perdeu 250 pontos nos três meses seguintes. Em maio de 1977, eu assumi o comando do fundo Fidelity Magellan. O mercado permaneceu em 899 pontos e, imediatamente, iniciou uma queda, que durou os cinco meses seguintes, até os 801 pontos.

O Fidelity Magellan possuía US$ 20 milhões em ativos. Havia apenas 40 ações no portfólio, e Ned Johnson, o chefe da Fidelity, recomendou que eu reduzisse esse número para 25. Eu o ouvi educadamente e, então, saí e aumentei o número para 60 ações, seis meses depois, para 100 ações e, logo depois disso, para 150 ações. Eu não agi dessa forma para contrariá-lo, o fiz porque, quando eu via uma pechincha, não resistia a comprá-la; e, nessa época, havia pechinchas por todos os lados.

O receptivo Ned Johnson me vigiava de uma certa distância e me estimulava. Nossos métodos eram diferentes, mas isso não o impediu de aceitar os meus – contanto que eu estivesse obtendo bons resultados.

Meu portfólio continuou a crescer, a ponto de, certa vez, eu possuir 150 ações de caixas de depósitos. Em vez de me contentar com as ações de duas caixas de depósitos, eu as comprava por todo o país (após determinar, obviamente, se elas eram um bom investimento). Não era suficiente investir em uma loja de conveniência. Além da Southland, a empresa parente da 7-Eleven, não pude resistir e comprei a Circle K, a National Convenience, a Shop and Go, a Hop-In Foods, a Fairmont Foods e a Sunshine Junior, para mencionar apenas algumas delas. Comprar uma centena de ações certamente não era a ideia de Ned Johnson acerca de como gerir um fundo de ações, mas eu continuo aqui.

Logo depois, me tornei conhecido como o Will Rogers das ações, o homem que nunca viu uma ação de que não gostasse. Sempre se fazem piadas sobre isso na *Barron's* – "Você pode dizer o nome de uma ação de que Lynch não goste?". Uma vez que agora tenho 1.400 empresas diferentes, eu suponho que eles estejam certos. Certamente poderia nomear diversas ações que eu desejaria não ter comprado.

Enquanto isso, no entanto, os ativos no Fidelity Magellan cresceram até atingir US$ 9 bilhões, o que torna esse fundo tão grande quanto o Produto Interno Bruto de metade da Grécia. Em termos de retorno sobre investimento, o Fidelity Magellan saiu-se muito melhor que a Grécia ao longo de 11 anos, embora a Grécia tenha um histórico invejável em relação aos 2.500 anos anteriores.

Em relação a Will Rogers, ele pode ter oferecido o melhor conselho jamais dado sobre ações: "Não se arrisque; pegue todas as suas economias, compre alguma boa ação e mantenha-a até que ela suba, então venda-a. Se ela não subir, não a compre".

2

Os paradoxos de Wall Street

À lista de famosos paradoxos – inteligência militar, crescimento negativo, silêncio ensurdecedor, espontaneidade calculada –, eu acrescentaria investimento profissional. É importante que os amadores enxerguem a profissão sob a perspectiva cética adequada. Pelo menos você saberá quem enfrenta. Uma vez que 70% das ações das grandes empresas são controladas por instituições financeiras[1], há uma probabilidade cada vez maior de que você esteja competindo com paradoxos sempre que compre ou venda ações. Essa é uma feliz descoberta. Considerando-se as inúmeras barreiras culturais, legais e sociais que restringem os investidores profissionais (em muitas das quais estamos presos), é espantoso que tenhamos conseguido ser tão bem-sucedidos quanto fomos enquanto um grupo.

Obviamente, nem todos os profissionais representam paradoxos. Há indivíduos excepcionais, inovadores e singulares atuando como gestores de fundos de investimento, que investem como desejam. John Templeton é um dos melhores. Ele é um pioneiro no mercado global, um dos primeiros a ganhar dinheiro pelo mundo todo. Seus investidores evitaram o colapso de 1972-1974 nos Estados Unidos simplesmente porque ele, astutamente, havia colocado grande parte dos ativos de seu fundo em empresas japonesas e canadenses.

---

[1] A porcentagem se refere exclusivamente ao mercado norte-americano; não temos essa referência para o mercado brasileiro. [N. R. T.]

Não apenas isso: ele também foi um dos primeiros a aproveitar-se do fato de que o Dow Jones japonês (o índice Nikkei) cresceu 17 vezes entre 1966 e 1988, enquanto o Dow Jones americano apenas dobrou de tamanho.

Max Heine (já falecido), do fundo Mutual Shares, foi outro livre-pensador genial. Seu pupilo, Michael Price, o qual assumiu a gestão do fundo após sua morte, manteve a tradição de comprar ações de empresas ricas em ativos por 50 centavos e esperar até que o mercado pagasse seu valor total. Ele realizou um trabalho brilhante. John Neff é um investidor defensor das ações desprezadas, pelas quais constantemente se arrisca. Ken Heebner, da Loomis-Sayles, também assume muitos riscos, e seus resultados têm sido impressionantes.

Peter deRoetth é outro amigo que se saiu extremamente bem com as ações de empresas menos conhecidas. DeRoetth é um antigo aluno da Harvard Law School que desenvolveu uma paixão incurável por ações. Foi ele quem me forneceu a dica da Toys"R"Us. O segredo de seu sucesso é que ele nunca foi para a faculdade de administração de empresas — imagine as lições que ele nunca teve de desaprender...

George Soros e Jimmy Rogers ganharam seus milhões ao assumir posições tão enigmáticas que eu teria dificuldade para explicar: vendendo ouro a descoberto, comprando opções de venda ou realizando operações de Hedge com títulos públicos australianos. E Warren Buffett, o maior investidor de todos, busca o mesmo tipo de oportunidades que eu, exceto pelo fato de que, quando ele as encontra, compra a empresa inteira.

Essas notáveis exceções são diluídas em um número enorme de gestores de fundos de investimento comuns, sem brilho, apáticos, aduladores e tímidos, além de uma vasta gama de parasitas, xeretas e imitadores presos às regras.

É necessário compreender a mente das pessoas que atuam nesse negócio. Todos nós lemos as mesmas revistas e os mesmos jornais e ouvimos os mesmos economistas. Honestamente, somos um grupo muito homogêneo.

Você também não encontrará muitos jovens em traje social em nosso meio. Minha mulher certa vez realizou algumas pesquisas em relação à teoria de que as grandes invenções e as grandes ideias chegam às pessoas antes dos 30 anos. Contudo, uma vez que atualmente tenho 45 anos[2] e ainda continuo a gerir o Fidelity Magellan, fico feliz em afirmar que a juventude não tem nenhuma relação com o fato de tornar-se um grande investidor — e que o investidor de

---

[2] Essa era a idade do autor na época da primeira edição do livro, em 1989. [N. E.]

meia-idade que passou por diversos tipos de mercado pode ter uma vantagem sobre o investidor mais novo, que não possui as mesmas experiências.

Além disso, uma vez que a ampla maioria dos gestores de fundos de investimento encontra-se na meia-idade, isso elimina a possibilidade de quaisquer gênios potenciais no início e no fim do espectro geriátrico.

Distanciamento das ruas

Em cada ação espetacular que eu consegui descobrir, as virtudes pareciam tão óbvias que, se 100 profissionais houvessem estado livres para adicioná-las aos seus portfólios, 99 deles o teriam feito. Mas, por razões que descreverei a partir de agora, eles não o fizeram. Simplesmente há muitos obstáculos, entre eles as *tenbaggers*.

Sob o sistema atual, uma ação não é verdadeiramente atraente até que um número significativo de grandes instituições tenha reconhecido sua aptidão e um número idêntico de analistas respeitáveis de Wall Street (os pesquisadores que monitoram os vários setores e as empresas) a tenha colocado em sua lista de recomendações. Com tantas pessoas esperando até que alguém realize o primeiro movimento, é realmente impressionante que algo seja de fato comprado.

A Limited é um bom exemplo daquilo que eu chamo de "distanciamento das ruas". Quando a empresa começou a ser negociada publicamente em 1969, era praticamente desconhecida pelas grandes instituições e pelos maiores analistas. O subscritor da oferta inicial era uma pequena firma chamada Vercoe & Co., sediada em Columbus, Ohio, onde também se localizava a matriz da Limited. Peter Halliday, colega de classe do secundário do presidente da Limited, Leslie Wexner, era o gestor de vendas da Vercoe naquela ocasião. Halliday atribuiu o desinteresse de Wall Street ao fato de Columbus, Ohio, não ser exatamente a meca corporativa naquela ocasião.

Uma única analista (Susie Holmes, da White, Weld & Co.) acompanhou a empresa durante dois anos, antes de uma segunda analista, Maggie Gilliam, da First Boston, interessar-se oficialmente pela Limited, em 1974. Mesmo Maggie Gilliam poderia não a ter descoberto, caso não houvesse se deparado com uma loja da The Limited no shopping center Woodfield, de Chicago, durante um fechamento emergencial do aeroporto O'Hare, em razão de uma nevasca. Em seu benefício, ela prestou atenção ao seu lado amador.

A primeira instituição que comprou as ações da The Limited foi o fundo T. Rowe Price New Horizons, e isso ocorreu no verão de 1975. Naquela ocasião, já havia mais de 100 lojas da The Limited abertas em todo o país. Milhares de compradores observadores poderiam ter iniciado seu próprio acompanhamento durante esse período. Ainda assim, até 1979, apenas duas instituições tinham ações da Limited, correspondentes a 0,6% do total de ações disponíveis. Os empregados e os executivos da empresa eram os grandes proprietários – geralmente um bom sinal, algo que discutiremos adiante.

Em 1981, havia 400 lojas da The Limited realizando negócios bem-sucedidos, e apenas seis analistas acompanhavam a ação. Isso se passara sete anos após a descoberta da sra. Gilliam. Em 1983, quando a ação atingiu seu ponto alto intermitente de US$ 9, os investidores de longo prazo já haviam ganhado 18 vezes em relação aos valores investidos em 1979, quando as ações foram negociadas por 50 centavos, ajustadas por divisão.

Sim, eu sei que seu preço caiu para aproximadamente metade em 1984, US$ 5 por ação, mas a empresa estava indo tão bem que isso proporcionou uma nova oportunidade para os investidores comprarem suas ações. (Como explicarei nos capítulos seguintes, se uma ação está em baixa, mas seus fundamentos são positivos, o melhor é aguardar e até mesmo comprar maiores quantidades dessa ação.) Somente em 1985, quando a ação retornou a US$ 15, os analistas juntaram-se à festa. De fato, eles estavam lançando-se uns sobre os outros para colocar rapidamente as ações da The Limited em suas listas de compra; além disso, as agressivas aquisições institucionais ajudaram o preço da ação a disparar, atingindo um valor de US$ 52,90 – muito acima daquilo que seus fundamentos teriam justificado. Nesse momento, havia mais de 30 analistas seguindo seu rastro (37, à medida que escrevo este livro), e muitos outros chegaram a tempo de testemunhar as ações da The Limited despencarem vertiginosamente.

Minha empresa de serviços funerários favorita, a Service Corporation International (SCI), teve a sua primeira oferta pública de ações em 1969. Nenhum analista lhe deu qualquer atenção nos dez anos seguintes! A empresa realizou grandes esforços para chamar a atenção de Wall Street e, finalmente, foi notada por uma pequena empresa de investimentos chamada Underwood, Neuhaus & Co. Shearson foi a primeira corretora de valores a demonstrar interesse, em 1982. Nesse momento, a ação já era uma *fivebagger*.

De fato, você mais do que poderia ter dobrado seu dinheiro novamente ao comprar as ações da SCI por US$ 12 por ação, em 1983, e vendê-las, na alta, por US$ 30,40, em 1987, mas isso não teria sido tão excitante quanto uma *fortybagger*, a qual poderia ter obtido caso houvesse investido em 1978.

Milhares de pessoas deveriam estar familiarizadas com essa empresa caso simplesmente houvessem estado em um funeral, e os seus fundamentos sempre foram bons. Nesse caso, os paradoxos de Wall Street ignoraram a SCI, porque os serviços de funeral não se enquadravam em nenhuma categoria de classificação setorial. Não se tratava de uma atividade de lazer, e tampouco alguém podia considerá-la uma produtora de bens duráveis.

Ao longo da década de 1970, quando a Subaru desenvolvia seus grandes movimentos, apenas três das quatro grandes analistas monitoraram as ações da empresa. Dunkin' Donuts foi uma *twentyfivebagger* entre 1977 e 1986, e, ainda assim, apenas duas das grandes corretoras a acompanham até os dias de hoje[3]. Nenhuma delas estava interessada há cinco anos. Apenas algumas corretoras de valores regionais, tais como a Adams, Harkness e Hill, em Boston, foram em frente com essa lucrativa história, mas você poderia ter começado a cobri-la por conta própria, depois de ter comido os donuts.

Pep Boys, uma ação que mencionarei novamente, estava à venda por menos de US$ 1 por ação, em 1981, e atingiu US$ 9,50 em 1985, antes de chamar a atenção de três analistas. Stop & Shop disparou de US$ 5 para US$ 50, assim como a relação de analistas que a acompanhavam, que passou de um para quatro.

Eu poderia prosseguir, mas acredito que nós dois já compreendemos esse ponto. Compare os casos citados aqui com os dos 46 analistas de corretoras de valores que normalmente acompanham a IBM ou dos 44 que monitoram a Exxon.

Inspecionados por 4

Quem imagina que o profissional médio de Wall Street está em busca de razões para comprar ações diferenciadas não passou muito tempo em Wall Street. Um gestor de fundos provavelmente vive procurando razões para não comprar essas ações, de forma que possa oferecer as justificativas adequadas para o momento em que elas subam. "Era muito pequena para que eu a tivesse comprado" lidera uma longa lista de justificativas, seguida de "Não havia nenhum histórico documentado", "Fazia parte de um setor sem crescimento", "Possuía uma gestão desconhecida", "Os empregados pertencem a um sindicato" e "A competição irá destruí-los", tal como em "A Stop & Shop nunca funcionará, as lojas da 7-Eleven acabarão com eles", "A Pic 'N' Save

---

[3] Refere-se ao ano de 1989. [N. E.]

nunca dará certo, a Sears os destruirá" ou "A Agency Rent-A-Car não tem nenhuma chance contra a Hertz ou a Avis." Essas são preocupações razoáveis que merecem investigação, mas que frequentemente são utilizadas para justificar julgamentos apressados e tabus amplamente difundidos.

Com a sobrevivência em jogo, é raro o profissional que tenha a coragem de partir rumo a uma desconhecida La Quinta. De fato, entre a chance de obter um lucro extraordinariamente grande em uma empresa desconhecida e a segurança de perder uma pequena quantia em uma empresa estabelecida, um gestor convencional de um fundo mútuo, de um fundo de pensões ou de um portfólio corporativo ficaria com a segunda opção. O sucesso é importante, mas é ainda mais importante não demonstrar estar mal se você fracassar. Há uma regra que não está escrita em Wall Street: "Você nunca perde o seu emprego perdendo o dinheiro de seu cliente na IBM".

Se a IBM apresentar maus resultados e você comprá-la, seus clientes e chefes irão perguntar-se: "Mas o que há de errado ultimamente com a droga da IBM?". Mas se a La Quinta Motor Inns tiver problemas, eles perguntarão: "O que há de errado com você?". Essa é a razão pela qual os gestores de portfólio, preocupados com a segurança, não comprarão nenhuma ação quando apenas dois analistas a acompanharem e ela for negociada por US$ 3. Eles não compram ações do Walmart quando elas são negociadas por US$ 4 e pertencem a uma pequena loja em uma pequena cidade do estado de Arkansas, mas que pretende se expandir em breve. Eles somente compram ações do Walmart quando há uma loja em cada grande centro populacional dos Estados Unidos, 50 analistas acompanham a empresa e o presidente do Walmart é apresentado pela revista *People* como um bilionário excêntrico que dirige uma caminhonete até o trabalho. Nesse momento, as ações já são negociadas por US$ 40.

O pior exemplo de restrição ocorre nos departamentos de fundos de pensão dos bancos e das empresas de seguros, nos quais as ações são compradas e vendidas a partir de listas pré-aprovadas. Nove entre dez gestores de fundos de pensão trabalham com tais listas, como uma forma de autoproteção contra o "desempenho incerto", o qual pode causar uma grande quantidade de problemas, como ilustram os exemplos a seguir.

Dois presidentes de empresas, Smith e Jones, que possuem contas de pensão[4] administradas pelo National Bank of River City, estão jogando golfe

---

[4] O modelo de aposentadoria nos Estados Unidos é diferente do que existe no Brasil. Aqui, esse exemplo de contas de pensão não se aplica. [N. T.]

juntos, como sempre fazem. Enquanto esperam para dar a primeira tacada, eles conversam sobre coisas importantes, como contas de aposentadoria. Logo descobrem que, enquanto a conta de aposentadoria de Smith aumentou 40% em um ano, a de Jones aumentou apenas 28%. Ambos deveriam estar satisfeitos, mas Jones está transtornado. Na segunda-feira pela manhã, ele está ao telefone com um funcionário do banco, exigindo saber por que seu dinheiro rendeu menos que o de Smith, quando, afinal de contas, ambas as contas são administradas pelo mesmo banco. "Se isso ocorrer novamente", exalta-se Jones, "vamos retirar nosso dinheiro."

Esse desagradável problema para o departamento de fundos de pensão pode ser prontamente evitado se os gestores de várias contas selecionarem as ações a partir de um mesmo universo. Dessa forma, é muito provável que tanto Smith quanto Jones desfrutarem do mesmo resultado ou, pelo menos, que a diferença não seja tão grande a ponto de deixar qualquer um deles enfurecido. Praticamente, por definição, o resultado será medíocre, mas uma mediocridade aceitável é muito melhor que um desempenho incerto.

Uma coisa seria se a lista aprovada fosse composta de, digamos, 30 escolhas inteligentes, cada uma delas feita a partir da liberdade de pensamento de um analista ou de um gestor de fundos. Então, poderíamos ter um portfólio dinâmico. Mas, segundo a forma como isso geralmente funciona, toda ação deve ser julgada aceitável por todos os 30 gestores e, considerando-se que nenhum grande livro ou grande sinfonia foram elaborados por um comitê, nenhum grande portfólio também jamais foi selecionado dessa forma.

Neste ponto, lembro-me da breve história de Vonnegut[5], em que profissionais altamente qualificados são deliberadamente limitados (os bons dançarinos utilizam pesos, os bons analistas têm os seus punhos atados etc.) para não aborrecer os menos talentosos.

Também me recordo das pequenas notas de papel que diziam "inspecionado por 4", as quais são colocadas nos bolsos das novas camisas. O método "inspecionado por 4" é a forma como as ações são selecionadas a partir dessas listas. Os prováveis tomadores de decisão dificilmente saberão o que estão aprovando. Eles não viajam para visitar as empresas nem pesquisam novos produtos; apenas pegam aquilo que lhes foi dado e repassam adiante. Eu penso nisso cada vez que compro camisas.

---

[5] O autor refere-se a Kurt Vonnegut Jr., escritor norte-americano (1922-2007). [N. R.]

Não é nenhuma surpresa que os gestores de portfólio e de fundos tendam a ser escrupulosos em suas seleções de ações. Há tanta segurança na atividade de gestão de portfólio quanto nas atividades de uma dançarina exótica ou de um técnico de futebol. Os técnicos, pelo menos, podem relaxar entre as temporadas. Os gestores de fundos nunca podem relaxar, porque o jogo é disputado o ano todo. As vitórias e as derrotas são revisadas a cada três meses por clientes e chefes que demandam resultados imediatos.

É um pouco mais confortável o meu lado do negócio, trabalhando para o público em geral, do que a atividade dos gestores que selecionam ações para seus colegas de profissão. Os que investem no Fidelity Magellan tendem a ser pequenos investidores, perfeitamente livres para vender a qualquer momento, mas eles não revisam meu portfólio, ação por ação, para oferecer sugestões sobre minhas decisões. Isso é o que acontece, no entanto, para o sr. Boon Doggle, do Blind Trust, banco contratado para administrar as contas de aposentadoria para a White Bread, Inc.

Boon Doggle conhece suas ações. Ele atua como gestor de portfólio no Blind Trust há sete anos e, durante esse período, tomou decisões bem fundamentadas. Tudo o que ele deseja é ser deixado em paz para realizar seu trabalho. Sam Flint, vice-presidente da White Bread, por sua vez, também acredita que conhece suas ações e, a cada três meses, lança um olhar crítico sobre as seleções de Boon Doggle, em nome da White Bread. Entre essas extenuantes verificações trimestrais, Flint telefona para Doggle duas vezes por dia para obter uma atualização. Doggle está tão cansado de Flint que, às vezes, deseja nunca ter ouvido falar dele ou da White Bread. Doggle gasta uma quantidade tão grande de horas falando sobre seleção de ações com Flint que fica sem tempo para realizar seu trabalho.

Os gestores de fundos geralmente gastam um quarto de suas horas de trabalho explicando o que acabam de fazer – inicialmente para seus chefes imediatos, em seu próprio departamento de gestão de fundos, e, depois, para seus chefes em última instância: clientes como Flint, da White Bread. Há uma regra não escrita segundo a qual, quanto maior for o cliente, mais tempo de conversação o gestor do fundo tem de destinar a ele para agradá-lo. Há exceções notáveis – como a Ford Motors, a Eastman Kodak e a Eaton, para citar algumas –, mas, em geral, essa é a regra.

Digamos que o soberbo Flint, ao rever os recentes resultados de Doggle para o fundo de pensão, note a Xerox no portfólio. As ações da Xerox são negociadas por US$ 52. Flint olha transversalmente para a coluna de custos e vê que a Xerox foi comprada por US$ 32 por ação. "Espetacular", entusiasma-se Flint. "Eu não poderia ter feito melhor."

A próxima ação que Flint vê é a Sears. O preço atual é US$ 34,90, enquanto o preço original era US$ 25. Ele exclama para Doggle: "Excelente!". Felizmente, não há nenhuma data associada a essas compras, de modo que Flint não percebe que as ações da Xerox e da Sears estão no portfólio desde 1967, quando as calças boca de sino eram a paixão nacional. Considerando-se o tempo que as ações da Xerox estão presentes no portfólio, o retorno sobre investimento em ações é pior do que caso o valor correspondente houvesse sido aplicado em um fundo de renda fixa com baixíssimo risco – mas Flint não enxerga isso.

Então, Flint prossegue para as ações da Seven Oaks International, a qual, pessoalmente, é uma de minhas preferidas. Você já se perguntou o que acontece com todos aqueles cupons de desconto – 15 centavos para o ketchup Heinz, 25 centavos para Windex etc. – após recortá-los dos jornais e entregá-los ao caixa do supermercado? O seu supermercado os reúne e envia para as instalações da Seven Oaks, no México, onde pilhas de cupons são organizadas, processadas e liberadas para pagamento, da mesma forma como os cheques são processados nas câmaras de compensação bancária. A Seven Oaks ganha muito dinheiro para realizar esse trabalho tedioso, e os seus investidores são bem recompensados. Esse é exatamente o tipo de empresa obscura, tediosa e altamente lucrativa, com um nome misterioso, cujas ações gosto de ter.

Flint nunca ouviu falar da Seven Oaks, e a única coisa que ele sabe é aquilo que vê nos registros – ela foi comprada pelo fundo a US$ 10 por ação e agora é vendida por US$ 6. "O que é isto?", questiona Flint. "É uma perda de 40%!" Doggle tem de passar o resto da reunião defendendo essa ação. Após dois ou três episódios similares, ele jura nunca mais comprar nenhuma empresa alternativa e manter-se atrelado a ações de empresas como Xerox e Sears. Doggle também decide vender a Seven Oaks na primeira oportunidade, expurgando a ação para sempre de sua lista.

Retornando à "mentalidade de grupo" e lembrando-se de que é mais seguro escolher ações de empresas em conjunto, ele ignora as palavras de sabedoria que poderiam ter vindo do dramaturgo Ésquilo, do poeta Goethe ou do personagem Alf, o alienígena, da série de TV:

> *Dois [indivíduos] formam uma parceria; três formam uma multidão*
> *Quatro formam duas parcerias*

Cinco formam uma parceria e uma multidão
Seis formam duas multidões
Sete formam uma multidão e duas parcerias
Oito podem formar quatro parcerias ou duas multidões e uma parceria
Nove formam três multidões
Dez podem formar tanto cinco parcerias ou duas parcerias e duas multidões

Mesmo que não haja nada terrivelmente errado com os fundamentos da Seven Oaks (eu não acredito que haja, porque ainda tenho um pouco dessas ações) e, posteriormente, ela se torne uma *tenbagger*, a ação será comprada pelos fundos de aposentadoria da White Bread porque Flint não gosta dela, da mesma forma que ações que deveriam ser vendidas serão mantidas. Em nossa atividade, a venda indiscriminada de ações com perdas atualmente é chamada de "queima de evidências".

Entre os gestores de portfólios experientes, a queima de evidências é feita de uma forma tão rápida e eficaz que acredito que isso tenha se tornado um mecanismo de sobrevivência e que, no futuro, será tão inata que as próximas gerações o farão sem nenhuma hesitação, da mesma forma que os avestruzes aprenderam a enterrar sua cabeça na areia.

Dessa forma, se Boon Doggle não queimar as evidências na primeira oportunidade, será demitido, e todo o portfólio será entregue a um sucessor, que o fará. Os gestores de fundos de muitos bancos regionais fora da cidade de Nova York tinham realizado um excelente trabalho na seleção de ações durante um longo período. Muitas corporações, especialmente aquelas de porte médio, se destacaram na gestão de seus fundos de aposentadoria. Uma análise nacional certamente revelaria dezenas de analistas de ações que trabalham para fundos de reserva de seguradoras, de pensão e fiduciários.

Ostras Rockefeller

Sempre que gestores de fundos decidem comprar uma ação diferenciada (contra todos os obstáculos sociais e políticos), eles podem ser restringidos por várias regras e normas escritas. Alguns fundos fiduciários de bancos simplesmente não permitem a compra de ações de empresas com sindicatos. Outros não investem em setores sem crescimento ou em setores específicos da economia, tais como geração e transmissão de eletricidade, óleo e aço. Algumas vezes, isso chega a um ponto em que o gestor de um fundo não pode comprar ações de nenhuma empresa cujo nome comece pela letra "r" ou, talvez, apenas adquirir ações em meses que tenham a letra "r", uma regra tomada por empréstimo da degustação de ostras.

Caso não sejam o banco ou o fundo de investimento que criem as regras, então é a SEC[6] que as cria. A SEC, por exemplo, estabelece que um fundo mútuo, como o meu, não pode ter mais de 10% de suas ações provenientes de uma única empresa, nem pode investir mais de 5% dos ativos do fundo em determinada ação.

As várias restrições são bem-intencionadas e protegem contra a aplicação de todos os recursos em um único tipo de investimento (falarei mais sobre isso adiante) ou contra a tomada de uma empresa por um fundo de pensões à La Carl Icahn (também falarei sobre isso mais adiante). O resultado secundário é o de que os grandes fundos são forçados a limitar-se às 90 ou 100 maiores empresas, em um universo de mais de 10 mil negociadas publicamente.

Digamos que você administre um fundo de pensão de US$ 1 bilhão e, para defender-se do desempenho incerto, seja obrigado a escolher ações de uma lista de 40 aprovadas, por meio do método "aprovado por 4". Uma vez que você apenas pode investir 5% do montante total em cada ação, terá de comprar, pelo menos, 20 ações, com US$ 50 milhões investidos em cada uma delas. O máximo que poderá ter são 40 ações, com US$ 25 milhões investidos em cada uma delas.

Nesse caso, você terá de encontrar empresas nas quais US$ 25 milhões comprarão menos que os 10% das ações emitidas. Isso reduz significativamente as oportunidades disponíveis, sobretudo em pequenos empreendimentos com altas taxas de crescimento, que tendem a ser as *tenbaggers*. Por exemplo, você não poderia ter comprado ações da Seven Oaks International ou da Dunkin' Donuts com essas regras.

Alguns fundos são ainda mais restritos em relação à regra de capitalização de mercado: eles não possuem ações de uma companhia cujo valor de mercado seja menor que US$ 100 milhões. (O valor de mercado é obtido ao multiplicar-se o número de ações emitidas pelo preço atual da ação.) Uma empresa com 20 milhões de ações emitidas, vendidas por US$ 1,75 cada ação, tem um valor de mercado de US$ 35 milhões e deve ser evitada pelo fundo. Mas, uma vez que o preço da ação triplica, atingindo US$ 5,25, aquela mesma

---

[6] Stock Exchange Commission – ou, em seu equivalente brasileiro, Comissão de Valores Imobiliários. [N. T.]

empresa passa a ter um valor de mercado de US$ 105 milhões e, subitamente, torna-se passível de ser adquirida. Isso resulta em um estranho fenômeno: os grandes fundos apenas têm permissão para comprar ações de pequenas empresas quando estas já não representam uma pechincha.

Por definição, dessa forma, os portfólios dos fundos de pensão estão associados a ações com potencial de lucros de 10%, empresas gigantes e grandes empresas da relação da Forbes 500, as quais oferecem poucas boas surpresas. Eles praticamente são obrigados a comprar ações de IBM, Xerox e Chrysler, mas todos esperarão para comprar ações da Chrysler até que elas estejam totalmente recuperadas e cotadas adequadamente. Scudder, Stevens & Clark, uma gestora de recursos financeiros bem respeitada e extremamente competente, deixou de acompanhar o desempenho das ações da Chrysler antes da sua maior queda, para US$ 3,50, e não voltou a fazê-lo até que suas ações houvessem atingido US$ 30.

Não é nenhuma surpresa que os gestores dos fundos de pensão deixem de atingir as médias de mercado. Quando você pede a um banco para administrar seus investimentos, na maioria dos casos, apenas conseguirá obter resultados medíocres.

Os fundos de ações mútuos, tais como o meu, são menos restritivos. Eu não tenho de comprar ações de um menu fixo, e não há nenhum sr. Flint espiando sobre o meu ombro. Isso não quer dizer que meus chefes na Fidelity não monitorem meus progressos, não me façam perguntas difíceis ou, periodicamente, não analisem meus resultados. Isso apenas significa que ninguém me diz que devo comprar ações da Xerox ou que não possa ter ações da Seven Oaks.

Minha grande desvantagem é o tamanho. Quanto maior for o fundo de ações, mais difícil se tornará para ele superar seus competidores. Esperar que um fundo de US$ 8 bilhões seja tão bem-sucedido quanto um fundo de US$ 800 milhões é o mesmo que esperar que Larry Bird, grande astro aposentado do basquete norte-americano, se saísse bem em seus jogos com um peso de 5 kg atrelado à sua cintura. Os grandes fundos têm as mesmas dificuldades de qualquer objeto grande – quanto maior ele é, maior é a quantidade de energia necessária para movê-lo.

Ainda assim, mesmo com US$ 9 bilhões, o Fidelity Magellan continuou a atuar de modo bem-sucedido. Todos os anos, algum novo profeta afirma que não será possível prosseguir dessa forma – e todos os anos eles têm falhado em suas previsões. Desde junho de 1985, quando o Magellan tornou-se o maior fundo do país, ele superou em 98% o desempenho dos fundos de investimentos em ações em geral.

Por isso, eu devo agradecer à Seven Oaks, à Chrysler, à Taco Bell, à Pep Boys e a todas as outras empresas de rápido crescimento pelas oportunidades de reviravolta e pelos empreendimentos desprezados que encontrei. As ações que tentei comprar foram as mesmas que os gestores de fundos tradicionais tentam ignorar. *Em outras palavras, eu continuo a pensar como um amador o maior número de vezes possível.*

Movendo-se sozinho

Você não tem de investir como uma instituição. Se você o fizer, estará fadado a ter um desempenho idêntico ao de uma delas, o que, em muitos casos, não é muito bom. Você tampouco deve forçar-se a pensar como um amador se você já é um. Se for um surfista, um caminhoneiro, um indivíduo com ensino médio incompleto ou um aposentado excêntrico, então você já possui uma vantagem. Esses são os lugares de onde vêm as *tenbaggers*, além das fronteiras das considerações tidas como aceitáveis por Wall Street.

Quando você investe, não há nenhum Flint em volta para criticar seus resultados trimestrais ou semestrais ou mesmo para "fritá-lo" por ter comprado ações da Agency Rent-A-Car em vez das ações da IBM. Bem, talvez haja um marido ou uma esposa, ou um corretor de valores com o qual tenha de conversar, mas um corretor de valores será muito simpático em relação às suas estranhas seleções e não irá demiti-lo por escolher a Seven Oaks – contanto que esteja pagando corretamente as comissões. Além disso, a esposa (A Pessoa que não Compreende Seriamente Questões de Dinheiro) já não demonstrou sua fé em seus esquemas de investimentos ao permitir que você continuasse a cometer erros?

(No caso da improvável possibilidade de que sua esposa esteja desiludida com as suas escolhas de ações, você sempre poderá esconder os demonstrativos mensais que chegam pelo correio. Eu não estou endossando essa prática, apenas salientando que essa é mais uma opção disponível para o pequeno investidor, o que está obviamente fora de questão para o gestor de um fundo de ações.)

Você não tem de gastar um quarto das horas que passa acordado explicando a um colega por que compra aquilo que está comprando. Não há nenhuma regra que o proíba de comprar ações que comecem com "r", que custem menos de US$ 6 ou de uma empresa cujos funcionários estejam associados ao sindicado dos caminhoneiros. Não há ninguém para reclamar "Eu nunca ouvi falar de Walmart" ou "Dunkin' Donuts soa tolo – John D. Rockefeller não teria investido em Donuts". Não há ninguém para reprová-lo por recomprar por US$ 19 uma ação que você anteriormente vendeu por US$ 11 – o qual pode ser um movimento perfeitamente razoável. Os profissionais nunca recomprariam por US$ 19 uma ação que houvessem vendido por US$ 11. Eles teriam seus monitores com cotações confiscados por fazerem isso.

Você não é obrigado a ter 1.400 ações diferentes, nem mesmo alguém irá dizer-lhe para espalhar seu dinheiro em 100 empresas diferentes. Você é livre para ter uma, quatro ou dez ações. Se nenhuma empresa lhe parecer atraente em relação aos seus fundamentos, você pode deixar de comprar ações completamente e esperar por uma oportunidade melhor. No entanto, os gestores dos fundos de ações não têm esse luxo. Nós não podemos vender tudo, e, mesmo que tentássemos, seria impossível nos desfazer de grandes posições por preços decentes.

Acima de tudo, você poderá encontrar oportunidades incríveis na vizinhança ou no local de trabalho, meses, ou mesmo anos, antes que a novidade tenha chegado aos analistas e aos gestores dos fundos para o qual prestam serviços.

Finalmente, talvez você não tenha nada a ver com o mercado de ações, jamais. Essa é uma questão que merece ser discutida mais detalhadamente, pois o mercado de ações demanda convicção; e isso é tão certo quanto o fato de que ele torna os não convictos em vítimas.

3

Isto é um jogo ou não?

"Cavalheiros preferem títulos públicos."
Andrew Mellon

Após os grandes distúrbios como as variações bruscas do último outubro[1], alguns investidores refugiaram-se nos títulos públicos. É importante que a questão de títulos públicos *versus* ações seja resolvida, inicialmente, de uma forma calma e digna; caso contrário, ela ressurgirá nos momentos mais intensos, quando o mercado de ações estiver caindo e as pessoas correrem aos bancos para investir em renda fixa. Uma corrida como essa ocorreu recentemente.

Investir em renda fixa é investir em dívidas pelas quais são pagos juros. Não há nada de errado em obter juros por empréstimos, especialmente se esses juros são compostos. Considere os índios de Manhattan, os quais, em 1626, venderam todas as suas terras para um grupo de imigrantes por US$ 24 em bugigangas e contas de colares. Durante 362 anos, os índios foram objeto de cruéis piadas em razão disso – mas, de fato, eles fizeram um negócio melhor do que aqueles indivíduos que adquiriram a ilha.

A uma taxa de 8% sobre US$ 24 (vamos suspender nossa descrença e considerar que eles converteram as bugigangas em dinheiro), aplicada por todos esses anos, os índios teriam construído um patrimônio líquido próximo de US$ 30 trilhões, enquanto os últimos registros do Distrito de Manhattan demonstram que as propriedades valeriam apenas US$ 28,1 bilhões. Concedamos aos habitantes de Manhattan o benefício da dúvida: os US$ 28,1 bilhões se tratam de valor de avaliação, e, como todos sabemos, essas propriedades podem valer

---

[1] O autor refere-se ao ano de 1989. [N. R.]

o dobro no mercado aberto. Assim, Manhattan valeria US$ 56,2 bilhões. De qualquer forma, os índios estariam na frente por mais de US$ 29 trilhões.

Obviamente é improvável que os índios tivessem conseguido uma taxa de 8%, mesmo com as taxas absurdas dos dias de hoje, se, de fato, houvesse taxas absurdas em 1626. Os tomadores de empréstimos pioneiros costumavam pagar muito menos, mas, ainda que tivessem obtido 6%, teriam ganhado US$ 34,7 bilhões até o momento, sem ter de conservar qualquer propriedade ou cortar a grama do Central Park. Que diferença dois pontos percentuais podem fazer, aplicados na forma de juros compostos, ao longo de três séculos!

Independentemente da forma como você o veja, algo deve ser dito para os supostamente tolos nessa transação. Investir em dívidas não é tão mau.

Os títulos públicos têm sido especialmente atraentes nos últimos 20 anos[2]. Não nos 50 anos antes desse período, mas, com certeza, nos últimos 20 anos. Historicamente, as taxas de juros nunca ficaram distantes de 4%, mas, na última década – anos 1970 –, vimos as taxas de longo prazo subir para 16% e depois cair para 8%, gerando oportunidades incríveis. As pessoas que compraram títulos públicos do Tesouro dos Estados Unidos com maturação de 20 anos em 1980 viram o valor de face de seus títulos praticamente dobrar e, enquanto isso, receberam 16% de juros em relação a seu investimento principal. Se você tivesse sido suficientemente esperto para comprar esses títulos públicos de 20 anos, teria superado os lucros dos mercados de ação por uma ampla margem, mesmo nessa última fase do mercado de alta. Além disso, você o teria feito sem ter lido um único relatório ou pago qualquer taxa de corretagem.

Liberando as cadernetas de poupança

Tradicionalmente, os títulos públicos eram vendidos em grandes lotes – valores muito expressivos para o pequeno investidor, o qual apenas poderia investir em dívida pública por meio de uma conta de investimentos ou dos monótonos títulos públicos de poupança do governo dos Estados Unidos. Então, os fundos de investimento foram inventados, e as pessoas comuns puderam investir em dívidas ao lado dos grandes investidores. Posteriormente, o fundo de renda fixa de curto prazo liberou milhares de investidores de cadernetas de poupança do cativeiro dos bancos, de uma vez por todas. Deveria haver um monumento a Bruce Bente e Harry Browne, os quais idealizaram

---

[2] Período situado entre 1969 e 1989. [N. R.]

esse tipo de investimento e ousaram liderar a grande debandada das contas de poupança com juros avaros, iniciando com o Reserve Fund, em 1971.

Meu próprio chefe, Ned Johnson, levou a ideia um pouco além e adicionou o caráter de uma conta-corrente. Antes disso, o fundo de renda fixa de curto prazo era mais útil como um lugar em que as pequenas corporações deixavam fundos destinados aos desembolsos semanais, com suas folhas de pagamento. Esse caráter de conta-corrente proporcionou aos fundos de renda fixa de curto prazo os atrativos tanto de uma conta de poupança quanto de uma conta-corrente.

Uma coisa é preferir ações a uma conta com baixa remuneração que oferece 5% eternamente, e outra bem diferente é preferi-las em relação ao fundo de renda fixa de curto prazo, que oferece as melhores taxas e no qual os retornos aumentam rapidamente se as taxas de juros atuais subirem.

Se o seu dinheiro permaneceu em fundo de renda fixa de curto prazo desde 1978, você certamente não tem nenhuma razão para sentir-se envergonhado por isso. Você perdeu dois grandes declínios do mercado de ações. O pior que você poderia ter obtido é uma taxa de juros de 6%, além de nunca haver perdido um centavo sequer do montante principal. No ano em que as taxas de juros de curto prazo subiram para 17% (1981) e o mercado de ações caiu 5%, você obtete um ganho percentual relativo de 22% ao permanecer com suas reservas em dinheiro.

Durante a incrível subida do Dow Jones de 1.775 pontos, em 29 de setembro de 1986, para 2.722, em 25 de agosto de 1987, digamos que você nunca tenha comprado nenhuma ação e tenha se sentido um tolo por haver perdido uma oportunidade única em sua vida. Após algum tempo, você sequer conta aos seus amigos que investe todo o seu dinheiro em um fundo de renda fixa de curto prazo – admitir que pratica furtos em lojas seria menos vergonhoso.

Mas, na manhã após a queda brusca, em que o Dow Jones retornou aos 1.738 pontos, você sentiu-se vingado, pois evitou todo o trauma de 19 de outubro. Com os preços das ações tão drasticamente reduzidos, o fundo de renda fixa de curto prazo de fato superou o mercado de ações ao longo de todo o ano – 6,12% para o fundo de renda fixa de curto prazo contra 5,25% para o S&P 500.

A recuperação das ações

Mas, dois meses depois, o mercado de ações recuperou-se, e, novamente, as ações estavam superando os fundos de renda fixa com alta liquidez e baixo risco e os títulos públicos de longo prazo. Em longos períodos, isso sempre ocorre. Historicamente, investir em ações é inegavelmente mais lucrativo do que investir em dívidas. De fato, desde 1927, as ações registraram lucros de 9,8% por ano, em média, comparadas a 5% dos títulos privados, 4,4% dos títulos públicos governamentais e 3,4% das Letras do Tesouro.

A taxa de inflação de longo prazo, medida por meios do índice de preços ao consumidor, é de 3% ao ano, o que confere às ações um retorno real de 6,8% ao ano. O retorno real em relação às Letras do Tesouro, conhecidas como o local mais conservador e racional para colocar dinheiro, tem sido zero. Isso mesmo. Nada.

A vantagem de um retorno de 9,8% em relação às ações contra um retorno de 5% em relação aos títulos privados pode soar desprezível para alguns, mas considere esse exemplo financeiro. Se, no final de 1927, um Rip Van Winkle moderno[3] tivesse adormecido durante 60 anos com US$ 20 mil em títulos privados corporativos, os quais pagavam 5% de juros compostos, ele teria despertado com US$ 373.584 – suficientes para conseguir um bom apartamento, um Volvo e um bom corte de cabelo; em contrapartida, se tivesse investido em ações, as quais proporcionariam um retorno anual de 9,8%, ele teria US$ 5.459.720. (Uma vez que ele esteve adormecido, nem o *crash* da bolsa em 1929, nem o efeito dominó de 1987 o teriam afastado do mercado de ações.)

Em 1927, se você tivesse investido US$ 1 mil em cada um dos quatro investimentos listados a seguir e o dinheiro houvesse rendido em juros compostos livres de impostos, então, após 60 anos, você teria os seguintes valores:

Letras do Tesouro	US$ 7.400
Títulos públicos	US$ 13.200
Títulos privados	US$ 17.600
Ações ordinárias	US$ 272.000

Apesar das grandes quedas, depressões, guerras, recessões, dez diferentes administrações presidenciais nos Estados Unidos e diversas modificações no comprimento das saias, as ações, em geral, renderam 15 vezes mais que os títulos privados e bem acima de 30 vezes mais que as Letras do Tesouro.

---

[3] O autor refere-se aqui à narrativa do norte-americano Washington Irving, na qual o protagonista, Rip Van Winkle, permanece adormecido por 20 anos e, quando acorda, percebe que seu país deixou de ser uma colônia inglesa. Seu nome tornou-se, portanto, sinônimo daqueles que "congelam no tempo", deixando de notar as mudanças sociais à sua volta. [N. R.]

Há uma explicação lógica para isso. Com as ações, você tem o crescimento da empresa ao seu lado. Você é um parceiro em um negócio próspero e em expansão. Já no caso dos títulos privados, você é apenas a fonte mais próxima de alguns trocados. Quando você empresta dinheiro a alguém, o melhor que pode esperar é obtê-lo de volta com juros.

Pense sobre as pessoas que tiveram títulos da dívida do McDonald's ao longo dos anos. O relacionamento entre elas e o McDonald's começa e termina com o pagamento da dívida, e essa não é a parte emocionante da empresa. Certamente, os detentores iniciais de títulos da dívida tiveram o seu dinheiro de volta, da mesma forma que teriam em um certificado de depósito bancário, mas foram os acionistas originais que ficaram ricos. Eles são donos da empresa. Você nunca conseguirá uma *tenbagger* com um título de dívida – a menos que seja um agente de crédito especializado na recuperação de títulos vencidos.

Quais são os riscos?

"Ah, sim", você diz a si mesmo, especialmente após a última queda nos preços das ações, "mas quais são os riscos? As ações não são mais arriscadas que os títulos públicos?" Claro que elas são mais arriscadas. Em nenhum lugar está escrito que uma ação nos deve algo, e isso já me foi provado em centenas de ocasiões infelizes.

Mesmo as *blue chips* mantidas por longos períodos podem ser arriscadas. A RCA era um investimento prudente famoso, aceitável para viúvas e órfãos; ainda assim, foi comprada pela GE, em 1986, por US$ 66,50 por ação, aproximadamente o mesmo preço pelo qual era negociada em 1967 e 74% acima do seu ponto mais alto, em 1929, de US$ 38,25. Menos de 1% de apreciação anual seria tudo o que você teria obtido por haver permanecido com uma empresa sólida, internacionalmente reconhecida e bem-sucedida. As ações da Bethlehem Steel continuam a ser vendidas abaixo do seu ponto mais elevado de US$ 60, atingido em 1958.

Dê uma olhada em qualquer lista do índice Dow Jones Industrials a partir de 1896. Quem já ouviu falar de American Cotton Oil, Distilling and Cattle Feeding, Laclede Gas, U. S. Leather Preferred? Essas ações, antes famosas, já desapareceram há muito.

Então, da lista de 1916, vemos a Baldwin Locomotive, desaparecida em 1924; a lista de 1925 inclui nomes domésticos, como Paramount Famous Lasky e Remington Typewriter; em 1927, a Remington Typewriter desaparece, e a United Drugs toma o seu lugar. Em 1928, quando o Dow Jones foi ampliado de 20 para 30 empresas, as novas admissões incluíam Nash Motors, Postum, Wright Aeronautical e Victor Talking Machine. As duas últimas foram removidas em 1929 – a Victor Talking Machine porque se fundiu à RCA. (Você já viu os resultados de ter ficado com essa ação.) Em 1950, encontramos a Corn Products Refining na lista, mas, em 1959, ela foi excluída e substituída por Swift & Co.

O ponto, nesse caso, é que as fortunas mudam: não há nenhuma garantia de que as grandes empresas não se tornarão pequenas, e não existe algo como uma *blue chip* imperdível.

Compre as ações certas, no momento impróprio, pelo preço errado e você sofrerá grandes perdas. Veja o que ocorreu na quebra do mercado de 1972-1974, quando ações conservadoras como a Bristol-Myers caíram de US$ 9 para US$ 4, a Teledyne, de US$ 11 para US$ 3, e o McDonald's, de US$ 9 para US$ 4. Essas não são exatamente empresas efêmeras. Compre as ações erradas no momento certo e você sofrerá na mesma medida. Durante certos períodos, o tempo necessário para que as ações apresentem o teórico crescimento de 9,8% assemelha-se à eternidade. O Dow Jones Industrials atingiu o seu ponto mais alto de 995,15 pontos em 1966 e permaneceu flutuando abaixo desse ponto até 1972. Por sua vez, a alta de 1972-1973 não foi superada até 1982.

Mas os títulos privados também podem ser arriscados. Nesse caso, taxas de juros muito altas poderão forçá-lo a aceitar uma dentre duas opções desagradáveis: sofrer com os baixos retornos até a maturação dos títulos ou vendê-los com uma substancial taxa de desconto sobre o valor de face. Se você for verdadeiramente avesso ao risco, então o mercado dos fundos de curto prazo ou o banco são o lugar certo para você. De outra forma, há riscos em todos os lugares para onde se olhe.

Acredita-se que os títulos públicos municipais sejam tão seguros quanto um maço de dinheiro colocado em um cofre, mas, na rara ocasião de uma moratória, não diga aos perdedores que os títulos são seguros. (O caso de moratória mais conhecido é o de Washington Public Power Supply System e seus infames bônus "Whoops".) Sim, eu reconheço que os títulos de dívidas são pagos em 99,9% dos casos, mas há outras formas de perder dinheiro em títulos além de uma moratória. Tente manter um título de 30 anos com um rendimento de 6% durante um período de alta inflação e veja o que ocorre com o valor dos papéis.

Diversas pessoas investem em fundos que compram títulos da dívida da Government National Mortgage Association (Ginnie Maes) sem perceber quão volátil o mercado de títulos se tornou. Eles são tranquilizados pelos anúncios – 100% garantido pelo governo – e estão certos: os juros serão pagos. Mas isso não protege o valor de suas participações no fundo quando as taxas de juros sobem e o mercado de títulos entra em colapso. Abra a página de títulos, veja o que ocorre com tais fundos no dia em que as taxas de juros sobem 0,5% e entenderá o que quero dizer. Nesses dias, os fundos de renda fixa flutuam tão amplamente quanto os fundos de ações. A mesma volatilidade nas taxas de juros que permitem aos investidores mais astutos obter grandes lucros com os títulos públicos também torna o ato de ter títulos públicos um tipo de jogo[4].

Ações e pôquer *stud*

Honestamente, não há uma forma de distinguir o investimento do jogo em categorias definidas, com o objetivo de nos tranquilizar. Simplesmente não há Muralha da China, cinto de castidade ou qualquer outro tipo de divisão absoluta entre locais seguros ou desaconselháveis para guardar dinheiro. Foi apenas no final da década de 1920 que as ações enfim atingiram um *status* de "investimento prudente", enquanto anteriormente eram descartadas como apostas de bar – e esse foi precisamente o momento em que um mercado sobrevalorizado transformou a aquisição de ações em uma aposta, muito mais do que em um investimento.

Durante duas décadas antes da Crise de 1929, as ações eram consideradas um jogo pela maioria da população, e essa impressão não seria totalmente reconsiderada até o final da década de 1960, quando as ações voltaram a ser aceitas como investimento, mas em um mercado sobrevalorizado, que transformou a maioria delas ações em um negócio arriscado. Historicamente, as ações foram aceitas como investimento ou rejeitadas como um jogo de forma rotineira e cíclica; e normalmente nas ocasiões equivocadas. *As ações têm maior probabilidade de serem aceitas como prudentes no momento em que não o são.*

Durante anos, as ações de grandes empresas foram consideradas "investimentos" e as de pequenas empresas, "especulações", mas recentemente as ações de empresas menores se tornaram investimento, e a especulação é feita nos mercados de futuros e de opções. Sempre estamos redesenhando essa linha divisória.

Sempre me surpreendo quando as pessoas descrevem seus investimentos como "especulações conservadoras", ou então quando alegam que estão "es-

---

[4] Essa é uma característica específica do mercado norte-americano, em que temos taxas de juros muito baixas e qualquer oscilação é sempre brusca. [N. R. T.]

peculando prudentemente". Em geral isso significa que elas têm a esperança de estar investindo enquanto se preocupam com o fato de estarem apostando. A frase "estamos saindo" desempenha a mesma função para casais que não conseguem decidir se estão seriamente envolvidos.

Uma vez que o fato perturbador do risco associado ao dinheiro é aceito, podemos começar a separar apostar de investir, não em razão do tipo de atividade (aquisição de títulos públicos, compra de ações, aposta em cavalos etc.), mas em razão da habilidade, da dedicação e da empresa do participante. Para um apostador veterano com disciplina para ater-se a um sistema, apostar em cavalos oferece um retorno de longo prazo relativamente seguro, o qual, para ele, é tão confiável quanto ter uma cota de um fundo de investimento ou ações da General Electric. Enquanto isso, para um investidor em ações imprudente e impetuoso, que persegue as "dicas quentes" e adquire e vende suas ações abruptamente, um "investimento" em ações não é mais confiável que desperdiçar seus cheques de pagamento com o cavalo de crina mais bonita ou com o jóquei de casaco roxo.

(De fato, para o investidor em ações imprudente e impetuoso, meu conselho é: esqueça o mercado de Wall Street e vá com suas economias para Hialeah, Monte Carlo, Saratoga, Nassau, Santa Anita ou Baden-Baden. Pelo menos, nesses ambientes agradáveis, quando perde, você será capaz de dizer que se divertiu enquanto jogava. Se você perde dinheiro com ações, não há consolo em olhar para seu corretor enquanto caminha pelo escritório.

Além disso, quando perde seu dinheiro com apostas em cavalos, você simplesmente joga seus comprovantes sem valor no lixo quando acabam as corridas; porém, com ações, opções e investimentos equivalentes, você tem de reviver episódios dolorosos com seu contador a cada primavera. Podem ser necessários vários dias de trabalho adicional para compreender o que se passou.)

Para mim, um investimento é simplesmente uma aposta na qual se consegue desequilibrar as probabilidades a seu favor. Não importa se nos referimos a Atlantic City, ao S&P 500 ou ao mercado de títulos públicos. De fato, o mercado de ações me lembra mais uma partida de pôquer *stud*.

Apostar em uma partida de pôquer *stud* de 7 cartas pode proporcionar um retorno de longo prazo para as pessoas que sabem como administrar suas cartas. Quatro cartas são distribuídas com a face voltada para cima, e você não apenas pode ver a sua mão como também a mão de seus adversários. Após a distribuição da terceira ou da quarta carta, torna-se extremamente óbvio quem tem as maiores chances de vencer, quem tem as maiores chances de perder ou, então, se não há um provável vencedor. Assim também ocorre em Wall

Street. Há uma grande quantidade de informação disponível, caso você saiba onde procurá-la.

Ao perguntar-se algumas questões básicas sobre as empresas, você pode aprender quais têm mais chances de crescer e prosperar, quais dificilmente crescerão e prosperarão e quais são inteiramente misteriosas. Você nunca estará certo acerca do que acontecerá, mas cada nova ocorrência – um salto nos lucros, a venda de uma subsidiária não lucrativa, a expansão na direção de novos mercados – é como virar uma outra carta. Enquanto as cartas sugerirem probabilidades favoráveis de sucesso, você permanece na mão de jogo.

Qualquer pessoa que jogue regularmente uma partida mensal de pôquer *stud* logo perceberá que os mesmos indivíduos "sortudos" sempre saem na frente dos demais. Esses são os jogadores que buscam maximizar o retorno sobre seu investimento, ao calcular e recalcular suas chances à medida que a rodada se desenvolve. Os vencedores habituais aumentam suas apostas ao passo em que sua posição se fortalece e deixam o jogo quando as probabilidades estão contra eles; enquanto perdedores habituais permanecem até o final, cada uma das mãos com altas apostas, esperando um milagre e desfrutando da emoção da derrota. No pôquer *stud* e em Wall Street, os milagres ocorrem com a mesma frequência com que os perdedores continuam a perder.

Os vencedores habituais também se resignam diante do fato de que ocasionalmente receberão uma mão com três ases e apostarão até o limite, somente, para serem derrotados para uma mão de *royal flush* oculta. Eles aceitam a sua sorte e seguem em frente com a mão seguinte, confiantes de que seu método básico os recompensará ao longo do tempo. Os indivíduos bem-sucedidos no mercado de ações também aceitam perdas periódicas, contratempos e ocorrências inesperadas. As quedas vertiginosas não os fazem abandonar o jogo. Se eles realizaram corretamente suas pesquisas em relação à H&R Block, compram a ação e, repentinamente, o governo simplifica o código tributário (um prospecto seguramente improvável) e a atividade da H&R Block se deteriora, eles aceitam a má notícia e começam a procurar a próxima ação, pois percebem que o mercado de ações não é uma ciência pura, tampouco como um jogo de xadrez, em que a posição superior sempre vence. Se 7 dentre 10 das minhas ações performam como esperado, então fico maravilhado. Se 6 dentre 10 das minhas ações atingem o desempenho esperado, então fico grato. *Um resultado de seis dentre dez é tudo o que é necessário para produzir um histórico invejável em Wall Street.*

Ao longo do tempo, os riscos no mercado de ações podem ser reduzidos. Com os movimentos equivocados (comprar uma ação que está com um preço alto), mesmo a compra de ações da Bristol-Myers ou da Heinz pode resultar em grandes perdas e em oportunidades desperdiçadas, como eu disse anteriormente. Isso ocorre com pessoas que imaginam que apostar em ações *blue chip* as alivia da tarefa de estar atentas, de forma que perdem metade de seu dinheiro de um modo rápido e podem não recuperá-lo durante os oito anos seguintes. No começo dos anos 1970, milhões de dólares "desinformados" procuravam oportunidades sobrevalorizadas, as quais, consequentemente, logo desapareceram. Isso torna as ações da Bristol-Myers e do McDonald's negócios arriscados? Apenas porque as pessoas investiram neles.

Entretanto, considerando que você fez a sua pesquisa, colocar seu dinheiro nas ações arriscadas e problemáticas da General Public Utilities, a responsável pelo acidente da usina nuclear de Three Mile Island, era um investimento muito mais "conservador" que um investimento inoportuno na velha e sólida Kellogg's.

Sem desejar "arriscar" o investimento do capital que pertencia à minha sogra, a sra. Charles Hoff, certa vez a aconselhei a comprar ações da Huston Industries, uma empresa muito "segura". Era verdadeiramente segura – a ação não se moveu por mais de uma década. Eu percebi que poderia "brincar" um pouco mais com o dinheiro de minha sogra, de modo que lhe comprei a "arriscada" ação da Consolidated Edison. Ela aumentou seis vezes de valor. A Consolidated Edison não era excessivamente arriscada para aqueles que continuavam a monitorar seus fundamentos. Os grandes vencedores provêm das categorias chamadas de alto risco, mas os riscos estão mais associados aos investidores que às categorias.

A grande vantagem de investir em ações, para um indivíduo que aceita incertezas, é a diferenciada recompensa por estar certo. Isso é provado pelos índices de retorno dos fundos de investimento, calculados pela Johnson Chart Service, de Buffalo, Nova York. Há uma correlação muito interessante aqui: quanto mais "arriscado" é o fundo, melhores são as recompensas. Caso houvesse investido US$ 10.000 em um fundo de renda fixa mediano em 1963, 15 anos depois, você teria US$ 31.338. Os mesmos US$ 10.000 em um fundo balanceado (ações e títulos públicos) teriam produzido US$ 44.343; em um fundo *growth & income* (somente ações), US$ 53.157; e em um fundo de crescimento agressivo (também composto somente de ações), US$ 76.556.

Claramente, o mercado de ações tem sido um risco que vale a pena assumir – contanto que você saiba disputar o jogo. E, uma vez que você tenha ações, novos elementos continuarão a surgir. Agora que eu penso sobre a questão, investir em ações não se trata realmente de jogar uma partida de pôquer *stud*. É algo um pouco mais parecido com jogar uma partida de pôquer *stud* com 70 cartas ou, se você possui dez ações, é como jogar dez partidas de pôquer *stud* com 70 cartas ao mesmo tempo.

4

Passando pelo teste do espelho

A primeira coisa que eu perguntaria em relação a uma ação não seria: "A General Electric é um bom investimento?". Mesmo que a General Electric seja um bom investimento, isso ainda não significa que você deva comprá-la. Não há nenhum sentido em estudar a seção financeira até que você tenha olhado para o espelho mais próximo. Antes de adquirir participações de qualquer empreendimento, há três questões pessoais que devem ser respondidas: (1) "Eu tenho uma casa?"; (2) "Eu preciso do dinheiro?"; e (3) "Eu tenho as qualidades pessoais necessárias para ser bem-sucedido no mercado de ações?". Se as ações se constituem em bom ou mau investimento, isso depende mais das respostas oferecidas a essas três questões do que de qualquer outra coisa que você poderá ler no *The Wall Street Journal*.

(1) Eu tenho uma casa?
Segundo afirmam em Wall Street, "Uma casa, que grande negócio!". Antes de investir em ações, você deveria considerar a possibilidade de comprar uma casa, uma vez que uma casa, afinal de contas, é um bom investimento, que praticamente todas as pessoas buscam realizar. Estou seguro de que há exceções, tais como as de casas construídas em vizinhanças caras, que perdem valor rapidamente, mas, em 99 de 100 casos, uma casa será uma fonte de dinheiro.

Quantas vezes você já ouviu o seguinte lamento de um amigo ou um conhecido: "Minha casa é um investimento ruim?"? Eu aposto que isso não é frequente. Milhões de investidores imobiliários amadores investiram brilhantemente em suas casas. Algumas vezes, há famílias que devem mudar-se rapidamente e são forçadas a vender com perdas, mas é raro o caso de um indivíduo que perca dinheiro em uma sequência de residências, uma após a outra, da mesma forma que rotineiramente ocorre com as ações. E é ainda mais raro o caso de um indivíduo retirado forçosamente de sua casa, ao acordar em determinada manhã para descobrir que a propriedade fora declarada parte de uma massa falida ou irrecuperável, o que muitas vezes é o triste fim de muitas ações.

Não é ocasional o fato de que pessoas que são gênios em suas casas comportem-se como idiotas em seus investimentos em ações. Uma casa está totalmente disposta em favor do proprietário. O banco permite que você a adquira com apenas 20% de entrada, em alguns casos com menos que isso, oferecendo-lhe um notável poder de alavancagem. (É verdade que você pode comprar ações com um pagamento de 50% do valor total, algo conhecido como "comprar a termo", mas, sempre que uma ação comprada a termo perde valor, você tem de aportar mais dinheiro. Isso não acontece com uma casa. Você nunca tem de colocar mais dinheiro se o valor de mercado diminuir, mesmo que a casa esteja localizada em uma área de produção de petróleo. O agente imobiliário nunca irá lhe telefonar à meia-noite para anunciar que "Você terá de aportar US$ 20 mil até as 11h00 da manhã ou então terá de vender dois quartos", algo que ocorre frequentemente a acionistas, forçados a vender suas ações compradas a termo. Essa é outra grande vantagem de ter uma casa.)

Em razão da alavancagem, se você comprar uma casa de US$ 100 mil com uma entrada de 20% e o valor da casa aumentar 5% ao ano, você obterá um retorno de 25% sobre seu pagamento inicial, além de os juros pagos ao banco serem dedutíveis do imposto de renda. Saia-se tão bem assim no mercado de ações e eventualmente você será mais valioso que Boone Pickens[1].

Você ainda tem a vantagem de receber uma dedução de imposto federal sobre o imposto imobiliário local aplicado sobre a casa; além disso, uma casa é a proteção ideal contra a inflação e um ótimo lugar para se esconder durante uma recessão – isso sem falar no telhado sobre sua cabeça. Então, caso você decida vender a sua casa, você pode usar os lucros obtidos na compra de outra mais luxuosa, evitando, assim, ter que pagar imposto por eles.

A progressão habitual em relação a casas se passa da seguinte forma: você adquire uma pequena casa (uma casa inicial), então uma casa média e, poste-

---

[1] Famoso homem de negócios americano. [N. T.]

riormente, uma casa maior, da qual você talvez não precise. Após seus filhos haverem se mudado, você vende a casa grande e retorna a uma casa pequena, obtendo um ganho significativo nessa transação. Esse ganho não é taxado, uma vez que o governo, em sua compaixão, lhe concede uma única isenção de lucros em operações imobiliárias ao longo da vida. Isso nunca ocorre com as ações, as quais são taxadas tão frequente e pesadamente quanto possível.

Você pode passar um período de 40 anos mudando de casa sem ter de pagar impostos, culminando em uma agradável exceção. Ou, se houver quaisquer taxas a serem pagas, nessa ocasião você estará na faixa mais baixa de tributação, de modo que isso não será tão mau. O velho ditado de Wall Street, "Nunca invista em algo que coma ou que necessite de reparos", pode aplicar-se a cavalos de corrida, mas trata-se de um exagero quando aplicado a casas.

Há importantes razões secundárias pelas quais você se sairá melhor investindo em casas do que em ações. É pouco provável que você fique assustado e deixe sua casa ao ler a seguinte manchete na seção imobiliária do jornal de domingo: "Preços das casas despencam". Os preços de fechamento do mercado de sexta-feira de seu endereço residencial não são publicados nos classificados nem apresentados nas faixas de alerta na parte inferior de seu televisor, bem como os apresentadores de noticiários não elegem a lista das dez casas mais ativas – "A casa da Rua dos Pomares, nº 100, caiu 10% hoje. Os vizinhos não viram nada excepcional para explicar esse inesperado declínio de preços".

As casas, como as ações, têm uma probabilidade maior de serem lucrativas quando mantidas por longos períodos de tempo. Diferentemente das ações, as casas têm uma chance maior de pertencer a uma mesma pessoa durante certo número de anos – sete anos, acredito eu, é a média. Compare isso aos 87% de todas as ações negociadas na Bolsa de Valores de Nova York, que trocam de mãos a cada ano. As pessoas ficam muito mais confortáveis com suas casas do que com suas ações. É necessário um caminhão de mudança para movê-lo de uma residência e apenas uma chamada telefônica para que deixe uma ação.

Finalmente, você é um bom investidor em casas porque sabe como vasculhá-las do sótão ao porão e fazer as perguntas certas. A habilidade para vasculhar uma casa é transmitida. Você cresce vendo seus pais verificar os serviços públicos, as escolas, a drenagem, os testes para instalações sanitárias e os impostos. Você se lembra de certas regras, tais como: "Não compre a propriedade mais cara do quarteirão". Você pode inspecionar as vizinhanças enquanto dirige para o local e os seus vizinhos quando retorna. Você pode circular de carro por uma área e ver o que é consertado, o que está abandonado e quantas casas ainda precisam de reformas. Então, antes de fazer uma oferta pela casa, você contrata especialistas para identificar a existência de cupins, vazamentos, madeiramento apodrecido, encanamentos enferrujados, instalações elétricas deficientes e rachaduras nas fundações.

Não é de estranhar que as pessoas ganhem dinheiro no mercado imobiliário e percam dinheiro no mercado de ações, pois elas passam meses escolhendo suas casas e minutos escolhendo suas ações. De fato, elas gastam mais tempo na compra de um forno micro-ondas que na realização de um bom investimento.

(2) Eu preciso do dinheiro?

Isto nos traz à segunda questão. Faz sentido revisar o orçamento familiar antes de comprar ações. Se você tiver de pagar pela educação de seus filhos dentro de 2 ou 3 anos, por exemplo, não coloque esse dinheiro em ações. Talvez você seja uma viúva (há sempre algumas viúvas nos livros sobre o mercado de ações) e seu filho Dexter, agora um aluno da segunda série do ensino secundário, tenha uma oportunidade para estudar em Harvard – mas sem uma bolsa de estudos. Uma vez que você dificilmente poderá arcar com os custos de mensalidades dessa forma, você se sentirá tentada a aumentar seu patrimônio líquido com ações *blue chip* conservadoras.

Nesse caso, mesmo a compra de ações *blue chip* pode ser um negócio muito arriscado para ser considerado. Com exceção de várias surpresas, as ações são relativamente previsíveis entre 10 e 20 anos. Em relação à dúvida sobre estar em alta ou em baixa dentro de 2 ou 3 anos, você poderia lançar uma moeda para ter a resposta. As ações *blue chip* podem desvalorizar-se e permanecer em baixa por um período de 3 ou até mesmo 5 anos, de modo que, caso o mercado de ações tropece em uma casca de banana, Dexter irá para a escola noturna.

Talvez você seja um indivíduo idoso que necessite viver dentro de um rendimento fixo ou uma pessoa mais jovem que não suporte trabalhar e deseje viver de renda fixa decorrente de uma herança familiar. De qualquer forma, você deveria ficar fora do mercado de ações. Há todos os tipos de fórmulas complicadas para encontrar a porcentagem certa de seus bens que deveria ser investida em ações, mas tenho uma regra simples – e ela é idêntica tanto para Wall Street quanto para uma pista de corridas de cavalos. *Apenas invista aquilo que você poderia suportar perder sem que essa perda tenha qualquer efeito sobre sua vida diária em um futuro mais próximo.*

(3) Eu tenho as qualidades pessoais necessárias para ser bem-sucedido?

Essa é a questão mais importante de todas. Para mim, aparentemente, a lista de qualidades deve incluir paciência, autoconfiança, bom senso, tolerância à dor, mente aberta, desprendimento, persistência, humildade, flexibilidade, disposição para realizar pesquisas independentes, igual disposição para admitir erros e habilidade para ignorar o pânico geral. Em termos de QI, provavelmente, os melhores investidores se situam em algum ponto acima dos 10% do extrato inferior, mas também abaixo dos 3% do nível superior. Os verdadeiros gênios, para mim, tornam-se profundamente enamorados pelas especulações teóricas e são, desse modo, eternamente traídos pelo comportamento real das ações, o qual é mais simples do que eles podem imaginar.

Também é importante ser capaz de tomar decisões sem a informação completa ou perfeita. As coisas nem sempre são claras em Wall Street ou, quando são, é muito tarde para lucrar com elas. A mente científica que necessita saber todos os dados ficará obstruída nesse ponto.

E, finalmente, é crucial ser capaz de resistir à sua natureza humana e aos seus "sentimentos instintivos". É raro o investidor que não acalenta secretamente a ideia de que ele ou ela possui o talento especial para adivinhar os preços das ações, do ouro ou das taxas de juros, apesar do fato de que a maioria de nós se mostrou equivocada em diversas oportunidades. É extraordinária a frequência com a qual as pessoas sentem fortemente que as ações subirão ou que a economia está em baixa, quando o que ocorre é exatamente o oposto. Isso é confirmado pelos serviços populares de notícias para investidores, os quais tendem a tornar-se otimistas ou pessimistas em momentos inoportunos.

De acordo com as informações publicadas pelo *Investor's Intelligence*, que monitora o sentimento dos investidores por meio dos informes, no final de 1972, quando as ações estavam prestes a despencar, o otimismo estava em seu ponto mais alto, com apenas 15% dos conselheiros pessimistas. No começo da recuperação de 1974, o sentimento do investidor estava em seu ponto mais baixo, com 65% dos investidores temendo que o pior ainda estivesse por vir. Antes de o mercado tornar-se descendente em 1977, mais uma vez os redatores dos boletins de informação estavam otimistas, com apenas 10% manifestando pessimismo. No início da arrancada de 1982 na direção do mercado de alta, 55% dos consultados estavam pessimistas, e, logo antes do grande soluço de 19 de outubro de 1987, 80% dos consultados estavam novamente otimistas.

O problema não é que os investidores e seus conselheiros sejam cronicamente estúpidos ou careçam de percepção. O problema é que, no momento em que o sinal é recebido, a mensagem já pode ter se modificado. Quando um número suficiente de informações financeiras positivas é filtrado de forma que a maioria dos investidores se sente verdadeiramente confiante nas perspectivas de curto prazo, a economia logo enfrentará dificuldades.

O que mais pode explicar o fato de que um grande número de investidores (incluindo CEOs e pessoas de negócio sofisticadas) tem estado excessivamente receoso em relação às ações exatamente durante os períodos em que estas obtiveram os seus melhores resultados (por exemplo, de meados dos anos 1930 até o final dos anos 1960), enquanto estiveram menos receosos precisamente quando as ações obtiveram os seus piores desempenhos (por exemplo, no início dos anos 1970 e no outono de 1987)? Será que o sucesso do livro *The Great Depression of 1990*, de Ravi Batra, praticamente garante uma grande prosperidade nacional?

É impressionante a velocidade com a qual o sentimento do investidor pode ser revertido, mesmo quando a realidade não se modificou. Uma semana ou duas antes do grande soluço de 1987, os viajantes de negócios estavam dirigindo por Atlanta, Orlando ou Chicago, admirando as novas construções e comentando entre si: "Puxa, que *boom* espetacular!". Alguns dias mais tarde, estou seguro de que aqueles mesmos viajantes estavam olhando para os mesmos edifícios e declarando: "Veja só, este lugar tem problemas. Como eles conseguirão vender todos esses condomínios e alugar todo aquele espaço para escritórios?".

Elementos dentro dos seres humanos os tornam indivíduos com uma péssima percepção para investir no mercado de ações. O investidor incauto continuamente passa por três estágios emocionais: preocupação, descuido e capitulação. Ele fica preocupado após uma queda do mercado ou após a economia transmitir a sensação de que começa a falhar, o que o impede de comprar ações de boas empresas por preços baixos. Então, após comprá-las por preços elevados, ele fica tranquilo porque os preços das ações continuam a subir. Esse é precisamente o momento em que ele deveria estar suficientemente preocupado para analisar os fundamentos, mas não está. Assim, finalmente, quando suas ações perdem valor em momentos difíceis e os preços caem para níveis mais baixos do que aqueles em que ele as havia comprado, ele capitula e as vende em um momento de turbulência.

Alguns se atribuem o rótulo de "investidores de longo prazo", mas apenas até a próxima grande queda (ou pequeno ganho), ponto no qual eles rapidamente se tornam investidores de curto prazo e vendem suas ações, com grandes perdas ou com pequenos lucros ocasionais. É muito fácil entrar em pânico nesse negócio volátil. Desde que comecei a administrar o Magellan, o fundo caiu de 10% a 35% durante oito episódios pessimistas e, apenas em 1987, o fundo crescera 40%, em agosto, e caiu 11% até dezembro. Terminamos o ano com um ganho de 1%, preservando, dessa forma, meu histórico de nunca ter tido um ano em baixa – devo bater na madeira por isso. Recentemente, li que o preço de uma ação mediana flutua 50% em um ano normal. Se isso for verdadeiro, e aparentemente tem sido verdadeiro ao longo do último século, então qualquer ação atualmente negociada por US$ 50 provavelmente atingirá US$ 60 e cairá para US$ 40 em algum momento nos próximos 12 meses. Em outras palavras, a alta do ano (US$ 60) é 50% mais alta que a baixa (US$ 40). Se você é o tipo de comprador que não pode resistir a comprar a US$ 50, comprar mais a US$ 60 ("Viu, eu estava certo, aquela danada estava *subindo*") e, em seguida, vender tudo em desespero a US$ 40 ("Eu acho que estava errado. Aquela danada estava era *caindo*"), então nenhuma prateleira de manuais vai ajudá-lo.

Alguns se imaginam contraditores, acreditando que podem lucrar quando vão para um lado enquanto o resto do mundo segue para outro, mas nunca lhes ocorrera se tornar contraditores até que essa ideia já tivesse se tornado tão popular que a tese da contradição se tornou a visão aceita. O verdadeiro contraditor não é o investidor que assume o lado oposto de uma questão política (por exemplo, vender uma ação que todos estão comprando). O verdadeiro contraditor espera até que as coisas tenham se acalmado e compra as ações com as quais ninguém se importa – especialmente aquelas que fazem Wall Street bocejar.

Quando E. F. Hutton fala, supostamente todos deveriam ouvi-lo, mas esse é o problema. Todos deveriam estar tentando dormir. Quando falamos de "prever o mercado", a habilidade importante nesse caso não é dormir, mas roncar. O truque não é aprender a ouvir seus instintos, mas, em vez disso, disciplinar-se para ignorá-los. Mantenha as suas ações enquanto a história dos fundamentos básicos da empresa não tiver mudado.

Caso contrário, sua única opção para aumentar seu patrimônio líquido pode ser adotar a fórmula segura de J. Paul Getty para o sucesso financeiro: "Acorde cedo, trabalhe duro e encontre petróleo".

5

Este é um bom mercado?
Por favor, não pergunte

Em cada um dos períodos de perguntas e respostas após eu ter apresentado uma palestra, alguém sempre se levanta e me pergunta se estamos em um bom ou em um mau momento para o mercado. Para cada pessoa que se questiona se a Goodyear Tire é uma empresa sólida ou se está bem precificada, quatro outras pessoas desejam saber se o mercado de alta ainda está vivo e pujante ou se o mercado de baixa já mostrou sua face mais feroz. Eu sempre lhes respondo que a única coisa que sei em relação à previsão de mercados é que, cada vez que sou promovido, o mercado tem uma queda. Tão logo essas palavras saem de meus lábios, outra pessoa se levanta e me pergunta quando deverei receber outra promoção.

Obviamente, você não tem de ser capaz de prever o comportamento do mercado de ações para ganhar dinheiro com elas – ou então eu não teria ganhado nenhum dinheiro. Sentei-me exatamente aqui, próximo ao meu monitor, com cotações durante algumas das mais terríveis quedas e não pude antevê-las, ainda que minha vida houvesse dependido disso. No meio do verão de 1987, eu não alertei ninguém, muito menos tinha conhecimento a respeito do iminente declínio de 1.000 pontos no índice Dow Jones.

Eu não fui o único que deixou de emitir um alerta. De fato, se a ignorância adora companhia, então eu estava confortavelmente cercado por uma ampla e impressionante multidão de videntes, adivinhos e outros especialistas famosos que também deixaram de prevê-lo. "Se você tem de prever", um previsor certa vez afirmou, "preveja sempre."

Ninguém me telefonou para informar-me de um colapso imediato em outubro, e, se todas as pessoas que alegam ter previsto houvessem vendido suas ações, então o mercado teria caído muito mais do que os 1.000 pontos, muito antes, em razão dessas multidões de vendedores informados.

A cada ano, converso com executivos de aproximadamente mil empresas e não posso deixar de ouvir sobre os vários fanáticos pelo mercado de ouro, discípulos de taxas de juros, observadores da Federal Reserve[1] e místicos das finanças citados nos jornais. Milhares de especialistas estudam indicadores de excesso de compra, indicadores de excesso de venda, padrões cabeça e ombro invertidos, razão venda/compra, a política da Federal Reserve em relação ao suprimento de moeda, os investimentos estrangeiros, o movimento das constelações ao longo do céu e o musgo sobre os carvalhos e, ainda assim, não conseguem prever os mercados com nenhuma consistência útil, da mesma forma que os feiticeiros "espremedores de moelas" não conseguiam dizer aos imperadores romanos quando os hunos atacariam.

Ninguém tampouco levantou nenhum tipo de sinal de aviso antes da derrocada dos mercados de ações de 1973-1974. Na faculdade, aprendi que o mercado cresce 9% por ano e, uma vez que ele nunca cresceu 9% em um ano, ainda tento encontrar uma fonte de informações confiável para me informar quanto subirá ou simplesmente para me dizer se subirá ou cairá. Todos os grandes movimentos de crescimento e queda têm sido surpresas para mim.

Uma vez que o mercado de ações está, de alguma forma, relacionado à economia real, uma maneira que as pessoas usam para adivinhar os movimentos do mercado é prever a inflação e as recessões, os crescimentos abruptos e as quedas violentas, bem como a direção das taxas de juros. De fato, há uma maravilhosa correlação entre taxas de juros e o mercado de ações, mas quem poderia antever as taxas de juros com uma regularidade que assegure lucros? Há aproximadamente 60 mil economistas nos Estados Unidos, muitos dos quais são empregados em tempo integral para tentar prever recessões e taxas de juros – e, se eles conseguissem fazê-lo duas vezes consecutivas, todos seriam agora milionários.

Eles estariam aposentados e vivendo em Bimini, onde poderiam beber rum e pescar peixes-espada. Mas, até onde sei, grande parte ainda está empregada, recebendo salários, o que nos deveria dizer alguma coisa. Segundo uma pessoa muito perceptiva afirmou certa vez, se todos os economistas do mundo fossem banidos, isso não seria nada ruim.

---

[1] O Federal Reserve, FED, é o órgão responsável pela política monetária norte-americana. [N. T.]

Bem, talvez não todos os economistas. Certamente não aqueles que estão lendo este livro e, em especial, não aqueles do tipo de Ed Hyman, do C. J. Lawrence, que analisa o preço da sucata, os estoques e o número de vagões de trens entregues, ignorando completamente as curvas de Laffer e as fases da lua. Os economistas práticos são os economistas com os quais estou de acordo.

Há uma outra teoria segundo a qual temos recessões a cada cinco anos, mas isso não se passou dessa forma até agora. Eu procurei na Constituição, e em nenhum lugar está escrito que a cada cinco anos temos de ter uma. Obviamente, eu adoraria ser avisado antecipadamente se estivéssemos a caminho de uma recessão, de modo que poderia ajustar meu portfólio. Mas as minhas chances de consegui-lo são quase nulas. Algumas pessoas esperam por algum sinal que indique o fim de uma recessão ou o início de um empolgante novo mercado de alta. O problema é que isso nunca acontece. Lembre: as coisas nunca estão claras até ser tarde demais.

Houve uma recessão de 16 meses entre julho de 1981 e novembro de 1982. Realmente, esse foi o período mais assustador de que tenho memória. Profissionais de bom senso se perguntavam se não deveriam aprender a caçar e pescar, porque logo todos estaríamos vivendo nas florestas, colhendo bolotas. Esse foi um período em que tivemos uma taxa de desemprego de 14%, 15% de inflação e uma taxa de juros de 20%, mas eu também nunca recebi um telefonema relatando que qualquer um desses fatos fosse ocorrer. Após esses eventos, diversos indivíduos surgiram para anunciar que eles os estavam esperando, mas ninguém mencionou esses fatos com antecedência para mim.

Então, no momento de maior pessimismo, quando oito entre cada dez investidores teriam jurado que estávamos nos encaminhando para uma nova crise dos anos 1930, o mercado de ações se recuperou com grande força, e, de repente, tudo estava novamente certo no mundo.

Prontidão para os penúltimos eventos

Independentemente de como chegamos a uma conclusão financeira, sempre temos de nos preparar para a *última* coisa ocorrida, em vez de nos preparar para o que ocorrerá a seguir. Essa "prontidão para os penúltimos eventos" é a nossa forma de compensação pelo fato de que não percebemos em primeiro lugar o que nos esperava da última vez.

No dia em que o mercado ruiu, em 19 de outubro, as pessoas começaram a se preocupar com a possibilidade de que o mercado fosse ruir. Porém, ele já havia ruído, nós tínhamos sobrevivido a isso (apesar de não o havermos previsto) e agora estávamos temerosos de que isso pudesse ocorrer novamente. Aqueles que saíram do mercado para assegurar-se de que não seriam enganados na próxima oportunidade do mesmo modo que o haviam sido anteriormente foram enganados de novo, à medida que o mercado subiu.

A grande ironia é que a próxima vez nunca será igual à última, e, ainda assim, de qualquer forma, não podemos deixar de nos preparar para ela. Tudo isso me lembra a concepção maia do Universo.

Na mitologia maia, o Universo foi destruído quatro vezes, e, em cada oportunidade, os maias aprenderam uma lição e juraram estar mais bem protegidos – mas isso era sempre em relação à ameaça anterior. Inicialmente houve uma inundação, e os sobreviventes lembraram-se disso e moveram-se para um ponto mais alto da floresta, construíram diques e muralhas de retenção e colocaram suas casas em árvores. Seus esforços, porém, foram inócuos, porque, na vez seguinte, o mundo foi destruído pelo fogo.

Depois, os sobreviventes do fogo desceram das árvores e correram o mais distante possível das madeiras. Eles construíram novas casas de pedra, particularmente ao longo de uma fissura rochosa. Logo depois, o mundo foi destruído por um terremoto. Eu não me lembro o quarto desastre ocorrido – talvez uma recessão –, mas, independentemente do que tenha sido, os maias não o evitariam. Eles estariam muito ocupados construindo abrigos para o terremoto seguinte.

Dois mil anos mais tarde, ainda estamos buscando retrospectivamente sinais de uma ameaça iminente, mas isso ocorrerá apenas se pudermos determinar qual será essa próxima ameaça. Em um passado não muito distante, as pessoas estavam preocupadas porque o preço do petróleo cairia para US$ 5 por barril e, então, teríamos uma depressão. Dois anos antes disso, aquelas mesmas pessoas estiveram preocupadas pois os preços do petróleo subiriam para US$ 100 por barril e, por conta disso, teríamos uma depressão. Uma vez estiveram preocupadas devido à quantidade de moeda, que estava crescendo muito rápido. Agora elas estão receosas que está crescendo muito lentamente. A última vez que estivemos preparados para a inflação tivemos uma recessão e, então, no final da recessão, estivemos preparados para mais recessão e, ao contrário, tivemos inflação.

Algum dia haverá outra recessão, a qual será muito ruim para o mercado de ações, diferentemente da inflação, que também é muito danosa para este. Talvez já tenha havido uma recessão entre o momento em que escrevemos este livro e o momento em que ele for lançado. Como vou saber?

A teoria do coquetel

Se economistas profissionais não podem predizer economias e analistas profissionais não podem prever mercados, então que chances tem um investidor amador? Você já sabe a resposta, o que me traz à minha própria teoria da "festa do coquetel" de previsão de mercados, desenvolvida após haver permanecido anos em salões de recepção, perto de travessas de ponche, ouvindo aquilo que as dez pessoas mais próximas diziam em relação às ações.

No primeiro estágio de um mercado ascendente – um mercado que esteve em baixa por algum tempo e que ninguém espera que torne a subir novamente –, as pessoas não estão falando sobre ações. De fato, se eles se reunissem para me perguntar o que faço para viver e eu respondesse "Eu gerencio um fundo de investimento em ações", eles acenariam educadamente e se afastariam. Se eles não se afastassem, então eu rapidamente mudaria o tema da conversa para o jogo do Celtics, as próximas eleições ou o tempo. Logo eles estariam falando com o dentista mais próximo sobre placa.

Quando dez pessoas preferem falar sobre placa com um dentista a falar com o gestor de um fundo de investimento em ações, é provável que o mercado esteja prestes a crescer.

No estágio dois, após eu haver confessado qual o meu ganha-pão, os novos conhecidos permanecem por mais algum tempo – talvez o suficiente para me contar quanto o mercado de ações é arriscado – antes de partirem para conversar com o dentista. A festa de coquetéis ainda é mais sobre placa do que sobre ações. O mercado cresceu 15% em relação ao estágio um, mas poucos estão prestando atenção.

No estágio três, com o mercado 30% acima do nível alcançado no estágio um, uma multidão de indivíduos interessados ignora o dentista e passa a circular em torno de mim durante o resto da noite. Uma sucessão de indivíduos entusiasmados me chama de lado para perguntar quais ações deveriam comprar. Todos na festa investiram em uma ação ou outra, e eles agora discutem o que está ocorrendo.

No estágio quatro, mais uma vez, todos estão amontoados em meu entorno – mas dessa vez é para me dizer quais ações eu deveria comprar. Mesmo o dentista possui três ou quatro dicas; nos próximos dias, eu as procuro nos jornais, e todas subiram. Quando os vizinhos me dizem o que comprar e eu desejo haver seguido seus conselhos, isto é um claro sinal de que o mercado atingiu seu ápice e está prestes a despencar.

Faça o que quiser com isso, mas não espere que eu aposte na teoria da festa do coquetel. Eu não acredito na previsão de mercados. Eu acredito em adquirir ações de grandes empresas – especialmente daquelas que estão subavaliadas ou subapreciadas. Independentemente de o Dow Jones registrar 1.000, 2.000 ou 3.000 pontos hoje, você estaria melhor se tivesse ações da Merriot, da Merck e do McDonald's do que se houvesse adquirido ações da Avon, da Bethlehem Steel e da Xerox ao longo dos últimos 10 anos. Você também estaria melhor se tivesse ações da Avon, da Bethlehem Steel e da Xerox do que se houvesse investido seu dinheiro em títulos públicos ou fundos de curto prazo ao longo desse mesmo período.

Se você tivesse comprado ações de grandes empresas em 1925 e as mantido durante o *crash* da bolsa e a Grande Depressão (admitindo-se que isso não tenha sido algo fácil), em 1936, você estaria bem satisfeito com os resultados.

Que segmento do mercado de ações?

O mercado deveria ser irrelevante. Se eu pudesse convencê-lo acerca desse único ponto, eu sentiria que o livro já teria realizado sua tarefa. E, se você não acreditar em mim, acredite em Warren Buffett. "Até onde sei", escreveu Buffett, "o mercado de ações não existe. Ele só está lá como referência para vermos se alguém está se oferecendo para fazer alguma coisa estúpida."

Buffett transformou a Berkshire Hathaway em um empreendimento extraordinariamente lucrativo. No início dos anos 1960, eram necessários US$ 7 para comprar uma ação de sua empresa, e hoje[2] essa mesma ação vale US$ 4.900. Um investimento de US$ 2.000 na Berkshire Hathaway naquela ocasião teria resultado em um fator multiplicador de 700, que valeria US$ 1,4 milhão atualmente. Isso faz de Buffett um investidor incrível. O que o torna o maior investidor de todos os tempos é que, durante certo período, ele acreditava que as ações estavam exageradamente avaliadas, vendeu tudo o que tinha e devolveu todo o dinheiro para seus sócios com um lucro bem razoável para eles. A devolução voluntária de dinheiro que os outros alegremente teriam continuado a lhe pagar para gerir é, em minha experiência, única na história das finanças.

Eu adoraria ser capaz de prever mercados e antecipar recessões, mas, uma vez que isso é impossível, fico satisfeito em buscar empresas lucrativas, assim como Buffett. Eu obtive lucros mesmo em maus mercados, e vice-versa. Várias de minhas *tenbaggers* favoritas realizaram seus grandes movimentos durante maus mercados. As ações da Taco Bell subiram fortemente durante as duas últimas recessões. O único ano negativo do mercado de ações foi 1981 e, ainda assim, foi

---

[2] O autor refere-se ao ano de 1989. [N. R.]

o ano perfeito para comprar ações da Dreyfus, as quais iniciaram sua fantástica marcha de US$ 2 para US$ 40; uma *twentybagger* que eu consegui perder.

Apenas a título de argumentação, digamos que você previu a próxima grande expansão econômica com absoluta certeza e deseja lucrar com a sua previsão ao escolher algumas ações de elevado potencial de crescimento. Você ainda teria de escolher as ações corretas, tal como se não houvesse tido nenhuma previsão.

Se você soubesse que haveria uma grande expansão no mercado imobiliário da Flórida e escolhesse a Radice em razão disso, teria perdido 90% de seu investimento. Se você soubesse que haveria uma expansão no ramo dos computadores e houvesse escolhido a Fortune Systems, sem realizar nenhum tipo de pesquisa, teria acompanhado a sua queda de US$ 22, em 1983, para US$ 1,90, em 1984. Se você houvesse tomado conhecimento de que o início dos anos 1980 seria uma ocasião de pujança para as empresas aéreas, quais teriam sido seus lucros se houvesse investido na People Express (que imediatamente foi à ruína) ou na Pan Am (cuja ação declinou de US$ 9, em 1983, para US$ 4, em 1984, graças à incompetência de sua gestão)?

Digamos que você soubesse que o aço fosse recuperar seus preços e, dessa forma, pegasse uma lista de empresas do setor do aço, anexada a uma prancha de alvos de dardos e arremessasse um dardo sobre a LTV. As ações da LTV caíram de US$ 26,50 para US$ 1,10 entre 1981 e 1986, aproximadamente no mesmo período em que a Nucor, uma empresa do mesmo setor, registrou aumento de US$ 10 para US$ 50 no preço de suas ações. (Eu tinha ambas as ações, então, por que vendi as da Nucor e mantive as da LTV? Eu também poderia arremessar dardos.)

Em diversos casos, a seleção adequada de segmentos do mercado o teria feito perder metade de seus ativos porque você escolheu as ações erradas. Se você confia no mercado para valorizar suas ações na mesma medida em que ele próprio se valoriza, então você também poderia pegar um ônibus para Atlantic City e tentar a sorte das roletas de aposta dos cassinos. Se você acordar em determinada manhã e pensar "Eu comprarei ações porque acredito que o mercado subirá neste ano", é melhor desconectar o cabo do telefone e ficar o mais longe possível do corretor de ações mais próximo. Você estará confiando que o mercado o salvará – e é mais provável que isso não aconteça.

Se você deseja preocupar-se com algo, preocupe-se em relação ao fato de a divisão de lençóis da West Point-Pepperell estar melhor ou de a Taco Bell estar se saindo bem com seu novo "burrito supreme". Selecione as ações certas, e o mercado cuidará de si mesmo.

Isso não significa que não há um mercado sobrevalorizado, mas, sim, que não há razão em preocupar-se com isso. O modo pelo qual você descobrirá se o mercado está sobrevalorizado se dará quando não conseguir mais encontrar nenhuma única empresa cujas ações sejam negociadas a um preço razoável ou que não satisfaça nenhum outro critério de investimento. A razão pela qual Buffett devolveu o dinheiro de seus sócios deveu-se ao fato de não acreditar que pudesse encontrar ações que valessem a pena ser compradas. Ele havia procurado centenas de empresas e não conseguiu encontrar nenhuma que pudesse comprar como resultado dos méritos de seus fundamentos.

O único sinal para comprar de que necessito é encontrar uma empresa de que goste. Nesse caso, nunca é cedo ou tarde demais para comprar ações.

O que espero que você mais se lembre desta seção são os seguintes pontos:

- Não superestime a habilidade e o conhecimento dos profissionais.
- Tire vantagem daquilo que você já sabe.
- Procure oportunidades que ainda não foram descobertas e certificadas por Wall Street – empresas que estão "abaixo do alcance do radar".
- Invista em uma casa antes de investir em ações.
- Invista em empresas, e não no mercado de ações.
- Ignore as flutuações de curto prazo.
- Grandes lucros podem ser obtidos em ações ordinárias.
- Grandes perdas podem ser registradas em ações ordinárias.
- Prever a economia é inútil.
- Prever as direções de curto prazo do mercado de ações é inútil.
- Os retornos de longo prazo em ações são tanto relativamente previsíveis quanto muito superiores aos retornos de longo prazo dos títulos públicos.
- Manter continuamente as ações de uma empresa que possui é similar a uma mão interminável de pôquer *stud*.
- As ações ordinárias não são para todos, nem mesmo para todas as fases da vida de um indivíduo.
- Um indivíduo mediano é exposto a empresas locais e a produtos interessantes antes dos profissionais.
- Ter um diferencial o ajudará a ganhar dinheiro com ações.
- No mercado de ações, mais vale um pássaro na mão que dois voando.

PARTE II
Selecionando vencedores

Nesta seção, discutiremos como explorar um diferencial, como encontrar os investimentos mais promissores, como avaliar aquilo que se tem e o que se pode esperar ganhar em cada uma das seis categorias diferentes de ações; as características de uma empresa perfeita, as características de empresas que deveriam ser evitadas a todo custo, a importância dos rendimentos para um eventual sucesso ou fracasso de qualquer ação, as questões a serem perguntadas durante a pesquisa sobre uma ação, como monitorar o progresso de uma empresa, como obter dados e como avaliar benchmarks importantes, caixa, dívida, índice preço/lucro, margens de lucro, valor contábil, dividendos etc.

6

Perseguindo a *tenbagger*

O melhor lugar para começar a procurar por uma *tenbagger* é perto de casa – se não no próprio quintal, então no shopping center e, principalmente, em seu local de trabalho. Com a maioria das ações multiplicadoras já mencionadas – Dunkin' Donuts, The Limited, Subaru, Dreyfus, McDonald's, Tambrands e Pep Boys –, os primeiros lampejos de sucesso eram aparentes em centenas de locais ao redor do país. O bombeiro de New England, os clientes do estado de Ohio, onde a Kentucky Fried Chicken inicialmente abriu suas portas, as multidões no Pic 'N' Save, todos tiveram uma chance de dizer "Isso é ótimo; imagine como seriam suas ações", muito antes de Wall Street obter suas pistas originais.

Um indivíduo mediano encontra um possível investimento duas ou três vezes por ano – algumas vezes mais frequentemente. Executivos, funcionários, advogados, contadores, fornecedores, a empresa de publicidade, os pintores de anúncios, os funcionários das empresas de construção das novas lojas e até mesmo as pessoas que lavavam o piso da Pep Boys devem ter observado seu sucesso. Milhares de potenciais investidores obtiveram essa "dica", isso sem contar as centenas de milhares de consumidores.

Ao mesmo tempo, o empregado da Pep Boys que compra o seguro da empresa poderia ter notado que os preços do seguro estavam subindo – o que é um bom sinal de que o setor de seguros está prestes a recuperar-se – e passado a investir nos fornecedores das seguradoras. Ou, talvez, as empreiteiras contratadas pela Pep Boys percebessem que os preços do cimento haviam se estabilizado, o que é uma boa notícia para as empresas que fornecem cimento.

Nas cadeias de varejo e atacado, as pessoas que produzem, vendem, limpam e analisam artigos encontrarão numerosas oportunidades para a seleção de ações. Em minha própria atividade – o negócio de fundos de investimentos –, vendedores, empregados administrativos, secretárias, analistas, contadores, telefonistas e instaladores de computadores dificilmente poderiam ter ignorado o grande *boom* do início dos anos 1980 que levou às alturas as ações das empresas gestoras de fundos de investimentos.

Você não precisa ser o vice-presidente da Exxon para sentir a crescente prosperidade dessa empresa ou uma reviravolta nos preços do petróleo. Você pode ser encarregado de sonda, geólogo, perfurador, fornecedor, proprietário de posto de serviços, mecânico de manutenção ou mesmo cliente do posto de serviços nas bombas de abastecimento.

Você não precisa trabalhar na matriz da Kodak para descobrir que a nova geração de câmeras japonesas de 35 mm de fácil utilização está revigorando o setor de fotografia e que as vendas de filmes estão em alta[1]. Você poderia ser apenas um vendedor de filmes, proprietário de uma loja de máquinas fotográficas ou funcionário de uma loja de câmeras. Você também poderia ser o fotógrafo de casamentos local que percebe cinco ou seis parentes dos noivos tirando fotos amadoras em casamentos e dificultando o seu trabalho em tirar bons retratos.

Você não tem de ser Steven Spielberg para saber que algum campeão de bilheterias, ou um conjunto deles, será responsável por um grande incremento para os rendimentos da Paramount ou da Orion Pictures. Você pode ser ator, figurante, diretor, dublê, advogado, eletricista, maquiador ou lanterninha de algum cinema, onde as multidões nas salas de espera ao longo de 6 semanas consecutivas o inspiram a investigar os prós e contras de investir nas ações da Orion.

Talvez você seja um professor e a secretaria da educação local escolha a sua escola para testar uma nova engenhoca que controle a frequência escolar, economizando centenas de horas de trabalho dos professores na tarefa de contar alunos. "Quem fabrica essa engenhoca?" seria a primeira pergunta que eu faria.

O que dizer em relação à Automatic Data Processing, que processa 9 milhões de cheques de pagamento por semana, para 180 mil pequenas e médias

---

[1] Refere-se ao ano de 1989. [N. R.]

empresas? Esta foi uma das grandes oportunidades de todos os tempos: a empresa abriu seu capital em 1961 e tem aumentado seus rendimentos ano após ano, ininterruptamente. O pior resultado que atingiu foi um ganho de 11% em relação ao ano anterior, durante a recessão de 1982-1983, quando muitas empresas registraram perdas.

A Automatic Data Processing soa como o tipo de empreendimento de alta tecnologia que eu tentaria evitar, mas, na realidade, não se trata de uma empresa de computadores. Ela utiliza computadores para processar os cheques de pagamento, e os usuários de tecnologia são os grandes beneficiários da alta tecnologia. À medida que a competição reduz o preço dos computadores, uma empresa como a Automatic Data Processing pode adquirir equipamentos mais baratos, de modo que seus custos são continuamente reduzidos. Isso apenas aumenta seus lucros.

Sem alarde, esse empreendimento comum, que abriu seu capital a 6 centavos por ação, agora é vendido por US$ 40 – uma *sixhundredbagger* no longo prazo. Ela chegou a atingir o ponto máximo de US$ 54 antes da grande queda de outubro. A empresa tem duas vezes mais dinheiro em caixa que o valor de suas dívidas e não apresenta sinais de que esteja reduzindo seu ritmo.

Os gestores e funcionários de 180 mil empresas clientes certamente poderiam ter tomado conhecimento do sucesso da Automatic Data Processing, e, uma vez que os maiores e os melhores clientes da Automatic Data são grandes corretoras de valores de Wall Street, o mesmo poderia ser dito da maior parte de Wall Street.

Frequentemente nos debatemos para selecionar uma ação vencedora quando, o tempo todo, a ação vencedora tem se debatido para nos selecionar.

A *tenbagger* no ramo de medicamentos para úlcera

Você não consegue pensar em uma oportunidade como essa em sua vida? E se estivesse aposentado, vivendo a 20 km do semáforo mais próximo, cultivando seu próprio alimento e sem um aparelho de televisão? Bem, talvez um dia você tenha de ir procurar um médico. A vida no campo deixou-o com úlceras, o que é a perfeita introdução para a SmithKline Beckman.

Centenas de médicos, milhares de pacientes e milhões de amigos e parentes de pacientes ouviram sobre o estupendo medicamento Tagamet, o qual chegou ao mercado em 1976. Isso também ocorreu com o farmacêutico que o vendia e o entregador que passava metade de seu dia o entregando. O Tagamet era uma dádiva para os enfermos e uma festa para os investidores.

Para os pacientes, um medicamento excepcional é aquele que cura uma enfermidade de uma vez por todas; para os investidores, em contrapartida, um medicamento excepcional é aquele que os doentes têm de permanecer comprando continuamente. Tagamet era um medicamento do segundo tipo. Ele proporcionava um espantoso alívio para o sofrimento decorrente de úlceras e seus beneficiários diretos deveriam tomá-lo ininterruptamente, transformando os acionistas da SmithKline Beckman em beneficiários indiretos do Tagamet. Graças essencialmente ao Tagamet, suas ações subiram de US$ 7,50, em 1977, para US$ 72 por ação no seu ponto mais alto, em 1987.

Esses usuários e vendedores tinham uma grande vantagem sobre os talentos de Wall Street. Não há dúvida de que esses indivíduos contraditórios sofreram, eles próprios, de úlcera – afinal, essa é uma atividade marcada pela ansiedade –, mas a SmithKline possivelmente não foi incluída em suas listas de compra, pois isso se passava um ano antes de a ação iniciar seu processo de ascensão. Durante o período de teste do medicamento, de 1974 a 1976, o preço subiu de US$ 4 para US$ 7 e, então, quando a droga foi aprovada, em 1977, a ação passou a ser vendida por US$ 11. Desse ponto em diante, ela subiu vigorosamente para US$ 72.

Dessa forma, se você perdeu o Tagamet, ainda teve uma segunda chance com a Glaxo e o seu próprio medicamento maravilhoso para úlcera: o Zantac. O Zantac foi à fase de testes no início dos anos 1980 e obteve sua aprovação nos Estados Unidos em 1983. Foi tão bem recebido quanto o Tagamet, além de haver sido similarmente lucrativo para a Glaxo. Em meados de 1983, a ação da Glaxo era vendida por US$ 7,50, tendo aumentado posteriormente para US$ 30, em 1987.

Os médicos que prescreveram Tagamet e Zantac compraram ações da SmithKline e da Glaxo? De certa forma, duvido que o fizeram. É mais provável que os médicos tivessem investido pesadamente em ações de empresas de petróleo. Talvez eles tivessem ouvido falar que a Union Oil of California era candidata a uma operação de aquisição de controle. Enquanto isso, os executivos da Union Oil provavelmente estavam comprando ações de empresas farmacêuticas, especialmente aquelas de destaque, como a American Surgery Centers, cujas ações eram vendidas por US$ 18,50 em 1982 e, posteriormente, caíram para 5 centavos.

Em geral, se você fizesse uma pesquisa com todos os médicos, aposto que apenas uma pequena porcentagem deles teria investido em ações do setor de medicina, enquanto a maior parte teria investido em empresas do setor de petróleo. Da mesma forma, se fosse realizada uma pesquisa com proprietários de lojas de calçados, a maioria deles teria investido em ações de empresas do setor aeroespacial, e não em empresas de calçados, enquanto os engenheiros aeroespaciais teriam maior probabilidade de investir em ações de empresas de calçados. Não tenho certeza da razão pela qual os investimentos em ações, a exemplo dos jardins, têm sempre mais flores na casa dos vizinhos.

Talvez um investimento vencedor possa parecer tão improvável à primeira vista que muitas pessoas imaginam que ele apenas ocorra no lugar mais distante possível, muito além de nós, assim como imaginamos que o comportamento perfeito somente é encontrado no Paraíso, e não na Terra. Dessa forma, o médico que compreende detalhadamente a atividade de drogas vendidas com receita médica sente-se mais confortável ao investir na Schlumberger, uma empresa prestadora de serviços do ramo de petróleo sobre a qual ele não conhece nada, ao mesmo tempo que os administradores da Schlumberger têm uma probabilidade maior de comprar ações da Johnson & Johnson ou da American Home Products.

De fato, você não precisa necessariamente saber algo sobre uma empresa para que sua ação se valorize. Mas o ponto importante é que (1) os especialistas em petróleo, em geral, estão em uma posição muito melhor que os médicos para decidir quando comprar ou vender ações da Schlumberger; e (2) os médicos, em geral, sabem muito melhor que os especialistas em petróleo quando investir em um medicamento bem-sucedido. O indivíduo com algum tipo de conhecimento está sempre em uma posição de vantagem para superar as opiniões do outro sem nenhum conhecimento – o qual, no final das contas, será o último a ter ciência de importantes mudanças em determinado ramo de negócios.

O petroleiro que investe na SmithKline porque sua corretora de valores assim lhe sugeriu não perceberá que os pacientes abandonaram o Tagamet e o substituíram por uma droga contra úlcera de uma empresa rival até que o preço da ação esteja 40% mais baixo e que as más notícias tenham sido completamente "descontadas" no preço. "Descontar" é um eufemismo de Wall Street para descrever o ato de fingir que se conseguiu se antecipar a eventos inesperados.

Em contrapartida, o petroleiro estará entre os primeiros a notar as primeiras indicações de uma retomada no setor de petróleo, uma retomada que inspirará um eventual retorno da Schlumberger.

Embora os indivíduos que compram ações de empresas cujos negócios desconhecem possam ter sorte e desfrutar de grandes recompensas, parece-me que eles estão competindo sob condições desnecessariamente desvantajosas, de forma idêntica à de um corredor de maratonas que decide arriscar sua reputação em uma corrida de trenó.

A dupla face

Até aqui, estivemos falando sobre o executivo do setor de petróleo e seu conhecimento e os agrupamos, no mesmo capítulo, com o conhecimento dos clientes na fila do caixa da Pep Boys. Obviamente, é um absurdo sustentar a ideia de que ambos sejam iguais. Um deles refere-se ao conhecimento profissional sobre o funcionamento de um setor da economia; já o outro se refere à percepção do consumidor em relação a um produto apreciável. Ambos são úteis na seleção de ações, mas de formas diferentes.

A vantagem do profissional é especialmente útil ao descobrir quando comprar ou não ações de empresas que já estão no mercado há algum tempo, especialmente daquelas dos chamados setores cíclicos. Se você trabalha na indústria química, então estará entre os primeiros a perceber que a demanda por cloreto de polivinil está aumentando, que os preços estão subindo e que o excesso de estoques está diminuindo. Você estará em posição de saber que nenhum novo competidor entrou no mercado, que nenhuma nova fábrica está sendo construída e que são necessários de 2 a 3 anos para construir uma nova unidade de produção. Tudo isso significa lucros maiores para as empresas existentes que fabricam o produto.

Ou, se você possui uma loja de pneus Goodyear e, repentinamente, após 3 anos de baixas vendas, nota que não consegue dar conta dos novos pedidos, você acabou de receber um forte sinal de que a Goodyear pode estar em crescimento. Você já sabe que o novo pneu de alto desempenho da Goodyear é o melhor. Você pode ligar para o seu corretor e solicitar as últimas informações do histórico sobre a empresa de pneus, em vez de esperar que o corretor o chame para contar-lhe sobre a Wang Laboratories.

A menos que trabalhe em alguma atividade relacionada aos computadores, que impacto pode ter uma dica sobre a Wang para você? O que você possivelmente poderia saber que milhares de indivíduos não saibam melhor? Se a resposta for "nada", então você não tem nenhuma vantagem em relação à Wang. Mas se você vende, fabrica ou distribui pneus, então tem uma vantagem no caso da Goodyear. Ao longo das linhas de fornecimento do setor manufatureiro, os indivíduos que fabricam e vendem produtos encontram numerosas oportunidades de seleção de ações.

Você pode vislumbrar uma mudança no setor de serviços, na atividade de seguros de riscos de propriedade ou mesmo no negócio de livros. Os compradores e vendedores de qualquer produto percebem a escassez e o excesso, as mudanças de preço e as alterações em demanda. Tal informação não é muito valiosa no setor automobilístico, uma vez que as vendas de veículos são publicadas a cada dez dias. Mas, na maior parte dos empreendimentos, o observador comum pode notar uma alteração com 6 a 12 meses de antecedência em relação aos analistas financeiros regulares. Isso concede uma incrível vantagem inicial ao antecipar-se a uma melhora nos rendimentos – e os rendimentos, como veremos, fazem os preços das ações subir.

Não é necessário que o elemento que capture a sua atenção seja uma alteração de vendas. É possível que as empresas sobre as quais tenha informações possuam incríveis ativos escondidos que não aparecem no balanço de resultados. Se você trabalha no setor imobiliário, talvez saiba que determinada loja de departamentos possui quatro quarteirões no centro de Atlanta, Estados Unidos, cujos terrenos foram lançados nos livros contábeis a preços anteriores à Guerra de Secessão. Isso certamente é um ativo oculto[2], e oportunidades similares podem ser encontradas nos ramos de ouro, petróleo, extração de madeira e estações de TV.

Você está diante de uma situação em que o valor dos ativos por ação excede o preço unitário daquela ação. Em casos agradáveis como esses, você certamente poderá comprar uma grande porção de algo por praticamente nada. Já tive a oportunidade de fazer isso inúmeras vezes.

Milhares de empregados da Storer Communications e de suas afiliadas, além de incontáveis outros indivíduos que trabalham no setor de TV a cabo ou de redes de TV, poderiam ter notado que as propriedades associadas às atividades de TV a cabo da Storer estavam avaliadas por US$ 100 por ação, enquanto a ação era vendida por US$ 30. Os executivos sabiam disso; os programadores poderiam tê-lo descoberto, assim como os câmeras e até mesmo as pessoas que faziam a instalação domiciliar do serviço de TV a cabo. Tudo o que tinham de fazer era comprar as ações da Storer por US$ 30, US$ 35, US$ 40 ou US$ 50 e esperar até que os especialistas de Wall Street o descobrissem. Seguramente, Storer foi adquirida, no final de 1985, por US$ 93,50 por ação – valor que, em 1988, mostrou haver sido uma pechincha.

---

[2] Ação cujo valor combinado dos ativos é superior ao valor de mercado. [N. T.]

Eu poderia prosseguir pelo resto do livro discorrendo sobre a vantagem que estar em um negócio proporciona ao investidor em ações mediano. Além disso, há a vantagem do consumidor, que também é útil, ao selecionar as ações vencedoras entre as pequenas e médias novas empresas com crescimento expressivo, em especial aquelas do setor de varejo. Independentemente do tipo de vantagem que se aplique, a parte entusiasmante é que você pode desenvolver seu próprio sistema de detecção fora dos canais normais de Wall Street, onde sempre obterá as notícias tardiamente.

Meu maravilhoso diferencial

Quem poderia ter tido uma vantagem maior do que a minha, sentado em um escritório da Fidelity durante o *boom* dos serviços financeiros e dos fundos de investimento? Essa era minha chance de compensação por haver perdido a Pebble Beach. Talvez eu possa ser perdoado por essa incrível ação com ativos ocultos. Jogar golfe e velejar são meus passatempos de verão, mas os fundos de investimento são minha atividade regular.

Eu venho trabalhando neste local há aproximadamente duas décadas. Conheço metade dos executivos das grandes empresas de serviços financeiros. Acompanho as altas e baixas diárias. Eu poderia haver notado importantes tendências meses antes dos analistas de Wall Street. Ninguém poderia estar mais bem estrategicamente situado para lucrar com a súbita prosperidade financeira do início dos anos 1980.

As pessoas que imprimiam prospectos devem tê-lo percebido – elas dificilmente conseguiam dar conta da grande quantidade de novos cotistas dos fundos de investimento. A equipe de vendas deve ter notado, à medida que cruzavam o país em seus trailers e retornavam com bilhões em novos investimentos. Os serviços de manutenção devem ter visto a expansão dos escritórios da Federated, da Franklin, da Dreyfus e da Fidelity. As empresas que vendiam cotas de fundos de investimento prosperavam como nunca em toda a sua história. Havia sido dada a largada para uma corrida maluca.

A Fidelity não é uma empresa negociada publicamente, de modo que você não poderia investir ali para aproveitar-se dessa prosperidade. Mas que tal a Dreyfus? A ação era vendida por 40 centavos em 1977 e, então, passou a ser negociada por aproximadamente US$ 40 em 1986, uma ação cujos rendimentos se multiplicaram por cem (ou seja, uma *hundredbagger*) em 9 anos. Grande parte desse resultado foi obtida durante um mau mercado. A Franklin havia crescido 138 vezes (uma *one hundred thirty-eightbagger*), e a Federated aumentara

50 vezes antes de ser comprada pela Aetna. Eu acompanhava ativamente cada uma delas. Conhecia as histórias da Dreyfus, da Franklin e da Federated do começo ao fim. Tudo estava correto, os rendimentos estavam em alta e o momento era óbvio.

Quanto eu ganhei com tudo isso? Nada. Eu não comprei nenhuma ação de empresas de serviços financeiros, seja da Dreyfus, da Federated ou da Franklin. Eu perdi completamente a oportunidade e não me dei conta disso até que já era muito tarde. Acho que estava ocupado pensado na Union Oil of California, como todos os demais médicos.

Todas as vezes que olho para o rendimento da Dreyfus, ele me faz lembrar do conselho que tento lhe oferecer até aqui: invista em coisas sobre as quais tenha conhecimento. Nenhum de nós deveria perder uma oportunidade como essa novamente; e eu não repeti o erro. A quebra do mercado de 1987 me concedeu uma nova oportunidade com a Dreyfus (ver Capítulo 17).

A lista a seguir é apenas um registro parcial de muitas ações que multiplicaram por dez os investimentos iniciais (*tenbaggers*) as quais deixei de comprar ou vendi muito cedo, durante o período em que administrei o Magellan. Com uma parte delas, obtive uma pequena fração de ganhos e, com outras, consegui perder dinheiro, em razão da ausência do momento oportuno ou de clareza de pensamento. Você notará que a lista apenas chega até a letra M; mas isso só ocorreu porque me cansei de tomar nota delas. Uma vez que este é um relato incompleto, tente imaginar quantas oportunidades devem estar disponíveis.

Grandes oportunidades ignoradas

AAR	Ball
Adams-Millis	Bard (CR)
Affiliated Publications	Bemis
Albertson's	Bergen Brunswig
Alexander & Baldwin	Betz Labs
Alexander's	Brunswick
Allegheny Corp.	Capital Cities
Alza	Carolina Freight
American Family	Carson Pirie Scott
American Greetings	Carter Wallace
American International	Chicago Milwaukee

▶

Ames Department Stores	Chris-Craft
Anheuser-Busch	Commercial Metals
Automatic Data Processing	Community Psychiatric
Aydin	Cray Research
Dean Foods	Helene Curtis
Deluxe Check Printers	Hershey Foods
Dillards	Hillenbrand
Dow Jones	Hospital Corp. Amer.
Dun & Bradstreet	Houghton Mifflin
EG&G	Humana
Emerson Radio	Jostens
Ethyl	Limited (The)
Figgie International	Liz Claiborne
First Boston	Lockheed
Flightsafety Intl.	Loews
Flowers	Manor Care
Forest Labs	Marriott
Fuqua Industries	McGraw Hill
The Gap	Media General
Geico	Melville
General Cinema	Meredith
Giant Food	Molex
Handleman	Mylan
Harland (John)	

7

Eu consegui, eu consegui!
O que eu consegui mesmo?

Independentemente da forma como determinada ação tenha chegado ao seu conhecimento, seja por meio do escritório, do shopping center, de algo que você comeu, comprou ou ouviu de seu corretor, de sua mãe ou até mesmo do oficial da condicional de Ivan Boesky[1], a descoberta não é um sinal para comprar. Apenas porque a Dunkin' Donuts está sempre cheia ou a Reynolds Metals tem mais pedidos de alumínio do que consegue dar conta não significa que você deva comprar suas ações. Ainda não. O que você tem até o momento é simplesmente uma dica de uma história que ainda tem de se desenvolver.

De fato, você deveria tratar a informação inicial (aquilo que despertou seu interesse pela ação) como se fosse uma dica anônima e intrigante, misteriosamente deixada em sua caixa de correspondência. Isso o impedirá de comprar uma ação apenas porque viu nela algo de que gosta ou, pior, por causa da reputação do informante, como no seguinte caso: "O tio Harry está comprando e ele é rico; então, ele deve saber do que está falando". Ou: "O tio Harry está comprando – e eu também – porque a sua última ação indicada dobrou de preço".

Desenvolver a história não é algo realmente difícil: tomará, no máximo, duas horas. Nos próximos capítulos, eu contarei como faço isso e onde você pode encontrar as fontes de informação mais úteis.

---

[1] Corretor de ações norte-americano que se tornou conhecido pelo seu importante papel em um escândalo financeiro ocorrido em Wall Street em meados da década de 1980. [N. R.]

Parece-me que essa fase da lição de casa é tão importante para seu sucesso com ações quanto seu juramento prévio para ignorar as flutuações de curto prazo do mercado. Talvez algumas pessoas ganhem dinheiro com ações sem realizar qualquer tipo de pesquisa que vou descrever, mas por que se arriscar desnecessariamente? *Investir sem pesquisar é como jogar pôquer stud e nunca olhar para as cartas.*

Por alguma razão, toda atividade de analisar ações tem sido feita de modo a parecer tão esotérica e técnica que até os consumidores normalmente cuidadosos investem todas as suas economias em um só impulso. O mesmo casal que passa o final de semana buscando as melhores ofertas de tarifas de voo para Londres adquire 500 ações da KLM sem ter gasto cinco minutos para informar-se sobre a empresa.

Voltemos aos Houndsteeth. Eles se orgulham de ser consumidores inteligentes, chegando ao extremo de ler as indicações da etiqueta das fronhas de seus travesseiros. Eles comparam os pesos e os preços das caixas de sabão em pó para descobrir a melhor compra, calculam o lúmen por watt de lâmpadas concorrentes, mas todas as suas economias são diminuídas pelos fiascos dos Houndsteeth no mercado de ações.

Aquele não é o sr. Houndsteeth em sua poltrona, lendo um artigo da *Consumer Reports* sobre a espessura e a absorção de cinco marcas populares de papel higiênico? Ele tenta descobrir se deve ou não mudar para o Charmin. Mas será que ele gastará uma quantidade semelhante de tempo lendo o relatório anual da Procter and Gamble, empresa que produz o papel higiênico Charmin, antes de investir US$ 5 mil naquela ação? Claro que não. Ele primeiro comprará a ação e depois jogará o relatório anual da Procter and Gamble na lata de lixo.

A síndrome do Charmin é um mal muito comum, mas facilmente curável. Tudo o que você tem de fazer é empreender o mesmo esforço que dedica à compra de seus mantimentos à seleção de ações. Mesmo que você já possua ações, é útil realizar novamente o exercício, porque é possível que algumas dessas ações não possam nem consigam estar à altura de suas expectativas em relação a elas. Isso ocorre porque há diferentes tipos de ações e não há limites para o desempenho de cada tipo. Ao aprofundar-se na história, você tem de realizar certas distinções iniciais.

Qual é o resultado final?

A Procter and Gamble é uma boa ilustração daquilo sobre o que estou falando. Lembre-se de que eu mencionei que a L'eggs era um dos dois novos produtos mais lucrativos dos anos 1970. O outro era a Pampers. Qualquer amigo ou parente de alguém com um bebê teria percebido quão popular eram as fraldas Pampers, e logo na caixa havia uma indicação de que eram produzidas pela Procter and Gamble.

Mas, apenas com base na força da Pampers, será que você deveria ter corrido para comprar a sua ação? Não, se houvesse começado a aprofundar-se na história. Então, em apenas cinco minutos você teria percebido que a Procter and Gamble era uma gigantesca empresa e que as vendas da Pampers contribuíam apenas com uma pequena porção dos seus rendimentos. A Pampers fez alguma diferença para a Procter and Gamble, mas isso não era tão significativo quanto o impacto que a L'eggs teve para um pequeno empreendimento do porte da Hanes.

Se você está pensando em comprar uma ação apenas com base no poder de um único produto específico, a primeira coisa a descobrir é: que efeito o sucesso desse produto tem no resultado final da empresa? Em fevereiro de 1988, eu me lembro de que investidores ficaram muito entusiasmados com o Retin-A, um creme para pele fabricado pela Johnson & Jonhson. Desde 1971, esse creme havia sido vendido como um remédio para acne, mas um recente estudo médico sugeria que ele também poderia atuar sobre manchas e defeitos da pele causados pelo sol. Os jornais adoraram a história, e os redatores de manchetes o chamaram de creme anti-idade e "eliminador de rugas". Você teria pensado que a Johnson & Johnson havia descoberto a fonte da juventude.

Então o que ocorreu? As ações da Johnson & Johnson saltaram US$ 8 em dois dias (21 e 22 de janeiro de 1988), trazendo um valor adicional de mercado de US$ 1,4 bilhão para a empresa. Durante todo esse frenesi, os compradores devem ter deixado de perceber que as vendas do ano anterior de Retin-A trouxeram para a Johnson & Johnson apenas US$ 30 milhões, e que a empresa ainda estava sujeita a análises posteriores da FDA para a verificação das novas alegações.

Em outro caso, que ocorreu no mesmo período, os investidores fizeram melhor a lição de casa. Um novo estudo médico relatou que a ingestão de uma aspirina em dias alternados pode reduzir os riscos de um homem sofrer ataques cardíacos. O estudo utilizou a marca Bufferin, da aspirina fabricada pela Bristol-Myers, mas as ações da Bristol-Myers quase não foram afetadas, registrando um aumento de 50 centavos por ação, chegando a US$ 42,90. Diversos indivíduos devem ter notado que as vendas de Bufferin no último ano haviam sido de US$ 75 milhões, menos de 1,5% das receitas totais de US$ 5,3 bilhões da Bristol-Myers.

Uma história um pouco melhor sobre aspirinas foi a da Sterling Drug, fabricante da aspirina Bayer, antes de haver sido comprada pela Eastman Kodak. As vendas de aspirina da Sterling representavam 6,5% de suas receitas totais, mas aproximadamente 15% dos lucros da empresa – a aspirina era o produto mais lucrativo da Sterling.

Grandes empresas, pequenos movimentos

O tamanho de uma empresa tem muito a ver com aquilo que você pode esperar em relação à ação. Quão grande é a empresa pela qual se interessou? À exceção de produtos específicos, as grandes empresas não têm grandes variações nos preços de ações. Em certos mercados, elas se saem bem, mas você obterá os maiores movimentos de cotações em empresas menores. Você não compra uma ação de uma gigante como a Coca-Cola na expectativa de quadruplicar seu dinheiro em dois anos. Se você comprar a ação da Coca-Cola no preço certo, poderá triplicar o seu dinheiro em seis anos, mas não vai ganhar o pote de ouro em apenas dois anos.

Não há nada de errado com a Procter and Gamble ou a Coca-Cola, e recentemente ambas tiveram excelentes desempenhos. Mas você tem de saber que essas são empresas grandes, de forma a não alimentar falsas esperanças ou expectativas irreais.

Algumas vezes, uma série de infortúnios pode lançar uma grande empresa em uma situação desesperadora, e, à medida que ela se recupera, a ação realizará um grande movimento. A Chrysler é um exemplo, assim como a Ford e a Bethlehem Steel. Quando a Burlington Northern teve problemas, a ação caiu de US$ 12 para US$ 6 e, então, subiu para US$ 70. Mas essas são situações extraordinárias, que se encaixam na categoria de "reviravoltas". No curso normal das atividades, empreendimentos bilionários, como a Chrysler ou a Burlington Northern, a DuPont ou a Dow Chemical, a Procter and Gamble ou a Coca-Cola, simplesmente não crescem rápido o suficiente para tornarem-se *tenbaggers*.

É matematicamente impossível que uma empresa como a General Electric dobre ou triplique de tamanho em um futuro próximo. A GE já se tornou tão grande que representa aproximadamente 1% de todo o Produto Interno Bruto dos Estados Unidos. Cada vez que você gasta um dólar, a GE fica aproximadamente com um centavo disso. Pense nisso. Nos trilhões de dólares gastos pelos consumidores americanos por ano, aproximadamente um centavo de cada dólar vai para bens ou serviços (lâmpadas, eletrodomésticos, seguros, canal de televisão [NBC] etc.) fornecidos pela GE.

Esse é o caso de uma empresa que fez tudo certo – realizou aquisições sensatas, cortou custos, desenvolveu novos produtos bem-sucedidos, livrou-se de subsidiárias ineficientes, evitou equivocar-se no negócio de computadores (após vender seu engano para a Honeywell) –, mas ainda assim a ação tem pequenos resultados. Isso não é uma falha da GE. A ação não pode fazer outra coisa a não ser obter pequenos resultados, uma vez que está ligada a um empreendimento dessa magnitude.

A GE tem 900 milhões de ações emitidas e um valor de mercado total de US$ 39 bilhões. Apenas o seu lucro total, mais de US$ 3 bilhões, já é, como valor de mercado, suficiente para qualificar uma empresa para a lista da Fortune 500. Não há nenhuma forma simples por meio da qual a GE pudesse acelerar muito seu crescimento sem, com isso, conquistar o mundo. E, uma vez que um crescimento rápido impulsiona o preço das ações, não é nenhuma surpresa que o preço das ações da GE suba lentamente, enquanto o preço das ações da La Quinta faça o mesmo movimento rapidamente.

Se tudo se mantiver como está, você se sairá melhor com empresas menores. Na última década, você teria ganhado mais dinheiro com a Pic 'N' Save do que com a Sears, embora ambas sejam cadeias de lojas de varejo. Agora que a Waste Management é um conglomerado multibilionário, ela provavelmente ficará para trás dos velozes novos membros da área de coleta de dejetos. Na recente recuperação da indústria do aço, os acionistas da pequena Nucor se saíram melhor que os da U. S. Steel (agora USX). No início da recuperação do setor de medicamentos, a menor, a SmithKline Beckman, obteve melhores resultados que a maior, a American Home Products.

As seis categorias

Uma vez que estabeleço o tamanho de uma empresa com relação às outras empresas de um setor específico, posteriormente as distribuo em uma das seis categorias gerais seguintes: crescimento lento, confiáveis, rápido crescimento, cíclica, divergentes de ativos (ação com ativos ocultos) e em recuperação. Há praticamente o mesmo número de formas de classificação possível quanto há corretores no mercado – mas descobri que essas seis categorias abrangem todas as distinções significativas que qualquer investidor tenha de fazer.

Os países possuem um índice de crescimento (o Produto Interno Bruto – PIB), as indústrias têm uma taxa de crescimento e as empresas, individualmente, também possuem uma taxa de crescimento própria. Independentemente da entidade, "crescimento" significa realizar uma quantidade maior de qualquer atividade neste ano (fabricar carros, engraxar sapatos ou vender hambúrgueres) em relação ao que foi realizado no ano anterior. Eisenhower, antigo presidente dos Estados Unidos, certa vez afirmou que "as coisas são mais como são agora do que como jamais foram antes". Esta é uma boa definição de crescimento econômico.

Acompanhar as taxas de crescimento dos setores da economia é uma atividade árdua. Há gráficos, tabelas e comparações infinitos. Com as empresas, individualmente, isso é um pouco complexo, uma vez que o crescimento pode ser medido de várias formas: crescimento de vendas, lucros, rendimentos etc. Mas, quando se fala de uma "empresa em crescimento", pode-se pressupor que ela está se expandindo. Há mais vendas, mais produção e mais lucros em cada ano subsequente.

O crescimento de uma empresa individual é medido em comparação ao da economia como um todo. As empresas de crescimento lento, como você já deve ter percebido, crescem muito lentamente – mais ou menos no mesmo nível do crescimento do PIB de um país, o qual, em 1989, no caso dos Estados Unidos, situou-se em torno de 3%. As empresas de rápido crescimento, por sua vez, crescem de modo muito acelerado, algumas vezes 20% ou 30% ao ano. É aqui que são encontradas as ações mais explosivas.

Três de minhas categorias referem-se a ações com crescimento. Eu separo essas ações em ações de crescimento lento (preguiçosas), médio (robustas) e rápido – as superações que merecem nossa atenção.

As ações de crescimento lento

Normalmente, espera-se que empresas grandes e já há muito estabelecidas cresçam apenas um pouco acima da taxa de crescimento do PIB. As ações de crescimento lento, porém, não começaram dessa forma. Elas inicialmente tinham um crescimento rápido e, um dia, exauriram-se; seja em razão de terem ido o mais longe possível, seja por haverem se cansado de obter os melhores resultados em todas as oportunidades que tinham. Quando um setor como um todo reduz seu ritmo (como sempre parece ocorrer), grande parte das empresas pertencentes àquele setor também perde o seu vigor.

As empresas do setor elétrico são as ações de crescimento lento mais populares atualmente, mas, ao longo da década de 1950 e em boa parte da década de 1960, o setor de utilidades públicas registrava um rápido crescimento, expandindo-se ao dobro da taxa de crescimento do PIB. Eram empresas bem-sucedidas e consideradas boas ações. À medida que as pessoas instalavam sistemas de ar-condicionado central, compravam grandes geladeiras, congeladores etc. e suas contas geralmente se tornavam maiores, particularmente no sul e no sudeste dos Estados Unidos, as grandes empresas do setor de utilidades públicas expandiam-se a taxas acima dos dois dígitos. Nos anos 1970, com o súbito aumento do custo da energia, os consumidores aprenderam a economizar eletricidade, e as empresas do setor perderam seu impulso.

Cedo ou tarde, qualquer setor da economia de alto crescimento popular se torna um setor de crescimento lento, e numerosos analistas e previsores são enganados. Há sempre uma tendência a pensar que as coisas nunca mudarão, mas, inevitavelmente, elas mudam. A Alcoa, certa vez, possuiu o mesmo tipo de reputação energética de que a Apple desfruta atualmente, pois o alumínio era um setor de grande crescimento. Nos anos 1920, as ferrovias eram o grande setor em crescimento, e, quando Walter Chrysler abandonou as ferrovias para administrar uma fábrica de automóveis, ele teve de aceitar um corte de vencimentos. "Este não é o negócio de ferrovias", lhe disseram.

Então os carros se tornaram o setor de rápido crescimento e, durante certo tempo, esse título pertenceu ao setor de aço, de produtos químicos, de utilidades e de computadores. Agora[2], mesmo o setor de computadores está reduzindo seu ímpeto, pelos menos nas áreas de *mainframe* e fabricação de componentes para minicomputadores. A IBM e a Digital poderão ser as empresas de crescimento lento de amanhã[3].

É muito fácil visualizar uma ação de crescimento lento nos livros com os gráficos das ações que o seu corretor lhe disponibiliza ou que podem ser encontrados na biblioteca local. O gráfico de uma empresa de crescimento lento, tal como Houston Industries, parece o mapa topográfico do estado americano de Delaware, o qual, como já devem saber, não possui montanhas. Compare-o ao gráfico do Walmart, o qual se parece com o lançamento de um foguete, e você verá que Walmart definitivamente não é uma ação de crescimento lento.

Outro sinal definitivo de um crescimento lento é o de que essa ação realiza pagamentos de dividendos regular e generosamente. Tal como será discutido em detalhes no Capítulo 13, as empresas pagam dividendos generosos quando não conseguem imaginar novas formas de usar o dinheiro para expandir o negócio. Os administradores corporativos prefeririam expandir o negócio, um

---

[2] Refere-se ao ano de 1989. [N. R.]
[3] Hipótese levantada no final da década de 1980. [N. R.]

esforço que sempre aumenta seu prestígio, a distribuir dividendos, um esforço mecânico que não exige imaginação.

Isso não significa que, ao pagarem dividendos, os diretores de uma empresa estejam fazendo a coisa errada. Em muitos casos, esse pode ser o melhor uso a ser dado aos rendimentos de uma empresa (ver Capítulo 13).

Você não encontrará muitas ações com crescimento de 2% a 4% em meu portfólio, pois, se as empresas não estão indo a lugar algum de forma rápida, o mesmo se passa com o preço de suas ações. Se o crescimento dos lucros é aquilo que enriquece uma empresa, então qual é o sentido de perder tempo com empresas preguiçosas?

As ações confiáveis

Ações de empresas confiáveis são, por exemplo, as da Coca-Cola, Bristol-Myers, Procter and Gamble, antigas empresas de telefonia do sistema Bell, Hershey's, Ralston Purina e Colgate-Palmolive. Esses gigantes multibilionários não são exatamente alpinistas ágeis, mas eles têm um crescimento mais veloz que as empresas de crescimento lento. Seus gráficos não apresentam uma silhueta tão achatada quanto a do mapa de Delaware, mas tampouco são semelhantes aos do Everest. Quando se investe em empresas de ações confiáveis, você está, digamos, em um cenário de colinas: o crescimento dos rendimentos situa-se entre 10% e 12% ao ano.

Dependendo do momento em que as compra e do preço pelo qual o faz, você pode obter um ganho mensurável com as ações confiáveis. No caso da Procter and Gamble, a ação teve um bom desempenho durante os anos 1980. No entanto, caso as houvesse comprado em 1963, você teria quadruplicado o seu dinheiro. Manter a ação durante um intervalo de 25 anos para obter esse tipo de lucros não é uma perspectiva muito entusiasmante, uma vez que não estaria muito melhor se tivesse adquirido títulos públicos ou mantido seu dinheiro em fundos de curto prazo.

De fato, quando alguém se orgulha por haver duplicado ou triplicado seu dinheiro em ações confiáveis (ou em qualquer empresa, nesse caso), sua próxima questão deveria ser: "E por quanto tempo você manteve essas ações?". Em muitos casos, o risco de propriedade não resultou em nenhuma vantagem para o investidor, o qual, dessa forma, assumiu riscos em troca de nada.

No mercado que tivemos desde 1980, as ações confiáveis têm tido um bom desempenho, ainda que isso não tenha sido excepcional. Várias dessas empresas são grandes – e não é comum obter uma ação capaz de multiplicar por dez os investimentos de um conjunto de empresas como a Bristol-Myers ou a Coca-Cola. Assim, se você possui uma ação confiável como Bristol-Myers e esta subiu 50% em um ano ou dois, você deveria se perguntar se isso não seria o suficiente e se talvez não fosse o momento certo para vendê-la. Quanto você poderia esperar obter com ações da Colgate-Palmolive? Você não se tornará um milionário da mesma forma que poderia fazê-lo com ações da Subaru, a menos que haja algum novo intrigante evento sobre o qual já deveria ter ouvido falar a essa altura.

Um ganho de 50% em dois anos é um valor com o qual você deveria ficar maravilhado ao obter com ações da Colgate-Palmolive, na maioria das vezes. Com as ações confiáveis, você tem de considerar a possibilidade de obter lucros mais imediatamente do que o faria com ações da Shoney's ou de Service Corporation International. Ações confiáveis são ações de empresas que eu geralmente adquiro para obter um ganho de 30% a 50%, posteriormente vendê-las e repetir o processo com ações similares que ainda não se valorizaram.

Eu sempre mantenho algumas ações confiáveis em meu portfólio, pois elas oferecem ótima proteção durante períodos de recessão e depressão econômica. Em geral, Bristol-Myers, Kellogg's, Coca-Cola, MMM, Ralston Purina e Procter and Gamble são bons amigos em uma crise. Você sabe que essas empresas não irão à falência e que, logo depois, serão reavaliadas e seu valor será restaurado.

A Bristol-Myers teve apenas um trimestre negativo em 20 anos, enquanto a Kellogg's não teve um trimestre negativo sequer em 30 anos. Ou seja, não é obra do acaso que possam sobreviver a recessões. Independentemente de quão mal estejam as coisas, as pessoas ainda comerão cereal no café da manhã. Elas podem fazer menos viagens, adiar a compra de um novo veículo, comprar menos roupas e bugigangas caras, pedir menos lagostas nos restaurantes, mas comerão tanto cereal quanto antes. Talvez possam comer até um pouco mais de cereal, para compensar a falta de lagostas.

As pessoas também não compram menos comida para cachorro durante as recessões, razão pela qual a Ralston Purina é uma ação relativamente segura. De fato, enquanto escrevo este livro, meus colegas estão migrando para ações da Kellogg's e da Ralston Purina, uma vez que estão receosos de que uma nova recessão possa começar agora[4].

---

[4] Refere-se ao ano de 1989. [N. R.]

As ações de crescimento rápido

Essas ações estão entre meus investimentos favoritos: novos empreendimentos, pequenos e agressivos, que crescem de 20% a 25% por ano. Se você escolher sabiamente, essa categoria será o paraíso das *tenbaggers* e *fortybaggers*, até mesmo *twohundredbaggers*. Com um pequeno portfólio, uma ou duas dessas ações podem fazer a carreira de um indivíduo.

Uma empresa com rápido crescimento não necessariamente tem de pertencer a um setor em rápida expansão. De fato, preferiria que isso não ocorresse, como você verá no Capítulo 8. Tudo de que precisam é apenas espaço para que possam se expandir em um setor de crescimento lento. O setor de cervejas, por exemplo, é um setor de crescimento lento, mas a Anheuser-Busch tem sido uma empresa de crescimento rápido, por meio da conquista de participação de mercado e da sedução de consumidores de marcas rivais para que passem a consumir a sua própria marca. A atividade hoteleira cresce a uma taxa de apenas 2% ao ano, mas a Marriot foi capaz de crescer 20%, ao conquistar um segmento de mercado mais amplo durante a década de 1980.

Um fenômeno idêntico ocorreu com a Taco Bell no setor de *fast-food*, com o Walmart no setor varejista em geral e com a Gap no setor varejista de roupas. Esses empreendimentos iniciantes aprenderam a ser bem-sucedidos em um local e, então, a duplicar a sua fórmula vencedora diversas vezes, centro de compras após centro de compras, cidade após cidade. A expansão em novos mercados resultou em uma fenomenal aceleração dos ganhos, os quais elevam o preço das ações a níveis estonteantes.

Há muitos riscos com as ações de rápido crescimento, especialmente entre as empresas mais jovens, que tendem a ser excessivamente entusiasmadas e mal financiadas. Quando uma empresa mal financiada tem dores de cabeça, isso normalmente acaba no *Chapter 11*. Além disso, Wall Street não vê com bons olhos as empresas de rápido crescimento que perdem seu impulso inicial e se tornam empresas de crescimento lento. Quando isso ocorre, as suas ações são castigadas.

Anteriormente mencionei como as empresas elétricas do setor de utilidades, sobretudo as do sul e do sudeste dos Estados Unidos, deixaram de ser empresas de rápido crescimento para se tornarem empresas de crescimento lento. Nos anos 1960, o setor de plásticos era um setor com rápido crescimento. O plástico estava tão incorporado na mente das pessoas que, quando a palavra "plástico" foi sussurrada por Dustin Hoffman no filme *A primeira noite de um homem*, de 1967, ela instantaneamente se tornou um bordão famoso. A Dow Chemical entrou no setor de plásticos, desfrutou de um vigoroso impulso inicial e foi considerada durante muitos anos uma empresa de rápido crescimento. Então, seu crescimento diminuiu e a Dow tornou-se uma modesta empresa de produtos químicos, semelhante a um caminhante cansado, com reações cíclicas.

O ramo de alumínio era o grande setor em crescimento durante a década de 1960, ao lado do setor de carpetes, mas, quando amadureceram, as empresas pertencentes a esses setores passaram a obter um crescimento próximo ao do PIB, e o mercado de ações apresentou sinais de desprezo.

Desse modo, enquanto as pequenas empresas de rápido crescimento correm o risco de extinção, as maiores enfrentam a possibilidade de uma desvalorização acelerada quando começam a falhar. Uma vez que uma empresa de rápido crescimento se torna muito grande, ela passa a ver-se diante do mesmo dilema de Gulliver em Lilliput. Simplesmente não há suficiente espaço para se esticar.

Mas, enquanto forem capazes de manter o ritmo, as empresas de rápido crescimento serão os grandes vencedores do mercado de ações. Procuro aquelas que possuem bons balanços contábeis e estejam obtendo lucros substanciais. O truque é descobrir quando deixarão de crescer e quanto pagar pelo seu crescimento.

As ações cíclicas

Uma empresa cíclica é aquela cujas vendas e lucros aumentam e diminuem de maneira regular ou completamente previsível. Em um setor em crescimento, os negócios continuam em expansão, mas, em um setor cíclico, eles se expandem e se contraem repetidas vezes.

As empresas de automóveis, aéreas, de pneus, de aço e químicas são cíclicas. Mesmo as empresas defensivas se comportam como cíclicas, uma vez que seus lucros aumentam e diminuem em razão das políticas adotadas pelas diversas administrações.

A AMR Corporation, uma subsidiária da American Airlines, é uma empresa cíclica, do mesmo modo que a Ford Motors. Os gráficos de empresas cíclicas assemelham-se ao de detectores de mentiras ou ao mapa dos Alpes, diferentemente do mapa de Delaware obtido a partir das empresas de crescimento lento.

Ao saírem de um período de recessão em direção a uma economia vigorosa, as empresas cíclicas florescem, e os preços de suas ações tendem a subir muito mais rápido que os das empresas confiáveis. Isso é compreensível, uma vez que as pessoas compram carros novos e fazem um número maior de viagens aéreas em uma economia vigorosa, além de também haver maior demanda por aço, produtos químicos etc. Mas, em contrapartida, as empresas cíclicas sofrem de modo idêntico ao bolso dos seus acionistas. Você pode perder mais de 50% de seu investimento rapidamente se comprar ações de empresas cíclicas no momento errado do ciclo. Podem ser necessários dez anos até que você testemunhe um novo movimento contínuo de alta.

As ações de empresas cíclicas são as mais incompreendidas entre todos os tipos de ações. É aqui que o investidor desavisado é mais facilmente separado de seu dinheiro, e isso ocorre até com ações que ele considerava seguras. Como as grandes ações cíclicas pertencem a empresas grandes e bem conhecidas, elas normalmente são agrupadas com as confiáveis. Uma vez que a Ford é uma *blue chip*, alguém poderia presumir que ela se comportará da mesma forma que a Bristol-Myers, outra *blue chip*. Mas isso não poderia estar mais distante da realidade. As ações da Ford flutuam abruptamente, à medida que a empresa alternadamente perde bilhões de dólares em recessões e ganha bilhões de dólares em períodos de prosperidade. Se uma ação confiável como a da Bristol-Myers pode perder metade de seu valor em um momento ruim do mercado ou em uma recessão nacional, uma ação cíclica como a da Ford pode perder 80%. Isso foi exatamente o que ocorreu com a Ford no início dos anos 1980. Você deve estar ciente de que ter ações da Ford não é idêntico a ter ações da Bristol-Myers.

O momento é essencial nas ações cíclicas, e você deve ser capaz de detectar os primeiros sinais de que o negócio está perdendo ou ganhando ritmo. Se você trabalha em alguma profissão que não está ligada aos setores de aço, alumínio, empresas aéreas, automóveis etc., então você tem o seu diferencial – e nada é mais importante que isso nesse tipo de investimento.

Ações em recuperação

Os candidatos da categoria "em recuperação" foram castigados, estão em dificuldades e frequentemente mal conseguem chegar ao *Chapter 11*. Essas ações não são de crescimento lento; elas não crescem. Também não são ações cíclicas, que se recuperam; são potenciais fatalidades, como a Chrysler. De fato, a Chrysler uma vez foi uma ação cíclica que chegou a determinado ponto durante um ciclo de baixa do qual muitos pensaram que não retornaria. Uma ação de uma empresa cíclica mal gerida é sempre um candidato potencial para o tipo de dificuldades que afetaram a Chrysler e, em menor medida, a Ford.

A falência da Penn Central foi um dos eventos mais traumáticos que já ocorreram na história de Wall Street. O fato de que essa empresa *blue chip*, tradicional e sólida, pudesse entrar em colapso foi um acontecimento tão impressionante e inesperado quanto a ruína da ponte George Washington. Uma geração inteira de investidores teve sua fé abalada – e, ainda assim, havia uma oportunidade na crise. A Penn Central foi uma ação em recuperação maravilhosa.

As ações em recuperação compensam pelo terreno perdido muito rapidamente, como a Chrysler, a Ford, a Penn Central e a General Public Utilities, bem como várias outras empresas, o provaram. A melhor coisa em investir em ações em recuperação bem-sucedidas é que, de todas as categorias de ações, suas altas e baixas estão menos relacionadas ao mercado em geral.

Ganhei muito dinheiro para meus acionistas ao comprar ações da Chrysler. Comecei a comprá-las por US$ 6, no início de 1982, e as observei aumentar 5 vezes em menos de dois anos e 15 vezes em cinco anos. Em determinado momento, tive 5% de meu fundo investido na Chrysler. Embora outras ações em que investíamos tivessem subido mais, nenhuma teve o impacto da Chrysler, pois nenhuma jamais representou uma parcela tão elevada do fundo à medida que aumentava de preço. E eu não havia sequer comprado suas ações no ponto mais baixo!

Outros fãs mais ousados da Chrysler a compraram a US$ 1,50 e ganharam 32 vezes o valor investido. De qualquer forma, a Chrysler era uma ocorrência feliz. Assim como a Lockheed, cujas ações eram vendidas por US$ 1 em 1973, e mesmo após o resgate governamental você poderia tê-las comprado por US$ 4 em 1977 e as vendido por US$ 60 em 1986. A Lockheed foi uma oportunidade que perdi.

Em valores absolutos, obtive meus maiores lucros com a recuperação de empresas como a Chrysler e a Penn Central, grandes empresas das quais eu posso comprar uma quantidade suficiente de ações para realizar um impacto significativo em meu fundo.

Não é fácil compilar listas de ações em recuperação fracassadas, exceto de memória, uma vez que sua existência é eliminada dos livros da S&P, dos livros de gráficos e dos registros dos corretores de seguros e nunca mais se ouve falar dessas empresas. Poderia tentar reconstruir a longa lista de ações em recuperação fracassadas que desejaria não haver comprado, exceto pelo fato de que a mera ideia de fazê-lo já me dá dores de cabeça.

Apesar disso, o grande sucesso ocasional transforma as ações em recuperação em um negócio muito empolgante e, de modo geral, também extremamente recompensador.

Há vários tipos de ações em recuperação, e eu tive todos, em um momento ou outro. Há o tipo de ação "salve-nos ou afundaremos", como as da Chrysler ou da Lockheed, em que o negócio inteiro depende da garantia de empréstimo governamental. Há o tipo "quem teria pensado nisso" de ações em recuperação, tal como a Con Edison. Quem acreditaria que havia a possibilidade de perder tanto dinheiro em ações de uma concessionária de serviços públicos, ao passo que o preço das ações caía de US$ 10 para US$ 3, em 1974? E quem acreditaria que você poderia ter ganhado tais valores quando a ação recuperou seu preço de US$ 3 para US$ 52, em 1987?

Há o tipo "pequeno problema que não previmos" de ações em recuperação, como a usina atômica de Three Mile Island. Essa foi uma pequena tragédia, percebida de uma forma menos grave do que verdadeiramente era, e, em uma pequena tragédia, há sempre uma grande oportunidade. Ganhei muito dinheiro com a General Public Utilities, proprietária da Three Mile Island. Todos poderiam ter feito o mesmo. Você apenas tinha de ser paciente, acompanhar as notícias e lê-las de modo não passional.

Após a ruína original da unidade atômica, em 1979, a sua situação finalmente se estabilizou. Em 1985, a GPU anunciou que ligaria um reator irmão que havia permanecido desligado durante anos após a crise, mas permanecera intocado. Era um bom sinal para a ação que a empresa houvesse colocado a unidade irmã em funcionamento, e um sinal ainda maior quando outras empresas concessionárias de serviços públicos concordaram em partilhar os custos de limpeza da Three Mile Island. Você teve quase 7 anos para comprar a ação após tudo haver se acalmado e todas essas notícias terem sido divulgadas. A menor cotação de US$ 3,30 foi atingida em 1980, mas ainda teria visto um preço de US$ 15 por ação, no fim de 1985, e testemunharia a ação atingir US$ 38, em outubro de 1988.

Tento permanecer longe de tragédias cujo resultado é imensurável, tais como o desastre de Bophal com a fábrica da Union Carbide, na Índia. Esse havia sido um terrível vazamento de gás, que resultou em milhares de mortes, e permanecia em aberto a questão de quanto as famílias conseguiriam obter da Union Carbide como indenização. Investi em ações em recuperação da Jonhs-Manville, mas as vendi com uma pequena perda após perceber que também não havia como prever a extensão de sua responsabilidade civil.

Há o tipo "empresa perfeitamente boa dentro de outra empresa falimentar" de ações em recuperação, tal como a Toys"R"Us. Uma vez que a Toys"R"Us se separou de sua parente não tão bem-sucedida, a Interstate Department Stores, o resultado foi um crescimento de 57 vezes.

Há o tipo "reestruturando para maximizar os valores para os acionistas" de ações em recuperação, tais como a Penn Central. Wall Street parece favorecer esse tipo de reestruturação atualmente[5], e qualquer diretor ou CEO que o mencionar é calorosamente aplaudido pelos acionistas. A reestruturação é a forma pela qual uma empresa tem de se livrar de subsidiárias não lucrativas que nunca deveria ter adquirido. A aquisição anterior desse tipo de subsidiárias malfadadas, também calorosamente aplaudida, é chamada de diversificação. Eu a chamo de *"piorização"*[6].

Eu terei mais a dizer sobre a "piorização" posteriormente – e grande parte é desagradável. O único aspecto positivo é o de que algumas empresas, ao serem levadas a um cenário de "piorização", são futuras candidatas a ações em recuperação. A Goodyear é um exemplo. Ela abandonou o negócio de petróleo, vendeu algumas de suas subsidiárias mais letárgicas e redirecionou seu foco para aquilo que faz melhor: fabricar pneus. A Merck, após haver desperdiçado energia com a Calgon e algumas outras pequenas distrações, voltou a se concentrar na atividade de medicamentos vendidos sob prescrição médica, passando a possuir quatro medicamentos em fase de testes clínicos e dois que receberam a aprovação da FDA[7], e os seus lucros aumentaram.

Ação com ativos ocultos

A expressão "ação com ativos ocultos" refere-se a qualquer empresa proprietária de algum ativo valioso sobre o qual você tenha conhecimento, mas ignorado por Wall Street. Com tantos analistas e observadores corporativos investigando o mercado, parece impossível acreditar que possa haver muitos ativos que Wall Street não tenha notado – mas, acredite, eles existem. A ação com ativos ocultos é aquela em que o diferencial local pode ser utilizado com a melhor vantagem possível.

A ação com ativos ocultos pode ser tão simples como uma montanha de dinheiro. Algumas vezes, trata-se de imóveis. Já mencionei que a Pebble Beach é uma grande ação com ativos ocultos. Esta é a explicação: no final de 1976, a ação era vendida por US$ 14,25, o que, considerando-se um universo de 1,7 milhão de ações emitidas, significava que a empresa como um

---

[5] Refere-se ao ano de 1989. [N. R.]
[6] No original, o autor faz um trocadilho com o termo *diversification,* que ele chama de *diworseification.* [N. E.]
[7] Food and Drug Administration, agência dos Estados Unidos responsável pela vigilância sanitária. [N. T.]

todo estava avaliada em apenas US$ 25 milhões. Menos de três anos depois (em maio de 1979), a Twentieth Century-Fox adquiriu a Pebble Beach por US$ 72 milhões, ou US$ 42,50 por ação. O mais importante nesse caso foi que, no dia seguinte após comprar a empresa, a Twentieth Century-Fox vendeu a pedreira da Pebble Beach, um dos muitos ativos da empresa, por US$ 30 milhões. Em outras palavras, somente a pedreira valia mais do que os investidores pagaram por toda a empresa em 1976. Esses investidores ficaram com toda a terra adjacente, os 2.700 acres da floresta Del Monte e da península Monterey, as árvores de 300 anos, o hotel e dois campos de golfe por nada.

Enquanto a Pebble Beach não era uma ação diretamente comercializada, a Newhall Land and Farming estava listada na Bolsa de Valores de Nova York e era muito visível quando seu preço subiu mais de 20 vezes. A empresa tinha dois proprietários significativos: o Cowell Ranch, na região da baía de São Francisco, e o Newhall Ranch, muito maior e mais valioso, a 50 km ao norte do centro de Los Angeles. O Newhall Ranch possui um condomínio residencial planejado completo, com um parque de diversões e um grande complexo de escritórios, e está construindo um grande shopping center.

Centenas de milhares de californianos passam pelo Newhall Ranch todos os dias ao dirigirem seus veículos. Analistas de riscos de seguradoras, assistentes de hipotecas e corretores imobiliários envolvidos nas atividades do Newhall Ranch certamente sabiam a extensão de suas propriedades e tinham ciência do aumento geral do valor das propriedades na Califórnia. Quantos não tinham casas nas áreas do entorno do Newhall Ranch e viam a grande escalada de preços, muitos anos antes dos analistas de Wall Street? Quantos consideraram a possibilidade de pesquisar essa ação, que havia multiplicado os investimentos iniciais por 20, desde o início dos anos 1970, e por 4, desde 1980? Se eu morasse na Califórnia, certamente não teria perdido essa oportunidade. Pelo menos, eu espero que não.

Certa vez, visitei uma pequena empresa de criação de gado na Flórida chamada Alico, nos arredores de La Belle, uma pequena cidade no limite do parque nacional Everglades. Tudo o que vi ali foram pinheiros, matas de palmeira, algumas vacas pastando e, talvez, uns 20 empregados da Alico tentando, sem sucesso, parecer estar ocupados. Não era algo muito empolgante, até que você descobrisse que poderia comprar cada ação da Alico por menos de US$ 20 e que, 10 anos depois, apenas a terra valeria mais de US$ 200 por ação. Um velho inteligente, chamado Ben Hill Griffin Jr., continuou comprando suas ações e esperando até que Wall Street a notasse. A essa altura, ele deve ter ganhado uma fortuna.

Muitas das empresas ferroviárias negociadas publicamente, tais como a Burlington Northern, a Union Pacific e a Santa Fe Southern Pacific, possuem muitas terras, em decorrência do período do século XIX em que o governo distribuiu metade das terras do país como um presente para os grandes magnatas do setor ferroviário. Essas empresas possuem os direitos de exploração de petróleo e gás, minérios e madeiras.

Há ações de empresas com ativos ocultos no ramo de metais e petróleo, nos jornais e estações de TV, em medicamentos patenteados e, algumas vezes, mesmo nas perdas de uma empresa. Isso foi exatamente o que ocorreu com a Penn Central. Após ter se recuperado da falência, ela teve um grande crédito tributário para os anos fiscais seguintes, o que significaria que, quando voltasse a ganhar dinheiro, não teria de pagar impostos. Naquele período, o imposto corporativo era de 50%, o que significava que a Penn Central possuía uma vantagem inicial de 50%.

Verdadeiramente, a Penn Central deve ter sido a última grande ação com ativos ocultos. A empresa tinha tudo: créditos tributários, caixa, grandes extensões de terra da Flórida, mais algumas terras em outros locais, carvão em West Virgínia e direitos para construções acima dos limites de altura máximos permitidos em Manhattan. Qualquer indivíduo que tivesse qualquer tipo de relacionamento com a Penn Central poderia ter descoberto que essa era uma ação que valia a pena ser comprada. Seu preço aumentou 8 vezes.

Atualmente, tenho ações da Liberty Corp., uma empresa de seguros cujas propriedades em TV são mais valiosas do que o preço que paguei pela ação. Uma vez que você descobriu que as propriedades em TV valiam US$ 30 por ação e que a ação era cotada a US$ 30, você poderia ter sacado a sua calculadora de bolso e subtraído US$ 30 de US$ 30. O resultado seria o custo de seu investimento em um valioso negócio de seguros: zero.

Gostaria de haver comprado mais ações da Telecommunications, Inc., uma empresa de transmissão a cabo vendida por 12 centavos por ação, em 1977, e US$ 31, dez anos depois – um aumento de 250 vezes. Eu tinha uma posição muito pequena dessa ação, a maior empresa de TV a cabo dos Estados Unidos, porque não reconheci o valor de seus ativos. Os lucros eram baixos e as dívidas, preocupantes, de forma que, segundo as medidas tradicionais, o setor de transmissão a cabo era um negócio pouco atraente. Mas os ativos (na forma de assinantes do serviço) mais do que compensavam esses pontos negativos. Todas as pessoas que tinham um diferencial em relação ao negócio de TV a cabo poderiam tê-lo descoberto – assim como eu.

Infelizmente, eu nunca assumi mais do que uma insignificante posição no setor de transmissão a cabo, apesar dos apelos de Morris Smith, da Fidelity, o qual periodicamente batia em minha mesa na tentativa de me convencer a comprar uma parcela maior. Ele, sem dúvida, estava certo – pela importante razão que apresento a seguir.

Há 15 anos, cada assinante de serviço de TV a cabo valia aproximadamente US$ 200 para o comprador de uma franquia de TV a cabo; então, 10 anos mais tarde, ele valia US$ 400; há 5 anos, US$ 1.000; e agora chega a valer US$ 2.200[8]. As pessoas no setor acompanham esses números, de modo que não se trata exatamente de uma informação esotérica. Os milhares de assinantes da Telecommunications, Inc. compunham um grande ativo.

Acredito que perdi todas as oportunidades relacionadas à TV a cabo porque ela ainda não havia chegado à minha cidade até 1986 e à minha casa até 1987. Dessa forma, eu não tive nenhuma oportunidade de apreciar em primeira mão do valor do setor. Alguém poderia ter me falado sobre isso, do mesmo modo que alguém poderia tê-lo avisado em relação a um encontro às cegas, mas, até que você seja confrontado com a evidência, isso não tem nenhum impacto.

Se eu tivesse visto como a minha filha mais nova, Beth, adorava o canal da Disney, quanto Annie esperava ansiosamente para assistir ao canal Nickelodeon, quanto minha filha mais velha, Mary, aprecia a MTV, quanto Carolyn assiste aos velhos filmes de Bette Davis e quanto eu assisto ao canal de jornalismo da CNN e ao canal de esportes, teria compreendido que a TV a cabo é uma necessidade tão indispensável quanto a água ou a eletricidade – a utilidade em vídeo. É impossível dizer o bastante sobre o valor da experiência pessoal na análise de empresas e tendências.

As oportunidades de ativos estão em todos os lugares. Elas certamente exigem um conhecimento prático em relação à empresa que tem os ativos, mas, uma vez que isso é compreendido, tudo o que você precisa é paciência.

De alto para baixo desempenho

As empresas não permanecem para sempre na mesma categoria. Durante os anos em que acompanhei as ações, testemunhei centenas delas se inse-

---

[8] Valores referentes ao período entre 1974 e 1989. [N. R.]

rindo inicialmente em uma categoria determinada e, posteriormente, terminando em outra categoria. As ações de crescimento rápido podem levar uma vida empolgante e, então, acabar, assim como fazem os seres humanos. Elas não podem manter um crescimento de dois dígitos para sempre e, cedo ou tarde, exaurem-se e se acomodam em níveis de crescimento correspondentes a ações de crescimento lento e a ações confiáveis. Já vi isso ocorrer no setor de carpetes, plástico, calculadoras, discos rígidos, seguradoras de saúde e computadores. Da Dow Chemical à Tampa Electric, os predadores de uma década se tornam as marmotas da década seguinte. Stop & Shop passou de uma ação de crescimento lento a uma ação de rápido crescimento; uma reversão incomum.

A Advanced Micro Devices (AMD) e a Texas Instruments, uma vez ações campeãs de crescimento, agora são consideradas cíclicas. As ações cíclicas com sérios problemas financeiros vão à ruína e depois retornam como ações em recuperação. A Chrysler era uma empresa cíclica tradicional que quase foi à falência, tornando-se uma empresa em recuperação e, depois, uma empresa cíclica novamente. A LTV era uma empresa de aço cíclica; em 1989, tornou-se uma empresa em recuperação.

Empresas em crescimento que não conseguem tolerar a prosperidade tolamente buscam a "piorização" e deixam de ser bem-vistas, o que as transforma em empresas em recuperação. Uma empresa de rápido crescimento como a Hollywood Inn inevitavelmente diminui seu ritmo, e a ação sofre uma depressão em sua cotação até que algum investidor esperto perceba que ela possui uma quantidade tão significativa de patrimônio imobiliário que pode ser considerada uma grande ação divergente de ativos. Veja o que ocorreu com varejistas como a Federated e a Allied Stores – em virtude das lojas de departamentos que construíam em áreas nobres e dos centros de compras que tinham, todas as suas ações foram compradas por causa de seus ativos. McDonald's é uma ação de rápido crescimento, mas, como resultado dos milhares de lojas que possui, ela poderá ser a próxima grande ação com ativos ocultos do futuro no mercado imobiliário.

Empresas como a Penn Central podem ser classificadas em duas categorias de uma vez, e a Disney, ao longo de sua história, esteve em todas as grandes categorias: no início da década de 1980, ela possuía o ímpeto de uma ação de rápido crescimento, o que a levou ao tamanho e à força financeira de uma ação confiável, seguidos por um período em que todos os grandes ativos imobiliários, filmes antigos e desenhos animados eram significativos. Então, em meados dos anos 1980, quando a Disney estava em queda, você poderia tê-la comprado como uma ação em recuperação.

A International Nickel (a qual se tornou a Inco, em 1976) inicialmente era uma empresa em crescimento, passando para a categoria cíclica e, finalmente, tornou-se uma empresa em recuperação. Uma das empresas antigas do índice Dow Jones, ela foi um de meus primeiros sucessos como jovem analista na Fidelity. Em dezembro de 1970, redigi uma recomendação sobre a Inco em US$ 47,90. Os fundamentos pareciam sombrios para mim. Minha argumentação (consumo de níquel em queda, maior capacidade de produção entre os produtores e altos custos de produção da Inco) convenceu a Fidelity a vender a grande posição que tinha com aquela ação, e chegamos até mesmo a aceitar um preço um pouco mais baixo para encontrar um comprador para nosso grande bloco de ações.

A ação reagiu de forma diferente em relação às previsões em abril, quando ainda era vendida por US$ 44,50. Eu estava começando a me preocupar com o fato de a minha análise estar errada. Ao meu redor, havia gestores de portfólio que partilhavam da minha preocupação, colocando a questão em termos suaves. Finalmente, o mercado foi tocado pela realidade e a ação caiu para US$ 25, em 1971, US$ 14, em 1978 e US$ 8, em 1982. Dezessete anos após o jovem analista recomendar a venda da Inco, um gestor de fundos mais velho comprou uma grande posição desta para o Fidelity Magellan já como uma ação em recuperação.

Separando a "Digital" da "Walmart"

Se você não consegue descobrir em que categoria está a sua ação, então pergunte ao seu corretor. Se um corretor inicialmente recomendou as ações, você, sem dúvida, deve lhe perguntar, pois quem mais além de você mesmo para saber o que está procurando? Você está buscando uma ação de crescimento rápido, crescimento lento, proteção contra recessão, recuperação, retomada cíclica ou ativos?

Basear uma estratégia em máximas gerais, tais como "venda quando duplicar seu dinheiro", "venda após dois anos" ou "reduza suas perdas ao vender quando o preço cai 10%", é algo totalmente tolo. É simplesmente impossível encontrar uma fórmula genérica que se aplique razoavelmente a todos os diferentes tipos de ações.

Você tem de separar as Procter and Gamble das Bethlehem Steel, as Digital Equipment das Alico. A menos que se trate de uma ação em recuperação, não há sentido em ter ações de uma concessionária de serviços públicos e esperar que ela se saia tão bem quanto a Philip Morris. Não há lógica em tratar uma empresa jovem como a Walmart como confiável e vendê-la com um ganho de 50% quando há uma boa chance de que a sua empresa de rápido crescimento lhe proporcione um ganho de 1.000%. Por outro lado, se a Ralston Purina já tivesse dobrado e seus fundamentos parecessem pouco interessantes, você seria louco se a mantivesse em seu portfólio com a mesma esperança.

Se você comprar ações da Bristol-Myers por um bom preço, é razoável acreditar que poderia colocá-las de lado e se esquecer delas durante 20 anos, mas você não poderia fazer o mesmo com ações da Texas Air. Empresas problemáticas em setores cíclicos são aquelas das quais não se pode esquecer em períodos de recessão.

Distribuir as ações por categoria é o primeiro passo na análise da sua história. Pelo menos agora você sabe que tipo de história deve ser. O próximo passo é preencher as lacunas que o ajudarão a adivinhar como será o desenvolvimento dessa história.

8

A ação perfeita, que grande negócio!

Obter a história de uma empresa se torna uma tarefa muito mais fácil se você compreender aspectos básicos da atividade. Isso explica por que eu prefiro investir em meias-calças a satélites de comunicação ou em redes de motéis a fibras óticas. Quanto mais simples for o negócio, melhor. Quando alguém afirma que "qualquer idiota poderia tocar essa atividade", isso é algo positivo, segundo minha visão, uma vez que, cedo ou tarde, qualquer idiota provavelmente estará administrando o negócio.

Se há uma escolha entre ter ações de uma boa empresa com uma excelente gestão em um setor altamente competitivo e complexo e ter ações de uma empresa ruim com uma gestão medíocre em um setor simples, sem concorrência, eu preferiria a última opção. Isso se deve a uma única razão: ela é mais fácil de acompanhar. Durante uma vida inteira comendo donuts e comprando pneus, desenvolvi um *feeling* pela linha de produtos que nunca terei com feixes de laser ou microprocessadores.

O aspecto "qualquer idiota pode administrar esse negócio" é uma característica da empresa perfeita, o tipo de ação com a qual sonhei. Você nunca encontrará a empresa perfeita, mas, se pudesse imaginá-la, saberia como reconhecer atributos favoráveis, dos quais os 13 mais importantes estão listados a seguir.

(1) Isso soa enfadonho – ou melhor: ridículo

A ação perfeita deveria estar associada à empresa perfeita, a empresa perfeita teria de estar engajada em um negócio perfeitamente simples e esse negócio perfeitamente simples deveria ter um nome perfeitamente aborrecido. Quanto mais tedioso, melhor. A Automatic Data Processing é um bom começo.

Mas a Automatic Data Processing não é tão tediosa quanto a Bob Evans Farms. O que poderia ser mais entediante que as ações de uma empresa chamada Bob Evans Farms? É algo que lhe dá sono apenas ao pensar nisso, o que é uma razão pela qual se trata de uma boa possibilidade. Mas mesmo a Bob Evans Farms não ganhará o prêmio por melhor nome que você poderia dar a uma ação, tampouco a Shoney's ou a Crown, Cork and Seal. Nenhum deles tem alguma chance contra a Pep Boys – Manny, Moe and Jack.

"Pep Boys – Manny, Moe and Jack" é o nome mais promissor que eu já ouvi. É melhor que bobo: é ridículo. Quem gostaria de colocar seu dinheiro em um empresa que soa como Os Três Patetas? Que analista de Wall Street ou gestor de fundos em seu juízo recomendaria ações de uma empresa chamada Pep Boys – Manny, Moe and Jack? A menos, obviamente, que Wall Street já houvesse percebido quanto ela era lucrativa e, nesse momento, ela já teria decuplicado de valor.

Comentar em voz alta, em uma festa, que você tem ações da Pep Boys – Manny, Moe and Jack provavelmente não lhe trará muita audiência, mas sussurre "GeneSplice International", e todos o ouvirão. Enquanto isso, a GeneSplice International não está indo para lugar nenhum, exceto para baixo, e a Pep Boys – Manny, Moe and Jack apenas continua a subir[1].

Se descobrir uma oportunidade cedo o suficiente, você provavelmente conseguirá um desconto de alguns dólares no preço apenas em razão da estranheza ou da vulgaridade do nome, por isso sempre estou à procura de uma Pep Boys – Manny, Moe and Jack ou de uma eventual Consolidated Rock. Infelizmente, essa maravilhosa empresa mudou seu nome para Conrock e, posteriormente, para o mais moderno Calmat. Enquanto ela se chamava Consolidated Rock, ninguém prestava atenção.

(2) A empresa faz algo enfadonho

Eu fico ainda mais empolgado quando uma empresa com um nome tedioso também realiza algo tedioso. A Crown, Cork and Seal fabrica latas e tampas de garrafa. O que poderia ser mais enfadonho que isso? Você não verá uma entrevista com o CEO da Crown, Cork and Seal na revista *Time* ao lado de uma entrevista com Lee Iacocca, mas isso é algo positivo. Não

---

[1] Informações referentes ao ano de 1989. [N. R.]

há nada enfadonho em relação ao que ocorre com as ações da Crown, Cork and Seal.

Eu já mencionei a Seven Oaks International, empresa que processa os cupons que você entrega no caixa do supermercado. Essa é outra história que seguramente o fará fechar seus olhos – enquanto a ação sobe de US$ 4 para US$ 33. A Seven Oaks International e a Crown, Cork and Seal fazem a IBM parecer um show de paródias de Las Vegas. E o que dizer sobre a Agency Rent-A-Car? Esse é o glamouroso empreendimento que lhe fornece o carro que a empresa de seguros o deixa dirigir enquanto o seu é consertado. A Agency Rent-A-Car tornou-se uma empresa de capital aberto com uma cotação de US$ 4, e Wall Street mal a notou. Que magnata respeitável pensaria sobre o que as pessoas dirigem enquanto seus veículos estão no conserto? O prospecto da Agency Rent-A-Car poderia ser negociado como um anestésico, mas, da última vez que verifiquei, a ação estava a US$ 16.

Uma empresa que realiza coisas tediosas é praticamente tão boa quanto uma com um nome tedioso – e ambas as situações juntas é excepcional. E ambas certamente afastam a contradição até que finalmente as boas notícias as obriguem a comprar grandes quantidades de ações, lançando seu preço para um patamar ainda mais alto. Se uma empresa com excelentes rendimentos e um forte balanço financeiro também realiza atividades enfadonhas, isso lhe oferece muito tempo para comprar a ação com desconto. Então, quando elas se tornam famosas e sobrevalorizadas, você pode vendê-las aos seguidores de tendências.

(3) A empresa faz algo desagradável

Melhor que ser apenas enfadonha é uma ação de uma empresa que seja enfadonha e desagradável ao mesmo tempo. Algo que faça as pessoas desdenhar, sentir náuseas ou se distanciar como sinal de desagrado é ideal. Considere o caso da Safety-Kleen. Esse é um nome promissor – qualquer empresa que utilize um "k" no lugar de um "c" vale a pena ser investigada. O fato de que a Safety-Kleen certa vez esteve ligada à Chicago Rawhide também é favorável (ver o tópico seguinte, "A empresa é fruto de uma cisão", neste capítulo).

Safety-Kleen é uma empresa que visita os postos de gasolina e lhes oferece um equipamento para limpar peças de automóveis engraxadas. Isso economiza o tempo e a disposição dos mecânicos para lavar essas peças manualmente em um balde com gasolina, de forma que os postos de gasolina pagam alegremente por esse serviço. Periodicamente, o pessoal da Safety-Kleen visita os locais onde estão colocados os equipamentos para recolher o caldo de resíduos e levá-lo até a refinaria para ser reciclado. Isso ocorre reiteradamente – e você nunca verá uma minissérie sobre esse processo na TV.

A Safety-Kleen não se ateve apenas à limpeza de peças de automóveis engraxadas. Ela expandiu-se para a limpeza de gordura de restaurantes e de outros tipos de resíduos. Que analista gostaria de escrever sobre isso e que gestor de portfólio gostaria de ter a Safety-Kleen em sua lista de compras? Não há muitos, isso é precisamente o que há de atraente em relação à Safety-Kleen. Tal como a Automatic Data Processing, essa empresa teve uma sequência ininterrupta de rendimentos crescentes. Os lucros aumentaram em todos os trimestres, de modo idêntico ao preço da ação.

E o que dizer sobre a Envirodyne? Essa empresa me foi indicada há alguns anos por Thomas Sweeney, na ocasião um analista de produtos florestais da Fidelity e atualmente administrador do Fidelity Capital Appreciation Fund. A Envirodyne passou no teste da estranheza de nome: soa como algo refletido pela camada de ozônio, quando o que ela verdadeiramente realiza está relacionado a refeições. Uma de suas subsidiárias, a Clear Shield, fabrica garfos plásticos e canudos, o negócio perfeito que qualquer idiota poderia administrar, mas, na realidade, ela possui uma administração altamente qualificada, com grande participação pessoal na empresa.

A Envirodyne é a segunda maior produtora de talheres plásticos e a terceira maior na produção de canudos; além disso, o fato de ser a produtora com os custos mais baixos lhe proporciona uma grande vantagem nesse setor.

Em 1985, a Envirodyne iniciou as negociações para a aquisição da Viskase, líder na produção de embalagens fibrosas, particularmente invólucros de cachorros-quentes e salsichas. Eles adquiriram a Viskase da Union Carbide por um ótimo preço. Então, em 1986, compraram a Filmco, a maior produtora de filmes de PVC utilizados para embrulhar os restos de alimentos para acondicionamento. Garfos plásticos, invólucros de salsichas e embalagens plásticas: logo eles controlarão toda a linha de produtos associados a piqueniques.

Em grande parte, como resultado dessas aquisições, o lucro aumentou de 34 centavos por ação, em 1985, para US$ 2 por ação, em 1987 – e atingiu US$ 2,50, em 1988. A empresa utilizou seu substancial fluxo de caixa para reduzir as dívidas decorrentes dessas diversas aquisições. Eu a comprei por US$ 3 por ação, em setembro de 1985. Em seu ponto mais elevado, em 1988, eu a vendi por US$ 36,90.

(4) A empresa é fruto de uma cisão

As cisões de divisões ou de partes de uma empresa em entidades separadas e independentes, tais como a Safety-Kleen em relação à Chicago Rawhide ou a Toys"R"Us em relação à Interstate Department Strores, frequentemente resultam em investimentos tremendamente lucrativos. A Dart & Kraft, que surgiu há alguns anos, acabou se separando, de forma que a Kraft pudesse voltar a ser uma empresa totalmente dedicada aos alimentos. Dart (proprietária da Tupperware), que foi cindida como Premark International, desde então tem sido, individualmente, um grande investimento. O mesmo ocorreu com a Kraft, a qual foi adquirida pela Philip Morris em 1988.

Grandes empresas-mãe não querem cindir suas divisões para, mais tarde, vê-las em dificuldades, pois isso traria uma publicidade embaraçosa, que se refletiria em seus controladores. Dessa forma, as empresas derivadas de cisões normalmente têm bons balanços financeiros e estão bem preparadas para ser bem-sucedidas como entidades independentes. E, uma vez que essas empresas adquirem sua independência, a nova administração, livre para agir por sua própria conta, pode cortar custos e empreender medidas criativas que melhorem os rendimentos de curto e de longo prazo.

A seguir está uma lista de cisões que foram bem-sucedidas e outras que não se saíram tão bem:

Empresas com bom desempenho

Empresa--Mãe	Cisão	Cotação inicial (Aprox. US$)	Baixa (US$)	Alta (US$)	Cotação em 31 de outubro de 1988 (US$)
Teledyne	Argonaut[1]	18	15	52,10	43,25
	American Ecology	4	2,75	50,25	12,75
US Gypsum	AP Green	11	11	26	26,75
IU Intl.	Gotaas Larsen	6	2,60	36,25	47,75
Masco Corp.	Masco Ind.	2	1,50	18,75	11,30
Kraft	Premark Intl.	19	17,50	36,25	29,90
Tandy	Intertan	10	10	31,25	35,25
Singer	SSMC	13	11,50	31,30	23
Natomas	Amer. President	16	13,90	51	32,04
Interlake	Acme Steel	8	7,60	24,50	23,50
Transamerica	Imo Delaval	8	6,75	23	18,50

▶

Empresa--Mãe	Cisão	Cotação inicial (Aprox. US$)	Baixa (US$)	Alta (US$)	Cotação em 31 de outubro de 1988 (US$)
Transunion	Intl. Shiphold.	2	2,30	20	17
General Mills	Kenner Parker	16	13,90	51,50	—[2]
Borg Warner	York Intl.	14	13,50	59,75	51,60
Time Inc.	Temple-Inland	34	20,50	68,50	50,75

Empresas com fraco desempenho

Empresa--Mãe	Cisão	Cotação inicial (Aprox. US$)	Baixa (US$)	Alta (US$)	Cotação em 31 de outubro de 1988 (US$)
Penn Central	Sprague Tech.	15	7,10	20	12,10
John Blair	Advo Systems	6	4	12,75	3,90
Datapoint	Intelogic Trace[3]	8	2,50	18,10	3,75
Coca-Cola	Coca-Cola Enterprises	15,50	10,50	21,25	14,50

[1] Tanto a Argonaut quanto a American Ecology foram cisões da Teledyne, a qual é, justificadamente, uma das maiores ações de todos os tempos.
[2] Adquirida pela Tonka, em outubro de 1987, por US$ 49,50 a ação.
[3] Empresa que passou por problemas durante a cisão.

Os textos enviados aos acionistas para explicar a cisão são, geralmente, feitos às pressas, tediosos e incompletos, o que os torna ainda melhores que os balanços financeiros. As empresas cindidas frequentemente são incompreendidas e recebem pouca atenção de Wall Street. Os investidores recebem ações das empresas recentemente criadas como títulos públicos ou dividendos por ter ações da empresa-mãe, e as instituições tendem a considerá-las como insignificantes, aportes adicionais extraordinários ou dinheiro achado. Esses são sinais favoráveis para as ações de empresas cindidas.

Essa é uma área fértil para o investidor amador, especialmente durante os frenesis provocados pela onda de fusões e aquisições. As empresas-alvo de ofertas hostis de compra frequentemente vendem as ações de divisões recém-cindidas e negociadas independentemente para se defenderem desses ataques. Quando uma empresa é adquirida, suas partes, em geral, são vendidas para obtenção de dinheiro e, posteriormente, também se tornam entidades separadas para investir. Se você ouvir falar de uma empresa resultante de uma cisão ou se receber algumas frações de ações de alguma empresa recentemente criada, inicie imediatamente uma investigação para adquirir mais ações. Um mês ou dois após a cisão estar completa, você poderá verificar se há algum grande investidor entre seus diretores ou empregados adquirindo ações. Isso confirmará que eles também acreditam nas perspectivas da empresa.

A maior cisão de todos os tempos foi a criação das empresas da família "Bell"[2] após a cisão da ATT: Ameritech, Bell Atlantic, Bell South, Nynex, Pacific Telesis, Southwestern Bell e US West. Enquanto a empresa-mãe teve um desempenho desanimador, o retorno médio por ação das sete novas empresas foi de 114%, de novembro de 1983 até outubro de 1988. Acrescente a isso os dividendos, e o retorno total transforma-se em um valor mais próximo de 170%. Isso supera duas vezes o mercado, bem como a maioria de todos os fundos de investimento conhecidos, incluindo aquele administrado por mim.

Uma vez livres, as sete empresas regionais eram capazes de aumentar as receitas, cortar os custos e desfrutar de lucros maiores. Elas ficaram com todo o negócio de telefonia local e comercial, as páginas amarelas e 50 centavos de cada dólar gerado por ligações internacionais pela ATT. Era um grande nicho. Essas empresas já tinham passado por um período de grandes investimentos em equipamentos modernos, de modo que não tinham de diluir as ações dos acionistas com a emissão de mais ações. E, levando-se em consideração como é a natureza humana, as sete empresas Bell iniciaram uma competição saudável entre si e entre elas e a sua orgulhosa mãe, a "mamãe Bell" (ATT). Enquanto isso, "mamãe Bell" perdia seu domínio na sua altamente lucrativa atividade de aluguel de equipamentos e enfrentava novos competidores, tais como a Sprint e a MCI, além de sustentar pesadas perdas em suas operações com computadores.

Os investidores que tinham a antiga ação da ATT tiveram 18 meses para decidir o que fazer. Eles poderiam vender a ação da ATT e encerrar seus negócios com essa complexa confusão, manter as ações com as frações de ações recebidas das demais Bell ou vender as ações da empresa-mãe e ficar apenas com as afiliadas. Se eles tivessem feito sua lição de casa, teriam vendido as ações da ATT, mantido as ações das demais Bell e acrescentado o maior número de ações que pudessem comprar.

Uma grande quantidade de material foi enviada a 2,96 milhões de acionistas da ATT explicando os planos das "Bell" cindidas. As novas empresas explicaram exatamente o que pretendiam fazer. Um milhão de empregados

---

[2] Empresas de telefonia dos Estados Unidos. [N. T.]

da ATT e uma quantidade infinita de fornecedores poderiam ter visto o que se passava. Isso se distanciava do padrão de diferencial amador apenas para poucos afortunados. Em relação a essa questão, qualquer indivíduo que tivesse um telefone sabia que grandes mudanças estavam em curso. Eu participei dessa corrida, mas apenas de uma forma modesta – nunca havia sonhado que empresas conservadoras com essas pudessem se sair tão bem de modo tão rápido.

(5) As instituições financeiras não são as donas e os analistas não as acompanham

Se encontrar uma ação que tenha pouca ou nenhuma propriedade nas mãos de instituições, você encontrou uma possível vencedora. Encontre uma empresa jamais visitada por algum analista ou que nenhum analista admitiria ter visitado e você tem uma ação duplamente vencedora. Quando converso com uma empresa que me afirma que o último analista apareceu há três anos, dificilmente consigo conter meu entusiasmo. Isso frequentemente ocorre com bancos, caixas de depósitos e empresas de seguros, uma vez que há milhares dessas empresas e Wall Street só consegue monitorar entre 50 e 100 delas.

Fico igualmente entusiasmado com ações anteriormente populares abandonadas pelos profissionais do setor, da mesma forma que muitos abandonaram a Chrysler e a Exxon em seus pontos mais baixos, um pouco antes de ambas se recuperarem.

(6) Multiplicam-se os rumores: a empresa está envolvida com lixo tóxico e/ou com a máfia

É difícil imaginar um setor mais lucrativo que a gestão de dejetos. Se há algo que perturba as pessoas mais do que invólucros feitos de matéria animal, graxa e óleo usado, são os depósitos de dejetos e lixo tóxico. Essa é a razão pela qual fiquei muito entusiasmado no dia em que executivos do ramo de gestão de dejetos sólidos apareceram em meu escritório. Eles haviam vindo à cidade para uma convenção de gestão de dejetos sólidos completa, com estandes e slides – imagine quão atrativo isso deve ter sido. De qualquer forma, no lugar das camisas de colarinho azul que normalmente vejo no dia a dia, eles estavam usando camisas polo com a inscrição "dejetos sólidos". Quem vestiria camisas como aquelas, a menos que estivesse na equipe de boliche? Esse é o tipo de executivo que você sonha ser.

Como você já deve saber, se foi suficientemente afortunado para comprar algumas delas, as ações da Waste Management, Inc. subiram mais de 100 vezes.

A Waste Management é um prospecto melhor até mesmo que a Safety-Kleen, pois ela tem dois elementos impensáveis juntos: o negócio de lixo tóxico e, também, a máfia. Todo mundo que fantasia com a ideia de a máfia administrar todos os restaurantes italianos, as bancas de jornal, as tinturarias e os canteiros de obras provavelmente também pensa que a máfia controla todo o negócio de lixo. Essa fantástica afirmação era uma grande vantagem para os primeiros compradores de ações da Waste Management, as quais, como sempre, estavam subvalorizadas em relação à oportunidade concreta.

Talvez os rumores de que a máfia estivesse envolvida na gestão de dejetos tenham mantido distantes os investidores que se preocupavam com a gestão da máfia no setor de cassinos e hotéis. Lembram-se das temidas ações de cassinos que agora estão nas listas de compra de todos? Os investidores respeitáveis não deveriam tocá-las porque todos os cassinos supostamente pertenciam à máfia. Então, os lucros explodiram, e a máfia foi relegada ao segundo plano. Quando o Holiday Inn e o Hilton entraram no negócio de cassinos, subitamente não havia problemas em ter ações desse setor.

(7) Há algo desanimador em relação a isso

Nesta categoria, minha ação favorita de todos os tempos é a Service Corporation International (SCI), a qual também possui um nome tedioso. Eu obtive essa dica de George Vanderheiden, um antigo analista da Fidelity do setor de eletrônicos, que atualmente faz gestão do Fidelity Destiny Fund.

Agora, se há algo que Wall Street preferiria ignorar, além do lixo tóxico, é a morte. E a SCI realiza enterros.

Durante vários anos, esse empreendimento originário de Houston, Texas, esteve pelo país comprando as empresas locais de enterros de suas famílias de proprietários, da mesma forma que a Gannett fez com os jornais das pequenas cidades. A SCI se tornou um tipo de "McEnterro". Ela selecionou as agências funerárias ativas que realizavam mais de uma dúzia de enterros por semana, ignorando as agências menores, com apenas um ou dois enterros semanais.

Segundo a última contagem, a empresa possuía 461 agências funerárias, 121 cemitérios, 76 lojas de flores, 21 centros de produção de suprimentos para funerais e 3 centros de distribuição de caixões, de modo que estava verticalmente integrada. A empresa tornou-se famosa quando realizou o enterro de Howard Hughes[3].

Ela também se aventurou na política de plano de funeral, um serviço de enterros muito popular, que lhe permite pagar o funeral e o caixão agora, quando você ainda pode fazê-lo, de modo que a sua família não terá de pagar por isso depois. Mesmo que o custo tenha triplicado no momento em que tiver de ser enterrado, você terá os preços antigos garantidos. Isso é um excelente negócio para a família do falecido e um negócio ainda melhor para a empresa.

A SCI recebe imediatamente o valor desses planos funerais, e o dinheiro continua a render no período. Se a empresa conseguir vender um valor de US$ 50 milhões dessas apólices por ano, o montante obtido lhe renderá bilhões até o momento em que tiver de realizar os enterros. Ultimamente, a empresa foi além de suas próprias operações, para oferecer apólices que contemplavam o serviço de outras agências funerárias. Entre os anos de 1984 e 1989, as vendas de planos de funerais cresceram a uma taxa anual de 40%.

Às vezes, uma história positiva é finalizada com um lance espetacular, uma carta valiosa que surge repentinamente. No caso da SCI, isso ocorreu quando a empresa realizou uma transação muito lucrativa com outra empresa (a American General) que queria comprar a propriedade ocupada por uma das unidades da SCI de Houston. Em troca dos direitos dessa propriedade, a American General, que possuía 20% das ações da SCI, devolveu todas as suas ações. Não apenas a SCI conseguiu recuperar suas ações sem nenhum custo como também teve permissão para continuar a operar a funerária no local antigo por mais dois anos, até que ela pudesse abrir uma nova sede em um local diferente na cidade.

A melhor coisa a respeito dessa empresa é que ela foi evitada pelos investidores durante anos. Apesar de um histórico incrível, os executivos da SCI tiveram de sair em procissão para implorar às pessoas que ouvissem a sua história. Isso significa que os amadores com conhecimento poderiam ter comprado ações de um vencedor garantido com um histórico de crescimento de rentabilidade sólido por preços muito mais baixos do que teriam pagado por ações destacadas de empresa de um setor conhecido da economia. Aqui estava a oportunidade perfeita – tudo estava funcionando, você podia ver os fatos ocorrendo, os lucros continuavam a crescer e havia um crescimento rápido com quase nenhuma dívida –, e Wall Street olhava para o outro lado.

---

[3] Aviador, engenheiro, industrial, produtor e diretor cinematográfico e um dos homens mais ricos do mundo. Sua história foi contada no filme *O Aviador*, de 2004. [N. R.]

Apenas em 1986, a SCI desenvolveu um grande número de seguidores entre as instituições financeiras, os quais, então, detinham 50% das ações, e mais analistas passaram a acompanhar a empresa. De uma forma previsível, a ação já havia aumentado 20 vezes de valor antes que a SCI conseguisse chamar definitivamente a atenção de Wall Street, mas, desde então, ela tem desapontado o mercado significativamente. Além das dificuldades decorrentes do alto nível de participação de instituições financeiras e de um amplo acompanhamento por parte dos corretores de valores, a empresa foi negativamente afetada nos últimos anos pela entrada no setor de caixões por meio de duas aquisições que não contribuíram para os lucros. Adicionalmente, o preço para aquisição de novas funerárias e cemitérios aumentou expressivamente, e o crescimento do setor de assistência funerária esteve abaixo do esperado.

(8) É um setor de atividade sem crescimento

Muitas pessoas preferem investir em um setor de alto crescimento, no qual há grande agitação. Não é o meu caso. Prefiro investir em um setor com crescimento lento, como o setor de facas e garfos plásticos, mas apenas no caso de não poder encontrar um setor sem crescimento, como o de funerais. É aqui que são gerados os grandes vencedores.

Não há nada empolgante em relação a um setor da economia com grande crescimento, exceto assistir ao preço das ações cair. Os setores de carpete, nos anos 1950, de eletrônicos, nos anos 1960, e de computadores, nos anos 1980, foram todos setores empolgantes com alto crescimento, nos quais inúmeras empresas, pequenas e grandes, consistentemente falhavam em prosperar por muito tempo. Talvez seja por isso que, para cada produto de um setor em destaque, há milhares de alunos do Massachusetts Institute of Technology (MIT) tentando encontrar uma forma de fabricá-lo de um modo mais barato em Taiwan. Assim que um fabricante de computadores desenha o melhor processador de texto do mundo, dez outras empresas rivais estão gastando US$ 100 milhões para desenvolver outro melhor, o qual estará no mercado em 8 meses. Isso não acontece com tampas de garrafa, serviços de processamento para cupons de desconto, retirada de óleo lubrificante usado ou redes de motéis.

A SCI foi auxiliada pelo fato de que praticamente não há crescimento no setor de funerais. O crescimento desse ramo nos Estados Unidos arrasta-se em torno de 1% ao ano, um percentual muito lento para os caçadores de aventura que investiram no setor de computadores. Mas trata-se de uma atividade com a base de clientes com o melhor nível de confiabilidade que alguém poderá encontrar.

Em um setor sem crescimento, especialmente naquele que é enfadonho e perturba as pessoas, não há problema com a concorrência. Você não tem de proteger os seus flancos de potenciais rivais, porque mais ninguém estará interessado. Isso lhe proporciona margem para continuar a crescer, para ganhar mercado, tal como a SCI fez com os funerais. A SCI já possui 5% de todas as funerárias do país, e não há nada que a impeça de chegar a 10% ou a 15%. A turma de formandos da Wharton[4] não convidará a SCI para um desafio, e você não poderá dizer aos amigos do setor de bancos de investimento que decidiu especializar-se na coleta de óleo lubrificante usado em postos de gasolina.

(9) A empresa possui um nicho

Eu preferiria ter ações de uma pedreira local a ter ações da Twentieth Century-Fox, pois um estúdio compete com outro estúdio, enquanto a pedreira possui um nicho. A Twentieth Century-Fox entendeu isso quando adquiriu, ao mesmo tempo, a Pebble Beach e a pedreira que havia nela.

Certamente, ter uma pedreira é muito mais seguro do que ter um negócio de joias. Se já estiver no negócio de joias, você está competindo com outros joalheiros ao longo da cidade, do estado e mesmo do exterior, uma vez que viajantes podem adquiri-las em qualquer parte e trazê-las para casa. Mas, caso possua a única pedreira do Brooklyn, você tem um monopólio virtual, além de contar com a proteção adicional da impopularidade do setor de pedreiras.

Os indivíduos envolvidos nessa atividade a chamam de produtos sem valor agregado, mas mesmo o nome mais exagerado não altera o fato de que pedras, areia e pedregulho estão inerentemente muito próximos daquilo que você poderia considerar sem valor. Isso é o paradoxo: misturados, o produto final é vendido por aproximadamente US$ 3 a tonelada. Pelo preço de um copo de suco de laranja, você pode comprar meia tonelada de produtos sem valor agregado, os quais, se possui um caminhão, você pode levar para sua casa e colocá-los em seu jardim.

O que torna uma pedreira valiosa é o fato de que mais ninguém competirá com ela. O rival mais próximo, que possui mais de duas toneladas, não entre-

---

[4] Faculdade de Administração da Universidade da Pensilvânia; trata-se da mais antiga escola de Administração do mundo. [N. R.]

gará seus produtos em sua região porque os custos de transporte consumirão todos os seus lucros. Independentemente de quão boas sejam as pedras em Chicago, nenhum proprietário de pedreiras de Chicago jamais invadirá seu território no Brooklyn ou em Detroit. Em virtude do peso das pedras, o negócio de produtos sem valor agregado é uma licença exclusiva. Você não tem de pagar dezenas de advogados para protegê-lo.

Não há como exagerar o valor de licenças exclusivas para uma empresa ou para seus acionistas. A Inco é, atualmente, a maior produtora de níquel e continuará sendo pelos próximos 50 anos. Uma vez estive na borda da área de extração de mina de cobre de Bingham Pit, em Utah, e, olhando para o interior daquela impressionante caverna, ocorreu-me que ninguém no Japão ou na Coreia poderia inventar uma Bingham Pit.

Uma vez que se consegue uma licença exclusiva em qualquer área, você pode aumentar os preços. No caso das pedreiras, você poderia aumentar os preços para um ponto um pouco abaixo do nível necessário para que o dono da pedreira mais próxima comece a pensar em competir com você. Ele está calculando seus preços pelo mesmo método.

Adicionalmente, você obtém grandes créditos tributários com a depreciação de seu equipamento de movimentação de trituração de terras, além de uma cota de exaustão, do mesmo tipo que a Exxon e a Atlantic Richfield obtêm por suas reservas de óleo e gás. Não consigo imaginar ninguém falindo por causa de uma pedreira. Assim, se você não pode administrar sua própria pedreira, a segunda melhor coisa que pode fazer é comprar ações de empresas produtoras de produtos sem valor agregado, como a Vulcan Materials, a Calmat, a Boston Sand & Gravel, a Dravo e a Florida Rock. Quando grandes empresas como a Martin-Marietta, a General Dynamics ou a Ashland vendem várias partes de seus negócios, as pedreiras sempre são mantidas.

Eu sempre procuro nichos. A empresa perfeita teria de ter um. Warren Buffett iniciou sua carreira ao adquirir uma confecção em New Bedford, Massachusetts, algo que ele prontamente percebeu não ser um nicho de atividade. Ele teve um fraco desempenho com tecidos, mas ficou bilionário com seus investidores ao investir em nichos. Ele foi o primeiro a perceber o valor de jornais e estações de TV que dominavam grandes mercados, começando com o *Washington Post*. Pensando de modo semelhante, comprei a maior quantidade possível de ações da Affiliated Publications, a qual possui o jornal local *Boston Globe*. Uma vez que o *Globe* recebe mais de 90% das receitas de publicidade impressa em Boston, como poderia perder?

O *Globe* era um nicho, e a Times Mirror Company tinha vários, incluindo o *Los Angeles Times*, o *Newsday*, o *Hartford Courant* e o *Baltimore Sun*. Gannett possui 90 jornais, e a maior parte deles são os únicos de suas cidades. Os investidores que descobriram as vantagens de jornais exclusivos e de licenças de TV a cabo no início dos anos 1970 foram recompensados com diversas *tenbaggers*, à medida que a ações de empresas de TV a cabo e de mídia tornaram-se populares em Wall Street.

Qualquer repórter, executivo ou editor que trabalhou no *Washington Post* poderia ter visto os lucros e compreendido o valor do nicho. Uma empresa que publica jornais também é uma grande empresa por uma série de razões.

As empresas de medicamentos e de produtos químicos têm nichos – produtos que ninguém mais pode produzir. Foram necessários anos para que a SmithKline obtivesse a patente do Tagamet. Uma vez que a patente é aprovada, todas as empresas rivais, com seus bilhões de dólares de investimento em pesquisa, não podem invadir esse território. Elas têm de inventar uma droga diferente, provar que é diferente e, então, passar por três anos de ensaios clínicos antes de o governo permitir que esta seja comercializada. As empresas têm de provar que a droga não mata camundongos – e a maior parte delas parece poder matar camundongos.

Ou talvez os camundongos não sejam tão saudáveis como costumavam ser. Pense nisto: certa vez ganhei dinheiro com uma ação de uma empresa de camundongos – Charles River Breeding Labs. Esse é um negócio que afasta as pessoas.

As empresas de produtos químicos têm nichos no ramo de pesticidas e herbicidas. É tão difícil conseguir a aprovação de um veneno quanto a aprovação de uma cura. Uma vez que se possui a patente e a aprovação do governo para seguir em frente com a fabricação de um pesticida ou herbicida, você tem uma máquina de dinheiro. A Monsanto atualmente possui várias delas.

Marcas como Robitussin, Tylenol, Coca-Cola e Marlboro são praticamente tão boas quanto os nichos. Para desenvolver a confiança do público em xaropes para tosse ou refrescos, é necessária uma fortuna, e o processo pode demorar anos.

(10) As pessoas têm de continuar a comprar o produto

Eu prefiro investir em uma empresa que fabrica medicamentos, refrescos, barbeadores ou cigarros a investir em uma empresa que fabrica brinquedos. No setor de brinquedos, alguém pode produzir um boneco maravilhoso, que todas as crianças tenham de ter, mas elas ficam apenas com uma unidade desse brinquedo. Oito meses depois, o produto é retirado das prateleiras para dar espaço ao novo boneco maravilhoso que as crianças têm de ter – fabricado por outra empresa.

Por que se arriscar em compras de empresas instáveis quando há muitos negócios sólidos à nossa volta?

(11) A empresa é usuária de tecnologia

Em vez de investir em empresas de computadores que lutam para sobreviver em um guerra infinita de preços, por que não investir em uma empresa que se beneficia da guerra de preços – tal como a Automatic Data Processing? À medida que os computadores ficam mais baratos, a Automatic Data Processing pode realizar suas atividades de um modo mais barato e, dessa forma, aumentar seus próprios lucros. Ou, em vez de investir em uma empresa que fabrica *scanners* automáticos, por que não investir nos supermercados que instalam os *scanners*? Se um *scanner* ajuda uma empresa de supermercados a cortar apenas 3% de seus custos, somente isso poderia duplicar os seus lucros.

(12) Pessoas que fazem parte da empresa compram suas ações

Não há melhor dica em relação ao provável sucesso de uma ação do que os membros da própria empresa estarem colocando seu próprio dinheiro no negócio. Em geral, os empregados corporativos são vendedores líquidos: eles normalmente vendem 2,3 ações para cada ação que compram. Após a queda de 1.000 pontos do índice Dow Jones entre agosto e outubro de 1987, era reconfortante descobrir que havia quatro ações compradas para cada ação vendida pelos membros dos conselhos administrativos. Pelo menos, eles não haviam perdido a confiança.

Quando os membros da empresa estão comprando ações como loucos, você pode estar certo de que, pelo menos, a empresa não abrirá falência nos próximos seis meses. Quando os membros da empresa estão comprando ações, aposto que não há sequer três empresas na história que tenham falido no curto prazo.

No longo prazo, há outro importante benefício. Quando os administradores de uma empresa possuem suas ações, a remuneração dos acionistas se torna uma prioridade, ao passo que, quando os administradores simplesmente recebem seus vencimentos no final do mês, aumentar os salários se torna a prioridade. Uma vez que grandes empresas tendem a pagar salários maiores a seus executivos, há uma tendência natural entre os recebedores de salário para expandir os negócios a qualquer custo, a maioria das vezes em detrimento dos acionistas. Isso ocorre menos frequentemente quando os administradores têm grandes investimentos realizados nas ações da empresa.

Embora seja um bom gesto para o CEO ou para o presidente corporativo, com salários anuais acima de US$ 1 milhão, comprar alguns milhares de ações da empresa é mais significativo quando os empregados dos escalões mais baixos aumentam suas posições. Se você vir alguém com um salário anual de US$ 45 mil comprando US$ 10 mil em ações da empresa, esteja certo de que isso é um voto de confiança significativo. Essa é a razão pela qual eu preferiria encontrar sete vice-presidentes comprando 1.000 ações cada um a encontrar o presidente comprando 5.000.

Se o preço da ação cai após os membros da empresa as terem comprado, de forma que você terá uma chance de comprá-las mais baratas do que eles o fizeram, melhor para você.

É simples acompanhar as compras dos membros da empresa. Cada vez que um executivo ou um diretor compra ou vende ações, tem de declará-lo em um formulário e enviá-lo à SEC[5], informando-a sobre o fato. Vários serviços de informação, incluindo o *Vicker's Weekly*, o *Insider Report* e o *The Insiders*, acompanham esses relatórios. O *Barron's*, o *The Wall Street Journal* e o *Investor's Daily* também trazem essa informação. Muitos jornais locais relatam a compra de ações de membros de empresas em nível local – sei que o *Boston Business Journal* tem uma coluna desse tipo. Seu corretor também pode ser capaz de fornecer essa informação, ou você pode descobrir que a biblioteca de seu bairro assina os serviços de informação. Também há a tabulação da informação de compra e venda de membros de empresas na publicação *Value Line*.

(A venda de ações por parte de membros da empresa geralmente não significa nada, e é uma tolice reagir a isso. Se uma ação houvesse passado de US$ 3 para US$ 12 e nove executivos a estivessem vendendo, eu notaria, particularmente, se eles estivessem vendendo a maioria de suas ações. Mas, em situações normais, a venda de ações por membros da empresa não é um sinal automático de dificuldade desta. Há muitas razões pelas quais os executivos podem vendê-las. Eles podem estar precisando do dinheiro para pagar pela educação de seus filhos, para comprar uma casa ou quitar uma dívida. Eles podem ter decidido

---

[5] A Securities and Exchange Commission (SEC) é a comissão de valores mobiliários norte-americana, equivalente à CVM no Brasil. [N. T.]

diversificar seus investimentos com a compra de outras ações. Mas só há uma razão pela qual os membros de uma empresa as compram: eles pensam que o preço da ação está desvalorizado e que, posteriormente, deverá subir.)

(13) A empresa está recomprando ações

Recomprar ações é a forma melhor e mais simples de uma empresa recompensar seus investidores. Se uma empresa tem confiança em seu próprio futuro, então por que ela não deveria investir nela própria, do mesmo modo que seus acionistas? O anúncio de recompras massivas de ações, empresa após empresa, interrompeu a queda de muitas ações em 20 de outubro de 1987 e estabilizou o mercado no ápice de seu pânico. No longo prazo, essas compras não podem deixar de recompensar os investidores.

Quando uma ação é recomprada por uma empresa, ela é retirada de circulação, encolhendo, dessa forma, o número de ações existentes. Isso pode ter um efeito mágico sobre os lucros por ação, os quais, por sua vez, têm um efeito mágico sobre o preço da ação. Se uma empresa recompra metade de suas ações e os lucros totais permanecem os mesmos, os lucros por ação dobram. Poucas empresas poderiam obter esse tipo de resultado cortando custos ou vendendo mais produtos.

A Exxon tem recomprado suas ações porque isso é mais barato do que perfurar o solo em busca de petróleo. Podem ser necessários US$ 6 por barril para encontrar mais petróleo, mas, se cada ação representar US$ 3 por barril em ativos, então recuperar ações tem o mesmo efeito de descobrir US$ 3 em petróleo no chão da Bolsa de Valores de Nova York.

Essa prática sensata era praticamente desconhecida até o final da década de 1980. Nos anos 1960, a International Dairy Queen era uma das pioneiras em recompra de ações, mas havia poucos que a acompanhavam nesse sentido. Na excepcional Crown, Cork and Seal, foram compradas ações anualmente entre 1969 e 1989. A empresa nunca pagou dividendos e nunca realizou aquisições que não fossem lucrativas, mas, ao reduzir o número de ações, ela obteve o maior impacto em termos de lucros. Se isso continuar, algum dia haverá apenas alguns milhares de ações da Crown, Cork and Seal – cada uma valendo US$ 10 milhões.

Na Teledyne, Henry E. Singleton, presidente do conselho administrativo, periodicamente se oferece para comprar a ação por um preço muito mais alto do que sua cotação na bolsa de valores. Quando a Teledyne era vendida a US$ 5, ele deve ter pagado US$ 7 e, quando a ação era vendida a US$ 10, ele pagava

US$ 14, e assim por diante. O tempo todo ele proporcionava aos acionistas a chance de sair do negócio com um grande prêmio. Essa demonstração prática da Teledyne, em si própria, é muito mais convincente que os adjetivos no relatório anual de resultados.

As alternativas comuns à recompra de ações são: (1) aumentar os dividendos, (2) desenvolver novos produtos, (3) iniciar novas operações e (4) realizar aquisições. A Gillette tentou fazer as quatro coisas, com ênfase nas últimas três. A empresa possui um negócio extremamente lucrativo de barbeadores, o qual gradualmente reduziu em termos relativos, à medida que adquiria novas operações. Se a empresa tivesse recomprado regularmente suas ações e aumentado seus dividendos no lugar de desviar seu capital para cosméticos, artigos de toalete, canetas esferográficas, isqueiros, bobes de cabelo, liquidificadores, produtos para escritório, escovas de dente, artigos para cabelo, relógios digitais e várias outras distrações, a ação bem que poderia estar valendo US$ 100, no lugar dos atuais US$ 35. Nos últimos cinco anos, a Gillette voltou aos eixos, eliminando suas operações que geravam perdas e enfatizando seu negócio central de barbeadores, no qual domina o mercado.

O inverso da recompra de ações é a emissão de mais ações, também chamada de diluição de participação na empresa. A International Harvester, agora Navistar, vendeu milhões de ações adicionais para conseguir recursos para ajudá-la a sobreviver durante a crise financeira produzida pelo colapso da atividade de produção de equipamentos agrícolas. A Chrysler, lembre-se, fez exatamente o oposto – recomprou ações e opções de compra de ações e diminuiu o número de ações existentes à medida que o negócio melhorava. A Navistar, mais uma vez, é uma empresa lucrativa, mas, em decorrência da extraordinária diluição, os lucros têm um impacto mínimo e os acionistas ainda têm de se beneficiar com a recuperação de um modo significativo.

A melhor empresa de todas

Se eu pudesse sonhar com um único empreendimento glorioso que combinasse todos os piores elementos da Waste Management, da Pep Boys, da Safety-Kleen, de pedreiras e empresas de tampas de garrafas, esse empreendimento seria a Cajun Cleansers. A Cajun Cleansers atua na enfadonha atividade de remover manchas de mofo de móveis, livros raros e tapeçarias que são vítimas de umidade subtropical. Ela é uma recente cisão da Louisiana BayouFeedback.

Sua matriz localiza-se nos mangues de Louisiana, e, para chegar lá, você tem de trocar duas vezes de avião e alugar uma caminhonete para levá-lo do aeroporto ao local. Nenhum analista de Nova York ou de Boston jamais visitou a Cajun Cleansers, tampouco nenhuma instituição comprou uma ação sua sequer.

Mencione a Cajun Cleansers em uma festa e logo estará falando sozinho. O nome soa ridículo para qualquer pessoa que o ouvir.

Enquanto se expandia rapidamente por mangues e lagoas, a Cajun Cleansers teve vendas incríveis, as quais se aceleraram porque a empresa recebeu a patente sobre um gel que remove todos os tipos de manchas de roupas, móveis, carpetes, azulejos e até mesmo proteções de alumínio. A patente proporciona à Cajun o nicho que ela buscava.

A empresa também está planejando oferecer um seguro contra manchas para toda a vida para milhões de americanos, os quais podem pagar antecipadamente pela remoção garantida de manchas que futuros derramamentos de substâncias possam causar. Um bem-vindo ganho fora dos balanços que logo estará ingressando na empresa[6].

Nenhuma revista popular, exceto aquelas que pensam que Elvis ainda está vivo, mencionou a Cajun e sua nova patente. A ação abriu a US$ 8 em uma oferta pública de ações e logo subiu para US$ 10. Naquele preço, os diretores corporativos mais importantes compraram o maior número de ações que podiam.

Eu soube da Cajun Cleansers por meio de um parente distante que jura que ela é a única capaz de remover mofo de jaquetas de couro há muito deixadas em armários escuros. Realizei algumas pesquisas e descobri que a Cajun havia tido um crescimento de 20% em seus lucros nos últimos quatro anos, que nunca tivera um trimestre negativo e que se saiu muito bem durante a última recessão. Visitei a empresa e descobri que qualquer crustáceo treinado poderia administrar a sua produção de gel.

No dia seguinte após haver decidido comprar ações da Cajun Cleansers, o renomado economista Henry Kaufman previu que as taxas de juros subiriam e o chefe do Federal Reserve escorregou em uma pista de boliche e machucou seu pescoço, notícias que, combinadas, fizeram o mercado cair 15% e a Cajun com ele. Eu a comprei por US$ 7,50, o que é US$ 2,50 a menos do que seus diretores pagaram por elas.

Esta é a situação da Cajun Cleansers[7]. Não me acorde. Eu estou sonhando.

---

[6] Especulação realizada à época da primeira edição do livro, em 1989. [N. R.]
[7] Refere-se ao ano de 1989. [N. R.]

9

Ações que eu evitaria

Se eu pudesse evitar uma única ação, essa seria aquela mais destacada, do setor mais destacado; aquela que obtém a publicidade mais favorável, sobre a qual todo investidor ouve falar quando apanha uma carona ou o transporte público – e que, sucumbindo à pressão popular, acaba comprando.

As ações destacadas podem subir de preço rapidamente, em geral para níveis distantes de quaisquer padrões de valor, mas, uma vez que não há nada além de esperança e ar rarefeito para sustentá-las, elas caem de modo igualmente rápido. Se você não for esperto ao vender as ações destacadas (e o fato de que você as comprou já é uma pista de que não o seria), você logo verá seus lucros transformados em perdas, porque, quando o preço cai, é provável que isso não ocorra lentamente, bem como é pouco provável que essas ações interromperão sua queda no mesmo nível em que as comprou.

A Home Shopping Network, uma ação destacada no setor de televendas, em 16 meses, passou de US$ 3 para US$ 47 e novamente para US$ 3,50. Isso foi excepcional para as pessoas que lhe disseram adeus a US$ 47, mas o que dizer daqueles que lhe deram as boas-vindas a US$ 47, quando a ação estava em seu ponto mais alto? Onde estavam os ganhos, os lucros e as perspectivas para o futuro? Esse investimento tinha todo o suporte de segurança de um giro do jogo de roleta.

O balanço financeiro estava se deteriorando rapidamente (a empresa assumira dívidas para comprar estações de TV), havia problemas com os telefones e começaram a surgir concorrentes. Quantos colares de zircônio[1] as pessoas conseguem usar?

Já mencionei os vários setores destacados em que o excesso de atenção levou ao fracasso. Telefonia celular, relógios digitais e seguradoras de saúde foram setores destacados nos quais as grandes expectativas embaçaram a aritmética. Exatamente quando os analistas preveem crescimentos de dois dígitos para sempre, o setor começa a declinar.

Se você tiver de viver com os lucros obtidos com investimentos nas ações mais destacadas nos correspondentes setores destacados da economia, você logo estará sob os cuidados do serviço social.

Não poderia haver um setor mais destacado que o de carpetes. À medida que eu crescia, toda dona de casa nos Estados Unidos desejava ter a sua casa inteiramente carpetada. Alguém inventou um novo processo de tecelagem que reduzia drasticamente a quantidade de fibras necessárias para sua confecção, ao mesmo tempo que outro indivíduo inventou um processo para automatizar os teares, de forma que os preços caíram de US$ 28 para US$ 4 por metro quadrado. Os novos carpetes acessíveis foram instalados em escolas, escritórios, aeroportos e em milhões de casas espalhadas pelos subúrbios do país.

Antigamente, os pisos de madeira eram mais baratos que os carpetes, mas, então, os carpetes tornaram-se mais baratos, de modo que as classes sociais mais elevadas passaram de carpetes a pisos de madeira e as classes mais baixas, de pisos de madeira a carpetes. As vendas de carpetes aumentaram drasticamente; os cinco ou seis grandes produtores estavam ganhando mais dinheiro do que sabiam gastar e cujos aportes cresciam a uma velocidade assustadora. Isso ocorreu quando os analistas começaram a dizer aos corretores que o *boom* dos carpetes duraria para sempre, quando os corretores transmitiram essa informação aos investidores e quando os investidores começaram a comprar ações de empresas de carpetes. Ao mesmo tempo, os cinco ou seis maiores produtores juntavam-se a duas centenas de concorrentes, e todos eles disputavam os consumidores por meio da redução de preços: ninguém mais ganhou um centavo no setor de carpetes.

O alto crescimento e os setores destacados atraem uma multidão muito esperta que deseja participar do negócio. Empreendedores e capitalistas de risco permanecem noites acordados imaginando como juntar-se ao negócio

---

[1] Gema fabricada em laboratório usada como uma imitação do diamante. O autor faz alusão à pedra para compará-la ao cenário financeiro da Home Shopping Network. [N. R.]

da forma mais rápida possível. Se você possui uma ideia à prova de falhas, mas não possui nenhuma maneira de defendê-la com uma patente ou um nicho, no momento em que for bem-sucedido, você estará tentando evitar os imitadores. Nos negócios, imitação é a forma mais sincera de agressão.

Lembra-se do que ocorreu com o setor de discos rígidos? Os especialistas afirmaram que esse empolgante setor cresceria 52% ao ano – e eles estavam certos, isso ocorreu. Mas, com 30 ou 35 empresas juntando-se à ação, não havia lucros.

Lembra-se do que ocorreu com as prestadoras de serviços para empresas de petróleo? Tudo o que alguém tinha de dizer era "petróleo" e as pessoas compravam suas ações, ainda que o mais próximo que eles chegassem em relação ao petróleo fosse uma inspeção do sistema de injeção dos motores de seus veículos.

Em 1981, participei de um jantar em uma conferência sobre energia em Colorado, na qual Tom Brown era o palestrante convidado. Tom Brown foi o principal proprietário e CEO da Tom Brown, Inc., uma conhecida empresa de prestação de serviços para o setor de petróleo cujas ações eram, na ocasião, vendidas por US$ 50 cada. O sr. Brown mencionou que um conhecido havia se gabado de realizar operações "vendidas" com ações, e então Brown fez a seguinte afirmação: "Você deve odiar ganhar dinheiro para 'operar vendido' com as minhas ações. Você perderá seu carro, sua casa e terá de ir nu à festa de Natal". O sr. Brown arrancou gargalhadas ao nos dizer isso, mas, nos quatro anos que se seguiram, o preço da ação caiu de US$ 50 para US$ 1. O conhecido de Brown que operou vendido com suas ações deve estar encantado com a fortuna que ganhou. Se alguém teria de ir nu à festa de Natal, eram os investidores que tinham comprado as ações. Eles poderiam ter evitado essa sorte ignorando as ações mais destacadas desse setor mais eminente ou, pelo menos, fazendo alguma lição de casa. Não havia nada acerca de Tom Brown, Inc., exceto uma porção de algumas perfuradoras inúteis, alguns acres duvidosos de terra para extração de gás e petróleo e um mau balanço financeiro.

Nunca houve uma ação mais destacada do que a Xerox nos anos 1960. O setor de cópias era maravilhoso, e a Xerox tinha o controle de todo o processo. "Xerocar" tornou-se um verbo, o qual deveria ter sido um desenvolvimento positivo. Muitos analistas pensaram dessa forma. Eles presumiram que a Xerox se manteria crescendo infinitamente, quando a ação era vendida a US$ 170, em 1972. Mas, quando os japoneses entraram no setor, a IBM também o fez e, em seguida, elas foram acompanhadas pela Eastman Kodak.

Logo, havia 20 empresas que realizavam boas cópias secas, diferentemente das originais úmidas. A Xerox se assustou, adquiriu alguns negócios que não sabia como gerir e o preço de suas ações perdeu 84% de seu valor. Diversos concorrentes não se saíram muito melhor.

O negócio de cópias foi um setor respeitável por duas décadas e nunca houve uma diminuição na demanda, ainda assim as fabricantes de copiadoras não conseguem viver decentemente.

Compare o triste desempenho das ações da Xerox com o das ações da Philip Morris, uma empresa que comercializa cigarros – um setor com crescimento negativo nos Estados Unidos. A ação da Xerox passou de US$ 160 para US$ 60, enquanto as da Philip Morris passaram de US$ 14 para US$ 90. Ano após ano, a Philip Morris aumenta seus lucros e corta seus custos. Em razão de suas marcas – Marlboro, Virginia Slims, Benson & Hedges, Merit etc. –, a Philip Morris encontrou um nicho. Setores com crescimento negativo não atraem bandos de competidores.

Cuidado com "a próxima alguma coisa"

Outra ação que eu evitaria é a de uma empresa tachada como a próxima IBM, o próximo McDonald's, a próxima Intel ou a próxima Disney. Na minha experiência, a "próxima alguma coisa" quase nunca é dessa forma – na Broadway, na lista dos campeões de vendas, na National Basketball Association e em Wall Street. Quantas vezes você ouviu que algum jogador é supostamente o próximo Willie Mays ou que algum romance é o próximo Moby Dick apenas para descobrir que o primeiro foi cortado da equipe e o segundo é vendido com descontos sem alarde? Em ações, há um caminho similar.

De fato, quando as pessoas exaltam uma ação como "a próxima alguma coisa", isso normalmente não apenas marca o fim da prosperidade para o imitador como também para o original com o qual ele é comparado. Quando outras empresas de computadores eram chamadas de "a próxima IBM", você poderia adivinhar que a IBM passaria por momentos difíceis, e isso realmente aconteceu. Atualmente[2], a maioria das empresas de computadores tenta não se tornar a próxima IBM, o que pode significar melhores momentos para a atormentada empresa.

Após a Circuit City Stores (antiga Wards) tornar-se uma varejista de eletrônicos bem-sucedida, houve uma sucessão de "as próximas", incluindo a First

---

[2] Refere-se ao ano de 1989. [N. R.]

Family, a Good Guys, a Highland Superstores, a Crazy Eddie e a Fretters. A Circuit City quadruplicou desde 1984, quando foi listada na Bolsa de Valores de Nova York, evitando, de alguma forma, a trilha da IBM, enquanto todas "as próximas" perderam entre 59% e 96% de seu valor original.

A próxima Toys"R"Us era a Child World, a qual tropeçou; e a próxima Price Club foi a Warehouse Club, a qual não se saiu melhor.

Evite ações de empresas que "piorizaram"[3]

Em vez de recomprar ações ou aumentar dividendos, as empresas lucrativas normalmente preferem desperdiçar dinheiro em aquisições tolas. O "piorador" busca compras que estão (1) sobrevalorizadas e (2) completamente além de sua compreensão. Isso assegura que as perdas não serão maximizadas.

A cada duas décadas, as corporações parecem alternar-se entre a ampla "piorização" (quando bilhões são gastos em empolgantes aquisições) e a ampla reestruturação (quando aquelas aquisições não tão empolgantes são vendidas por um valor abaixo do preço de compra original). O mesmo ocorre com as pessoas e seus "salva-vidas".

Esses episódios frequentes de aquisição e arrependimento, novamente seguidos por um ciclo de desmembramento, aquisição e arrependimento, poderiam ser aplaudidos como uma forma de transferir pagamentos dos acionistas de corporações grandes e ricas para os acionistas da empresa menor que é adquirida, uma vez que as grandes corporações frequentemente pagam sobre preço. Eu nunca compreendi a razão disso tudo, exceto, talvez, que a gestão corporativa considere mais excitante adquirir empresas menores, ainda que caras, a recomprar ações ou enviar cheques de dividendos pelo correio.

Talvez os psicólogos possam explicar isso. Algumas corporações, assim como alguns indivíduos, apenas não conseguem suportar a prosperidade.

Do ponto de vista de um investidor, as duas únicas boas coisas sobre a "piorização" são ter ações da empresa que é adquirida ou encontrar oportunidades em recuperação entre as vítimas da "piorização" que decidiram se reestruturar.

Há tantos exemplos de "piorização" que eu dificilmente saberia por onde começar. A Mobil Oil uma vez "piorizou" ao adquirir a Marcor Inc. Um dos negócios da Marcor era algo pouco familiar, que assombrou a Mobil durante anos. A outra atividade principal da Marcor era a Container Corporation, a

---

[3] Como mencionado anteriormente, o autor usa um trocadilho para referir-se às empresas que "pioraram" adotando a "diversificação". [N. E.]

qual a Mobil posteriormente vendeu por um preço muito baixo. A Mobil ainda desperdiçou muitos bilhões ao pagar excessivamente pela Superior Oil.

Desde o pico de 1980 nos preços do petróleo, as ações da Mobil aumentaram apenas 10%, enquanto as da Exxon dobraram de valor. Além de um par de aquisições infelizes e relativamente pequenas, tais como a Reliance Electric, e de uma malfadada subsidiária que atuava em capital de risco, a Exxon resistiu à "piorização" e ateve-se ao seu próprio negócio. Seu excesso de capital foi utilizado para recomprar suas ações. Os acionistas da Exxon saíram-se muito melhor que os da Mobil, embora a nova administração esteja recuperando a empresa. A Mobil vendeu Montegomery Ward em 1988.

Veja as tolices da Gillette que já descrevi. Essa empresa não apenas comprou o baú de medicamentos, ela realizou uma "piorização" nas áreas de relógios digitais e depois anunciou o lançamento desse fiasco como uma perda. Essa foi a primeira vez em minha memória que uma grande empresa explicou como saiu de um mau negócio antes que alguém houvesse percebido que ela havia inicialmente entrado naquela atividade. A Gillette também realizou grandes reformas e corrigiu o preço de suas ações.

A General Mills possuía restaurantes chineses, italianos, churrascarias, brinquedos Parker Boys, camisetas Izod, moedas, selos, empresas de viagem, lojas de varejo Eddie Bauer e produtos Footjoy, muitos desses adquiridos após os anos 1960.

Os anos 1960 foram a grande década para a "piorização" desde a diversificação do Império Romano por toda a Europa e pelo norte da África. É difícil encontrar uma empresa respeitável que não tenha "piorizado" nos anos 1960, quando os melhores e mais capazes acreditavam que poderiam gerir um negócio tão bem como o seguinte.

A Allied Chemical comprou tudo, exceto a pia da cozinha e, provavelmente, em algum momento, ela de fato adquiriu uma empresa que fabricou pias de cozinha. A Times Mirror realizou uma "piorização", assim como a Merck, mas ambas tornaram-se mais sábias e retornaram ao negócio de publicações e de medicamentos, respectivamente.

A U. S. Industries realizou 300 aquisições em um único ano. Ela deveria ter mudado seu nome para "Uma por Dia". A Beatrice Foods se expandiu do setor de comestíveis para o setor de não comestíveis, e, depois disso, tudo era possível.

Essa grande era das aquisições acabou com o colapso do mercado de 1973-1974, quando Wall Street finalmente percebeu que os melhores e mais capazes não eram tão espertos quanto se imaginava, e mesmo os mais charmosos dentre todos os diretores corporativos não podiam transformar todos os sapos que tinham comprado em príncipes.

Isso não significa afirmar que toda aquisição é sempre uma tolice. Trata-se de uma estratégia muito boa quando o negócio de base é fantástico. Nunca teríamos ouvido falar em Warren Buffett ou em sua Berkshire Hathaway se a Buffett tivesse se atido aos têxteis. O mesmo pode ser dito em relação à Tisches, que começou como uma cadeia de cinemas (Loew's) e utilizou os lucros para comprar uma empresa de tabaco (Lorillard), o que, por sua vez, os auxiliou a adquirir uma empresa de seguros (CNA), que os levou a assumir uma grande posição na CBS. O truque é que você tem de saber como fazer as aquisições certas e administrá-las de forma bem-sucedida.

Considere a história de Melville e Genesco, dois fabricantes de sapatos – um que diversificou seus negócios de forma bem-sucedida e outro que "piorizou". Há 30 anos, a Melville fabricava calçados para homens quase exclusivamente para sua rede de lojas, a Thom McAn. As vendas cresciam à medida que a empresa começou a alugar os departamentos de calçados de outras lojas, mais expressivamente as da rede K-Mart. Quando a K-Mart começou sua grande expansão, em 1962, os lucros da Melville explodiram. Após anos de experiência em lojas de desconto, a empresa iniciou uma série de aquisições, sempre estabelecendo o sucesso de uma aquisição antes de passar à próxima: eles compraram a CVS, uma operação de drogarias de desconto, em 1969; a Marshall's, uma rede de vestuário de desconto, em 1976; e a Kay-Bee Toys, em 1981. Durante o mesmo período, a Melville reduziu o número de suas unidades de fabricação de 22, em 1965, para apenas uma, em 1982. Lentamente, mas de forma eficiente, uma empresa de calçados havia se transformado em uma varejista diversificada.

Ao contrário da Melville, a Genesco partiu em um frenesi. Desde 1956, ela adquiriu a Bonwit Teller, a Henri Bendel, a Tiffany e a Kress (loja de variedades), então partiu para o negócio de consultoria de segurança, joias masculinas e femininas, materiais de bordado, têxteis, jeans e diversas outras formas de atacado e varejo – enquanto ainda fabricava sapatos. No período de 17 anos entre 1956 e 1973, a Genesco realizou 150 aquisições. Essas compras aumentaram imensamente as vendas da empresa, de forma que a Genesco tornou-se maior no papel, mas seus fundamentos estavam se deteriorando.

A diferença entre as estratégias da Melville e da Genesco finalmente apareceram nos lucros e no desempenho das ações das duas empresas. Ambas as ações sofreram durante o mercado de baixa de 1973-1974. Mas os lucros da

Melville cresciam continuamente, e sua ação se recuperou: ela havia se tornado uma ação *thirtybagger* até 1987. Em relação à Genesco, sua posição financeira continuava a deteriorar-se após 1974, e a ação nunca mais se recuperou.

Por que a Melville se saiu bem enquanto a Genesco falhou? A resposta relaciona-se a um conceito chamado de sinergia. Sinergia é um nome complicado para a teoria de "dois mais dois é igual a cinco" de reunir negócios relacionados e fazer a coisa toda funcionar.

A teoria da sinergia sugere, por exemplo, que, uma vez que a Marriot já opera hotéis e restaurantes, faça sentido para a empresa também adquirir a cadeia de restaurante Big Boy, além da subsidiária que presta o serviço de refeições para prisões e faculdades. (Os estudantes universitários lhe dirão que há muita sinergia entre a comida do presídio e a comida da faculdade.) Mas o que a Marriot poderia saber em relação a peças de veículos ou *videogames*?

Na prática, algumas vezes as aquisições produzem sinergia e outras vezes não produzem. A Gillette, fabricante líder de lâminas de barbear, obteve alguma sinergia quando adquiriu a linha de cremes de barbear Foamy. Contudo, isso não se estendeu a xampus, loções e todos os itens de toalete que a Gillette colocou sob seu controle. A Berkshire Hathaway, empresa de Buffett, comprou tudo, desde lojas de doces e móveis até jornais, com resultados espetaculares.

Se a empresa tiver de adquirir alguma coisa, eu preferiria que fosse um negócio relacionado, mas as aquisições, em geral, me deixam nervoso. Entre as empresas que possuem muito dinheiro e se sentem poderosas, há uma forte tendência de pagar mais caro pelas aquisições, de ter muitas expectativas em relação a esses negócios e, então, administrá-los de modo equivocado. Eu preferiria ver uma vigorosa recompra de ações, que é a forma mais pura de sinergia.

Cuidado com a ação "sussurrada"

Recebo chamadas todo o tempo de pessoas que me recomendam empresas sólidas para o Fundo Magellan e, então, normalmente após haverem baixado o volume de suas vozes, como se desejassem confidenciar algo pessoal, acrescentam: "Há uma grande ação sobre a qual gostaria de lhe contar. É uma empresa muito pequena para seu fundo, mas você deveria analisá-la para sua conta pessoal. É uma ideia fascinante, e ela será uma grande vencedora".

Essas são as ações de alto risco, também conhecidas como ações sussurradas, e as melhores histórias. Elas provavelmente chegam à sua vizinhança quase ao mesmo tempo que chegam à minha: empresa que vende derivados de suco de papaia como cura para dores provocadas por hérnia de disco (Smith

Labs); remédios da selva em geral; produtos de alta tecnologia; antibióticos monoclonais extraídos de vacas (Bioresponse); vários aditivos milagrosos e descobertas energéticas que violam as leis da física. Frequentemente as empresas sussurradas estão prestes a resolver o último problema nacional: a escassez de petróleo, o vício das drogas, a aids. A solução ou é (a) muito criativa ou (b) assustadoramente complicada.

A minha favorita é a KMS Industries, a qual, de acordo com os relatórios anuais de 1980-1982, estava envolvida com "células fotovoltaicas de sílica"; em 1984, enfatizava o "multiplexador de vídeo" e as "conexões ópticas"; em 1985, havia se estabelecido em "processamento de material utilizando implosões esféricas quimicamente induzidas"; e, em 1986, trabalhava arduamente no "programa de fusão por confinamento inercial", na "compressão de choque induzida por laser" e em "teste de imunodiagnóstico visual". O preço da ação caiu de US$ 47 para US$ 2,50 durante esse período. Apenas um ajuste por divisão de oito por um a impediu de se tornar uma ação que valia alguns centavos. A Smith Labs caiu de um máximo de US$ 25 para US$ 1.

Visitei a Bioresponse em sua matriz em San Francisco, após ela haver inicialmente me visitado em Boston. Ali, em um escritório nos andares superiores do edifício, em uma região decadente (isso deveria ser visto como um bom sinal), de um lado do hall estavam os executivos e, de outro, as vacas. À medida que conversava com o presidente e o contador, técnicos em aventais estavam atarefados removendo linfa dos animais. Essa era uma alternativa de baixo custo em relação à remoção de linfa de camundongos, que era o procedimento convencional. Duas vacas poderiam produzir insulina para todo o país, e um grama de linfa de vaca poderia suportar um milhão de testes de diagnóstico.

A Bioresponse era acompanhada de perto por diversas corretoras de valores, e a Dean Witter, a Montgomery Securities, a Furman Selz e a J. C. Bradford a haviam recomendado. Comprei a ação em uma oferta secundária, por US$ 9,25, em fevereiro de 1983. Ela atingiu o ponto mais alto de US$ 16, mas agora é um caso perdido. Felizmente a vendi com uma pequena perda.

As ações sussurradas possuem um efeito hipnótico, e normalmente as histórias têm apelo emocional. Esse é o ponto onde o frigir é tão perceptível que você esquece de notar que não há nenhum bife. Se você ou eu investíssemos regularmente nessas ações, ambos precisaríamos de empregos de meio expediente para compensar as perdas. Elas podem subir antes de cair, mas, como uma proposição de longo prazo, eu perdi dinheiro em cada uma que comprei. Vejamos alguns exemplos: Worlds of Wonder; Pizza Time Theater (a Chuck

E. Cheese foi à falência); One Potato, Two (símbolo da ação na bolsa de Nova York: FRIA); Sun World Airways (de US$ 8 a 50 centavos); Alhambra Mines (infelizmente, eles nunca encontraram uma boa mina); MGF Oil (a ação passou a valer centavos); American Surgery Centers (eles realmente precisam de pacientes!); Asbetec Industries (esteve à venda por 12 centavos); American Solar King (encontre-a nas folhas rosa das ações esquecidas); Televideo (caiu do ônibus); Priam (eu deveria ter ficado longe dos discos rígidos); Vector Graphics Microcomputers (eu deveria ter me mantido distante dos microcomputadores); GD Ritzys (*fast-food*, mas nenhum McDonald's); Integrated Circuits; Comdial Corp; e Bowmar.

Todos esses prospectos tinham em comum, além do fato de que você perdia dinheiro com eles, uma grande história sem nenhuma substância. Essa é a essência de uma ação sussurrada.

O investidor em ações se vê aliviado da tarefa de verificar os lucros e os demais dados da empresa simplesmente porque não há lucros. Compreender a relação preço/lucro (P/L) não é nenhum problema porque não há uma relação P/L. Mas não há nenhuma escassez de microscópios, Ph.Ds, grandes esperanças e dinheiro obtido com a venda das ações.

O que sempre tento lembrar (e nem sempre sou bem-sucedido nisso) é que, se a oportunidade é tão fenomenal, então será um bom investimento nos próximos anos. Por que não adiar a compra da ação até mais tarde, quando a empresa já estabeleceu um histórico? Espere pelos lucros. Você pode obter *tenbaggers* em empresas que já se mostraram viáveis. Quando estiver em dúvida, aguarde mais um pouco.

Frequentemente, com as oportunidades mais excitantes, surge uma pressão para adquirir suas ações em uma oferta pública inicial (IPO)[4], ou então será tarde. Isso raramente é verdade, embora haja alguns casos em que um aumento repentino decorrente das compras iniciais produza lucros fantásticos em um único dia. Em 4 de outubro de 1980, a Genentech abriu seu capital a US$ 35 por ação e, na mesma tarde, era comercializada por US$ 89, antes de retornar a US$ 71,25. O Magellan recebeu um pequeno número de ações (nem sempre você consegue ações em uma oferta pública inicial). Eu me saí melhor com a Apple Computer, a qual vendi no primeiro dia com um ganho de 20%, porque fui capaz de comprar quantas ações desejava. Isso ocorreu

---

[4] O IPO (Initial Public Offering) – em português, oferta pública inicial – nada mais é do que o lançamento de ações de uma nova empresa no mercado aberto. [N. T.]

porque, um dia antes da oferta inicial, o estado de Massachusetts decidiu que apenas investidores especializados poderiam comprar ações da Apple, em razão de a empresa ser muito especulativa para o público em geral. Eu não voltei a comprar ações da Apple até que ela houvesse entrado em colapso e se tornasse uma ação em recuperação.

Os IPOs de novos empreendimentos são muito arriscados porque há muito pouca informação disponível. Embora tenha adquirido alguns que se saíram bem ao longo do tempo (a Federal Express foi minha primeira aquisição e multiplicou meu investimento 25 vezes), eu diria que três a cada quatro IPOs resultaram em desapontamentos no longo prazo.

Eu me saí melhor com IPOs de empresas que foram cindidas de outras empresas ou em situações relacionadas, em que a nova entidade possui um histórico registrado. A Toys"R"Us foi um desses casos, assim como a Agency Rent-A-Car e a Safety-Kleen. Esses já eram negócios estabelecidos, e você poderia realizar pesquisas sobre eles, do mesmo modo que pesquisaria sobre a Ford ou a Coca-Cola.

Cuidado com o intermediário

A empresa que vende entre 25% e 50% de sua produção para um único cliente está em uma situação precária. A SCI Systems (não confundir com a empresa de enterros) é uma empresa bem gerida e uma grande fornecedora de suprimentos para a IBM, mas você nunca saberá quando a IBM decidirá fabricar suas próprias peças ou julgará que poderia ficar sem elas e, então, cancelar o contrato com a SCI. Se a perda de um consumidor for catastrófica para um fornecedor, eu ficaria receoso em investir nele. Empresas de discos rígidos como a Tandon sempre estiveram às margens do desastre porque eram muito dependentes de alguns poucos clientes.

Além do cancelamento, o grande consumidor possui uma vantagem incrível na obtenção de reduções de preço e de outras concessões que reduzirão os lucros do fornecedor. É raro que um grande investimento possa dar resultado em uma situação como essa.

Cuidado com a ação de nome empolgante

É uma pena que a Xerox não tivesse um nome como David's Dry Copies, pois, dessa forma, mais pessoas teriam sido céticas em relação a ela. Assim como um nome enfadonho afasta os compradores de uma boa empresa, um nome destacado em uma empresa medíocre atrai investidores e lhes proporciona uma falsa sensação de segurança. Basta que a empresa tenha "avançado", "líder", "micro", uma palavra com "x" ou um acrônimo místico em seu nome para que as pessoas se apaixonem por ela. A UAL mudou seu nome para Allegis na esperança de atrair pensadores de tendência mais moderna. É bom que a Crown, Cork and Seal tenha mantido seu nome dessa forma. Se ela tivesse dado ouvidos aos consultores de imagem, teria modificado seu nome para CroCorSea, o qual teria sido garantia de um grande acompanhamento institucional desde o início.

10

Lucros, lucros e mais lucros

Digamos que você tenha notado a Sensormatic, empresa que inventou a etiqueta inteligente e o sistema de alarme para coibir a ação de furtadores de lojas, cuja ação subiu de US$ 2 para US$ 42, à medida que o negócio se expandia, entre 1979 e 1983. Seu corretor lhe diz que se trata de uma empresa pequena e de crescimento rápido. Ou, talvez, você tenha revisado seu portfólio e encontrado duas ações de empresas confiáveis e três de empresas cíclicas. Que possível certeza você pode ter de que a Sensormatic ou qualquer uma das ações que já possui subirá de preço? E, se você estiver comprando, quanto deveria pagar por elas?

O que você está perguntando, neste caso, é o que torna uma empresa valiosa e por qual razão uma empresa será mais valiosa amanhã do que é hoje. Há muitas teorias sobre isso, mas, para mim, tudo sempre se relaciona a lucros e ativos. Algumas vezes são necessários anos para o preço das ações alcançarem o valor da empresa, e os períodos de baixa duram tanto tempo que os investidores começam a duvidar que isso eventualmente ocorra. Mas o fundamento sempre vence – ou, pelo menos, em um número suficientemente significativo de casos, de um modo que valha a pena acreditar nisso.

Analisar a ação de uma empresa com base em lucros e ativos não é diferente de analisar uma lavanderia, uma drogaria ou um apartamento que desejaria comprar. *Embora seja fácil esquecer algumas vezes, uma ação não é um bilhete de loteria. Ela é parte da propriedade de uma empresa.*

Esta é outra forma de pensar sobre lucros e ativos. Se você fosse a ação de uma empresa, seus lucros e ativos determinariam quanto o investidor estaria disposto a pagar por uma porcentagem de sua ação. Avaliar-se como você avaliaria a General Motors é um exercício instrutivo, e isso o ajuda a compreender essa fase da investigação.

Os ativos incluiriam imóveis, carros, mobiliário, roupas, tapeçaria, barcos, ferramentas, tacos de golfe e quaisquer outros objetos que poderiam ser vendidos em uma venda de garagem, caso você decidisse liquidar sua posição e abandonar sua atividade. Obviamente, você teria de subtrair hipotecas, obrigações, financiamento de veículos, empréstimos de bancos, familiares e vizinhos, contas pendentes, notas promissórias, dívidas de jogo e assim por diante. O valor restante seria seu resultado final positivo, o valor contábil ou o valor econômico líquido enquanto ativo tangível. (Ou, se o resultado for negativo, então você é um candidato ao *Chapter 11* da legislação de falência dos Estados Unidos.)

Enquanto você não tiver sua posição liquidada e suas dívidas quitadas ante os credores, você também representa outro tipo de valor: a capacidade de produzir lucro. Ao longo de sua vida profissional, você pode ganhar alguns dólares, milhares de dólares ou milhões de dólares, dependendo dos valores que recebe e da dedicação ao seu trabalho. Novamente, nesse caso, há uma grande diferença em termos de resultados cumulativos.

Agora que está pensando sobre isso, você poderia colocar-se em uma das seis categorias de ações já discutidas. Isso será uma distração razoável para festas:

- As pessoas que trabalham em empregos estáveis que pagam baixos salários e recebem pequenos aumentos são as ações de crescimento lento, os equivalentes humanos às concessionárias de serviços públicos, como a American Electric Power. Bibliotecários, professores secundários e policiais são os indivíduos de crescimento lento.
- As pessoas que recebem bons salários e obtêm aumentos previsíveis, tais como os gestores de nível médio das corporações, pertencem à categoria dos confiáveis: são a Coca-Cola e a Ralston Purina da força de trabalho.
- Fazendeiros, empregados de hotéis, jogadores de pelota basca, proprietários de acampamentos de verão e vendedores de árvores de Natal, os quais realizam todos os seus lucros em curtas estações e, posteriormente, tentam viver desses valores durante períodos longos e sem receitas, são os cíclicos. Escritores e atores também poderiam ser classificados como

cíclicos, mas a possibilidade de mudanças repentinas em sua sorte os torna indivíduos de crescimento rápido em potencial.
- Irresponsáveis, rentistas, galanteadores, *bon-vivants* e afins, os quais vivem das fortunas familiares sem contribuir em nada com seu próprio trabalho são os divergentes de ativos, as ações de minas de ouro e de ferrovias em nossa analogia. A questão com os ativos ocultos é sempre o que sobrará após todas as dívidas a serem quitadas e os credores de lojas de bebidas e agências de viagem serem pagos.
- Moradores de rua, andarilhos, incapacitados, falidos, trabalhadores dispensados e pessoas nas filas de desempregados são todos potenciais candidatos à categoria de ações em recuperação, contanto que haja neles alguma energia e empreendedorismo restantes.
- Atores, inventores, construtores, empresários, atletas, músicos e criminosos são potencialmente indivíduos de crescimento rápido. Nesse grupo, há uma taxa de insucesso mais elevada que a existente no grupo de confiáveis, mas, se – e quando – um indivíduo de crescimento rápido é bem-sucedido, ele pode multiplicar seus lucros por 10, 20 ou 100 da noite para o dia, transformando-se no equivalente humano da Taco Bell ou da Stop & Shop.

Quando se compra uma ação de uma empresa de rápido crescimento, você realmente está apostando nas chances de ganhar mais dinheiro no futuro. Considere a decisão de investir em uma jovem Dunkin' Donuts como um Harrison Ford, em oposição a um tipo como a Coca-Cola, semelhante a um advogado corporativo. Investir no tipo Coca-Cola parece muito mais razoável enquanto Harrison Ford trabalha como um carpinteiro autônomo em Los Angeles, mas veja o que ocorre quando o sr. Ford participa de um filme como *Guerra nas estrelas*.

O advogado destacado tem pouca probabilidade de tornar-se uma *tenbagger* subitamente, a menos que ganhe um grande caso de divórcio, mas o sujeito que raspa cracas dos cascos de barcos e escreve romances pode ser o próximo Hemingway. (Leia os seus livros antes de investir!) Essa é a razão pela qual os investidores buscam ações de empresas de crescimento rápido promissoras e oferecem preços elevados por elas, ainda que essas empresas não estejam ganhando nada atualmente – ou quando os lucros são baixos em comparação ao preço por ação.

Pode-se perceber a importância dos lucros em qualquer gráfico que tenha uma linha de lucros que se move ao lado da linha do preço da ação. Os livros de gráficos com o desempenho das ações estão disponíveis na maioria das corretoras de valores, e é instrutivo folheá-los. Em um gráfico após o outro, as duas linhas se moverão simultaneamente, ou, se a linha do preço da ação se afastar da linha dos lucros, cedo ou tarde isso afetará os lucros.

As pessoas podem se perguntar o que os japoneses e os coreanos estão fazendo, mas, em última instância, os lucros decidirão a sorte de uma ação. As pessoas podem apostar em movimentos erráticos momentâneos do mercado, mas os lucros são responsáveis por esses movimentos no longo prazo. Eventualmente você encontrará alguma exceção, mas, se examinar por conta própria os gráficos de desempenho das ações, provavelmente verá a relação que descrevo.

Durante a década de 1980, testemunhamos recessões e inflação, subida e descenso nos preços do petróleo, e, em todo o período, a cotação dessas ações acompanhou seus lucros. Veja a Dow Chemical, por exemplo. Quando os lucros estão em alta, a ação também está. Isso foi o que ocorreu durante o período de 1971 a 1975 e, novamente, de 1985 a 1988. Entre esses períodos, de 1975 a 1985, os lucros foram erráticos, acompanhando o preço da ação.

Veja a Avon, uma ação que saltou de US$ 3, em 1958, para US$ 140, em 1972, à medida que os lucros continuavam a aumentar. O otimismo era abundante, e o preço da ação tornou-se inflado com relação aos lucros. Então, em 1973, a fantasia terminou. O preço da ação se reduziu, assim como os lucros, e você poderia ter previsto essa situação. A revista *Forbes* nos avisou, em um artigo de capa, 10 meses antes do início do colapso de preços.

E o que dizer da Masco Corporation, que desenvolveu as torneiras de alavanca com mecanismo de acionamento circular e que, como resultado, desfrutou de 30 anos consecutivos de lucros durante períodos de paz e guerra, recessão e inflação, cujos lucros aumentaram 800 vezes e o preço da ação subiu 1.300 vezes entre 1958 e 1987? Ela é provavelmente a maior ação da história do capitalismo. O que você poderia esperar de uma empresa que iniciou suas operações com um nome maravilhosamente ridículo como Masco Screw Products? Enquanto os lucros continuaram a crescer, não havia nada que pudesse detê-la.

Veja então a Shoney's, uma cadeia de restaurantes que experimentou 116 trimestres consecutivos (29 anos) de altas receitas – um recorde ao qual poucas empresas podem se igualar. Certamente, o preço da ação aumentou de forma contínua. Naqueles poucos pontos em que o preço da ação ficou à frente dos lucros, ele rapidamente retornou à realidade.

E veja o caso da The Limited. Quando os lucros caíram no final dos anos 1970, o preço da ação também caiu. Quando os lucros dispararam, o preço da ação também disparou. Mas, quando o preço da ação ficou à frente dos lucros, como ocorreu em 1983 e, novamente, em 1987, o resultado foi um desastre de curto prazo. O mesmo ocorreu com inúmeras outras ações no declínio do mercado de setembro de 1987.

(Um modo rápido de dizer se uma ação está sobrevalorizada ou subvalorizada é comparar a sua linha de preços à linha de lucros. Se você comprou ações de empresas com crescimento familiar – tais como Shoney's, The Limited ou Marriot – quando os preços das ações caíram muito abaixo da linha de lucros e as vendeu quando o preço das ações subiu drasticaticamente acima dessa linha, há boas chances de que tenha se saído muito bem. [Isso certamente teria funcionado no caso da Avon!] Não estou necessariamente advogando essa prática, mas acredito que existam estratégias muito piores.)

A famosa relação P/L

Qualquer discussão séria sobre lucros envolve a relação preço/lucro. Essa relação é uma abreviação numérica do relacionamento entre o preço da ação e os lucros da empresa. A relação P/L para cada ação está listada nas tabelas diárias de ações da maioria dos grandes jornais, tal como é mostrado aqui[1].

The Wall Street Journal, quinta-feira, 13 de setembro de 1988, p. 73

Máximo 52 semanas	Mínimo	Ação	Dividendos	%
43,25	21,60	K-Mart	1,32	3,8

Relação P/L	Vendas x 100	Máximo	Mínimo	Fechamento	Variação líquida
10	4.696	35,10	34,50	35	+0,40%

Assim como a linha de lucros, a relação P/L frequentemente é uma medida útil para verificar se qualquer ação está sobrevalorizada, adequadamente cotada ou subvalorizada em relação ao potencial de geração de receitas da empresa.

---

[1] No Brasil, deve-se consultar a corretora, pois nossas publicações periódicas não trazem essas informações. [N. T.]

(Em alguns casos, a relação P/L listada no jornal pode ser elevada de modo excepcional, frequentemente porque uma empresa compensou algumas perdas de longo prazo com os lucros de curto prazo atuais, "punindo", dessa forma, esses lucros. Se a relação P/L parece fora de ordem, você pode pedir ao seu corretor que lhe forneça uma explicação.)

Na edição mencionada do *The Wall Street Journal*, vejo que K-Mart tem uma relação P/L de 10. Isso foi o resultado da divisão do preço atual da ação (US$ 35 por ação) pelos lucros da empresa nos últimos 12 meses de 1988 ou no ano fiscal (nesse caso, US$ 3,50 por ação). Os US$ 35 divididos por US$ 3,50 resultam em uma P/L de 10.

A relação P/L pode ser vista como o número de anos necessários para uma empresa recuperar o valor de seu investimento inicial – considerando-se, obviamente, que os lucros da empresa permaneçam constantes. Digamos que você compre 100 ações da K-Mart por US$ 3.500. Os lucros atuais são de US$ 3,50 por ação, de forma que estas 100 ações produzirão lucros de US$ 350 em um ano e o investimento original será recuperado em 10 anos. Contudo, você não tem de realizar esse exercício, porque a relação P/L de 10 já lhe diz que são necessários 10 anos.

Se você compra ações de uma empresa vendida por duas vezes seus lucros (uma P/L de 2), conseguirá recuperar seu investimento original em 2 anos; mas, em uma empresa vendida por 40 vezes seus lucros (uma P/L de 40), seriam necessários 40 anos para realizar o mesmo. Com tantas oportunidades de ações com P/L baixas, por que alguém compraria uma ação com uma P/L elevada? Porque eles buscam um Harrison Ford na madeireira. Os lucros corporativos não permanecem constantes por mais tempo do que permanecem os lucros humanos.

O fato de que algumas ações têm P/L de 40 e outras de 3 lhe diz que os investidores estão dispostos a realizar apostas arriscadas em melhores lucros futuros de algumas empresas, ao mesmo tempo que se mostram muito céticos em relação ao futuro de outras. Procure essas informações e ficará surpreso com a variação de P/L que encontrará.

Você também descobrirá que os níveis de P/L tendem a ser mais baixos para as empresas de crescimento lento e mais elevados para as empresas de crescimento rápido, com as empresas cíclicas oscilando entre elas. Isso é como as coisas deveriam ser se você acompanha a lógica da discussão apresentada aqui. Uma P/L média para uma concessionária de serviços públicos (entre 7 e 9) será menor que a média para uma empresa confiável (10 e 14), a qual, por sua vez, será mais baixa que a média para uma empresa de crescimento rápido (14 a 20). Alguns caçadores de pechinchas acreditam na compra de quaisquer e todas as ações com baixas P/L, mas essa estratégia não faz sentido para mim. Uma P/L considerada como pechincha para a Dow Chemical não é necessariamente idêntica àquela P/L para o Walmart.

Mais sobre P/L

Uma discussão detalhada sobre relações P/L de vários setores e de diferentes tipos de empresa tomaria um livro inteiro que ninguém desejaria ler. É tolice ater-se às P/L, mas você não desejaria ignorá-las. Novamente, seu corretor pode ser sua melhor fonte para uma análise de P/L. Você poderia começar perguntando se as relações P/L das várias ações que possui são baixas, altas ou moderadas com relação ao padrão do setor. Algumas vezes você ouvirá coisas como "essa empresa é vendida com desconto em relação ao resto do setor" – o que significa que sua P/L está em um nível de barganha.

Um corretor também pode lhe fornecer um registro histórico da P/L de uma empresa – e a mesma informação pode ser encontrada nos relatórios das corretoras de valores. Antes de comprar uma ação, você talvez queira acompanhar a evolução de sua P/L ao longo de vários anos para obter uma percepção de seus níveis normais. (As empresas novas, obviamente, não estão no mercado por tempo suficiente para possuírem tais registros.)

Se você comprar ações da Coca-Cola, por exemplo, é útil saber se está pagando pelos lucros de acordo com aquilo que os outros pagaram no passado. A relação P/L pode lhe dizer isso.

(A *Value Line Investment Survey*, disponível na maioria das bibliotecas e das corretoras norte-americanas, é outra boa fonte de históricos de P/L. De fato, a *Value Line* é uma boa fonte para todos os dados pertinentes que os investidores amadores precisam saber. Ela é a segunda melhor coisa que lhe pode ocorrer depois de ter seu próprio analista de ações.)

Se você não se lembrar de nada sobre as relações P/L, lembre-se de evitar ações de empresas com P/L elevada. Você economizará muita frustração e muito dinheiro se o fizer. Com poucas exceções, uma relação P/L extremamente alta é uma desvantagem para uma ação, da mesma forma que o peso extra na sela é uma desvantagem em uma corrida de cavalos.

Uma empresa com uma P/L elevada deve ter um crescimento de lucros incrível para justificar o alto preço atribuído à sua ação. Em 1972, o McDonald's era a mesma grande empresa que sempre fora, mas a ação estava cotada a US$ 75, o que produzia uma P/L de 50. Não havia nenhuma forma pela qual pudesse corresponder a essas expectativas, e o preço da ação caiu de US$ 75 para US$ 25, enviando a P/L de volta a um 13 mais realista. Não havia nada de errado com a empresa. Em 1972, sua ação simplesmente estava sobrevalorizada a US$ 75.

E, se as ações da rede McDonald's estavam sobrevalorizadas, veja o que ocorreu com a empresa de Ross Perot, a Electronic Data Systems (EDS), uma ação destacada no final da década de 1960. Eu não podia acreditar quando vi, num relatório de corretagem sobre a empresa, que ela tinha uma P/L de 500! Seriam necessários 500 anos para recuperar seu investimento na EDS se os lucros permanecessem constantes. Não apenas isso, mas o analista que redigiu o relatório sugeria que a P/L era conservadora, pois a EDS deveria ter uma P/L de 1.000.

Caso houvesse investido em uma empresa com uma P/L de 1.000 quando o rei Artur ainda vagava pela Inglaterra e caso seus lucros houvessem permanecido constantes, apenas agora você estaria recuperando seu investimento.

Gostaria de haver guardado esse relatório e o enquadrado para colocá-lo na parede de meu escritório ao lado de outro que me fora enviado por uma corretora de valores, em que se lia: "Em virtude da recente falência, estamos removendo a ação de nossa lista de compras".

Nos anos que se seguiram, a EDS se saiu muito bem. Os lucros e as vendas aumentaram drasticamente, e tudo o que a empresa fazia era um grande sucesso. A ação da EDS, contudo, é outra história. Em 1974, o preço declinou de US$ 40 para US$ 3. Não porque houvesse algo errado na matriz da empresa, mas porque a ação era a mais sobrevalorizada entre todas que vi até hoje. Você frequentemente ouve falar de empresas cujo desempenho futuro é "descontado" no preço da ação. Se esse for o caso, então os investidores da EDS estavam descontando até o fim dos dias. Falarei mais sobre a EDS adiante.

Quando a ação da Avon era vendida por US$ 140, ela tinha uma P/L extremamente elevada, de 64 – embora nada tão extremo quanto a da EDS. O importante, nesse caso, era que a Avon era uma grande empresa. É um milagre até mesmo para uma pequena empresa expandir-se suficientemente para justificar uma P/L de 64, mas para uma empresa do tamanho da Avon, a qual já possuía mais de um bilhão em vendas, isso significava que ela teria de vender vários bilhões em cosméticos e loções. De fato, alguém calculou que, para a Avon justificar uma P/L de 64, ela deveria ter lucros maiores que todo o setor metalúrgico, de petróleo e da Califórnia combinados. Esse era o melhor cenário. Mas quantas loções e vidros de colônia alguém consegue vender? Assim como estavam, os lucros da Avon não cresceram nada. Eles declinaram, e, em 1974, o preço da ação rapidamente despencou para US$ 18,60.

O mesmo ocorreu com a Polaroid. Esta era outra empresa sólida, com mais de 32 anos de tradição, mas que perdeu 89% de seu valor em 18 meses. Em 1973, a ação era vendida por US$ 143 e, em 1981, caiu para US$ 14,10. No ponto alto do mercado, em 1973, a relação P/L da ação da Polaroid era 50. Ela atingiu essa marca porque os investidores esperavam uma incrível arrancada de crescimento com a nova câmera SX-70, mas a câmera e o filme estavam sobrevalorizados, havia problemas operacionais e as pessoas perderam o interesse no equipamento.

Novamente, as expectativas eram tão irreais que, mesmo que a SX-70 houvesse sido bem-sucedida, a Polaroid provavelmente teria de vender quatro delas para cada família americana, de modo a ganhar dinheiro suficiente para justificar a P/L elevada. A câmera, como um sucesso crescente, não teria feito muito pela ação. O que, de fato, ocorreu foi que a câmera apenas fez um sucesso moderado, algo que produziu más notícias por todos os lados.

A P/L do mercado

As relações P/L das empresas não existem no vazio. O mercado de ações como um todo possui sua própria relação P/L coletiva, a qual é uma boa indicadora da sobrevalorização ou da subvalorização do mercado em sua totalidade. Sei que já o aconselhei a ignorar o mercado, mas, quando você descobre que algumas ações são vendidas por preços inflados em relação aos seus lucros, é provável que a maioria das ações seja vendida por preços inflados em relação a seus lucros. Isso foi o que ocorreu antes da grande queda de 1973-1974 e, novamente (embora não com a mesma extensão), antes da grande queda de 1987.

Durante 5 anos, de 1982 a 1987, você podia ver que a P/L do mercado, em geral, aumentava de maneira gradual, de aproximadamente 8 para 16. Isso significava que os investidores em 1987 estavam dispostos a pagar duas vezes mais do que pagaram em 1982 pelos mesmos lucros corporativos – o que deveria ter sido um alerta de que a maioria das ações estava sobrevalorizada.

As taxas de juros têm um grande efeito sobre as relações P/L existentes, uma vez que os investidores pagam mais pelas ações quando as taxas de juros são baixas e os títulos públicos são menos atraentes. Mas, independentemente das taxas de juros, o incrível otimismo produzido durante mercados de alta pode conduzir as P/L a níveis ridículos, como se passou nos casos da EDS, da Avon e da Polaroid. Nesse período, as ações de empresas de crescimento rápido tinham relações P/L que pertenciam ao reino da fantasia, as ações de empresas de crescimento lento tinham relações P/L normalmente reservadas às empresas de crescimento rápido e o mercado em si atingiu um pico de 20 em 1971.

Qualquer estudioso de relações P/L teria visto que se tratava de uma insensatez, e gostaria que um deles houvesse me dito isso. No período de 1973-1974, o mercado teve sua correção mais brutal desde os anos 1930.

Lucros futuros

Os lucros futuros – aqui está o ponto. Como você poderia prevê-los? O melhor que se pode obter a partir dos lucros presentes é uma suposição sobre o preço da ação, se este está ou não adequadamente fixado. Se você perceber apenas isso, jamais comprará ações da Polaroid ou da Avon com uma P/L de 40, tampouco pagará excessivamente por ações da Bristol-Myers, da Coca-Cola ou do McDonald's. Contudo, o que você realmente gostaria de saber é o que ocorrerá com os lucros no próximo mês, ano ou decênio.

Os lucros, afinal de contas, supostamente deveriam crescer, e o preço de cada ação carrega consigo uma expectativa de crescimento.

Batalhões de analistas e estatísticos são lançados contra as questões de crescimento e lucros futuros, e você pode apanhar a revista financeira mais próxima para ver, por si mesmo, a frequência com a qual obtém a resposta errada (a palavra mais frequentemente vista ao lado de "lucros" é "surpresa"). Não estou sugerindo que possa começar a prever lucros ou crescimento de lucros por conta própria, de forma bem-sucedida.

Uma vez que se entra para valer nesse jogo, você ficaria atônito com exemplos de ações que caem ainda que seus lucros estejam em alta, pois os analistas profissionais e seus clientes institucionais esperavam rendimentos maiores, ou de ações que sobem mesmo quando seus lucros estão em baixa, pois a mesma seção de torcedores esperava lucros maiores. Essas são anomalias de curto prazo, embora sejam frustrantes para o acionista que os observa.

Se não se podem prever lucros futuros, pelo menos você pode descobrir como uma empresa planeja aumentá-los. Então, pode verificar periodicamente se os planos estão funcionando.

Há cinco formas básicas por meio das quais uma empresa pode aumentar seus lucros[2]: reduzindo custos, aumentando preços, expandindo-se em novos mercados, vendendo mais produtos em antigos mercados e revitalizando, vendendo ou dispondo de outra forma de operações que produzam perdas. Esses são os cinco fatores para investigar à medida que você desenvolve a história. Se você possui um diferencial, este é o momento em que ele será mais útil.

---

[2] Algumas pessoas confundem dividendos com os lucros que estivemos discutindo neste capítulo. Aos lucros de uma empresa corresponde o resultado de tudo aquilo que ela produz todos os anos após todas as despesas e taxas haverem sido subtraídas. Um dividendo é aquilo que a empresa paga a seus acionistas de forma regular, como participação nos lucros. Uma empresa pode ter ganhos excepcionais e, ainda assim, não distribuir nenhum dividendo. [N. A.]

11

O exercício de dois minutos

Você já descobriu se está lidando com uma ação de crescimento rápido, crescimento lento, confiável, em recuperação, com ativos ocultos ou cíclica. A relação P/L lhe proporcionou uma ideia geral da sobrevalorização ou da subvalorização da ação, tal como está cotada atualmente, em relação às suas perspectivas imediatas. O próximo passo é aprender o máximo possível sobre o que a empresa está fazendo para obter prosperidade adicional, o impulso de crescimento ou qualquer outro evento feliz que se espera que ocorra. Chamamos isso de "história".

Com a possível exceção de uma ação com ativos ocultos (em que você pode se sentar e esperar até que o valor dos imóveis, das reservas de petróleo ou das estações de TV seja reconhecido), algo dinâmico tem de acontecer para manter os lucros em movimento. Quanto mais certo estiver acerca desse elemento, mais capaz de acompanhar o roteiro você será.

Os relatórios dos analistas sobre a empresa que você obtém em sua corretora de valores e os curtos ensaios na *Value Line* lhe proporcionam uma versão profissional da história, mas, se você possui um diferencial em relação à empresa ou ao setor de atividade, será capaz de desenvolver seu próprio roteiro nos detalhes mais úteis.

Antes de comprar uma ação, gostaria de ser capaz de realizar um monólogo de 2 minutos que abrangesse as razões pelas quais estou interessado nela, o que tem de ocorrer para que a empresa seja bem-sucedida e quais são as armadilhas que estão em seu caminho. O diálogo de 2 minutos pode ser sussurrado ou repetido em voz alta para os colegas que estejam ao alcance do ouvido. Uma vez que seja capaz de contar a história da ação para sua família, seus amigos ou seu cachorro (e não quero dizer com isso "um sujeito no ônibus me disse que a Caesars World é candidata à mudança de controle") de forma que até uma criança possa compreendê-lo, então você possui uma compreensão adequada da situação.

Aqui estão alguns tópicos que poderiam ser abordados no monólogo:

- Se estiver pensando em uma *empresa de crescimento lento*, presumivelmente você a considera em razão dos dividendos. (Por que mais adquirir este tipo de ação?) Dessa forma, os elementos importantes do roteiro serão: "Essa empresa aumentou consecutivamente seus lucros nos últimos 10 anos e oferece um retorno atraente; nunca reduziu nem suspendeu o pagamento de dividendos durante bons e maus momentos, incluindo as três últimas recessões. Trata-se de uma concessionária de serviços públicos, e a nova operação de telefonia móvel pode adicionar um substancial impulso à taxa de crescimento".
- Se pensa a respeito de uma *empresa cíclica*, seu roteiro deveria centrar-se sobre as condições do negócio, estoques e preços. "Houve uma contração da atividade do setor automobilístico durante 3 anos, mas, neste ano, as coisas se recuperaram. Sei disso porque as vendas de carros estão em alta pela primeira vez na história recente. Notei que os novos modelos da GM estão vendendo bem e que nos últimos 18 meses a empresa fechou cinco fábricas ineficientes, cortou 20% dos custos trabalhistas e seus lucros estão significativamente mais altos.[1]"
- No caso de uma *empresa com ativos ocultos*, quais são os ativos e quanto eles valem? "A ação é vendida por US$ 8, mas apenas a divisão de videocassetes vale US$ 4 por ação e os imóveis valem US$ 7. Isso é uma pechincha em si mesma, pois estou adquirindo o restante da empresa por menos de US$ 3. Os executivos a estão comprando, a empresa possui lucros constantes e não falamos de dívida, nesse caso."
- Se for a ação de uma *empresa em recuperação*, será que a empresa propôs uma forma de melhorar a sua sorte e estaria o plano funcionando até agora? "A General Mills fez grandes progressos ao curar sua 'piorização'. Ela passou de 11 linhas de negócio básicas para apenas duas. Ao

---

[1] Dados referentes ao ano de 1989. [N. R.]

vender a Eddie Bauer, a Talbot's, a Kenner e a Parker Brothers e obter valores excepcionais por essas empresas, a General Mills voltou a fazer aquilo que faz melhor: atuar nas áreas de restaurantes e alimentos processados. A empresa recomprou milhares de ações. A subsidiária de frutos do mar, Gortons, passou de 7% na participação do mercado de frutos do mar para 25%. Eles lançarão um iogurte de baixas calorias, um biscoito sem colesterol e brownies para micro-ondas. Os lucros estão significativamente maiores."

- Se a ação pertencer a uma *empresa confiável*, as questões fundamentais são: qual é a relação P/L, se a ação já teve um grande aumento nos últimos meses e o que, se existir algo, está ocorrendo para acelerar a sua taxa de crescimento. Você poderia dizer a si mesmo: "A Coca-Cola é vendida pelo valor mais baixo de sua faixa de P/L. A ação permaneceu estável nos últimos dois anos. A empresa melhorou de várias formas. Ela vendeu metade de sua propriedade na Columbia Pictures para o público. As bebidas dietéticas aumentaram a taxa de crescimento drasticamente. No último ano, os japoneses beberam 36% mais de Coca-Cola do que haviam bebido no ano anterior, e os espanhóis aumentaram seu consumo em 26%. Isso é um progresso fenomenal. As vendas no exterior estão excelentes de forma geral. Por meio de uma oferta separada de ações, a Coca-Cola Enterprises, a empresa comprou várias de suas distribuidoras independentes regionais. Agora, a empresa possui um melhor controle sobre a distribuição e as vendas domésticas. Por causa desses fatores, a Coca-Cola pode sair-se melhor do que as pessoas acreditam"[2].

- Se for uma ação de uma *empresa de crescimento rápido*, onde e como ela poderá crescer rapidamente? "A La Quinta é uma rede de motéis que começou suas operações no Texas. Era muito lucrativa nessa região. A empresa duplicou de forma bem-sucedida sua fórmula de sucesso em Arkansas e Louisiana. No último ano, ela adicionou 20% mais unidades em relação ao ano anterior. Os lucros aumentaram em todos os trimestres. A empresa planeja uma expansão futura rápida. A dívida não é excessiva. Os motéis são um setor de crescimento baixo e muito competitivo, mas a La Quinta descobriu algo como um nicho. Ela ainda tem um longo caminho a percorrer antes de saturar o seu mercado.[3]"

---

[2] Informações referentes ao ano de 1989. [N. R.]
[3] Informações referentes ao ano de 1989. [N. R.]

Esses são alguns temas básicos da história, e você pode preenchê-la com quantos detalhes desejar. Quanto mais você souber, melhor. Frequentemente, destino muitas horas ao desenvolvimento de um roteiro, embora isso nem sempre seja necessário. Deixe-me dar dois exemplos; um deles é uma situação que verifiquei adequadamente e o outro é uma situação em que houve algo que me esqueci de perguntar. O primeiro foi a La Quinta, a qual já multiplicou meu investimento inicial por 15, e o segundo foi a Bildner's, que dividiu meu investimento inicial por 15.

Analisando a La Quinta

Em determinado momento, havia decidido que o setor de motéis caminhava para uma recuperação cíclica. Já havia investido na United Inns, a maior franqueadora de motéis Holiday Inn, e mantive meus ouvidos abertos para novas oportunidades. Durante uma entrevista telefônica com o vice-presidente da United Inns, perguntei quem era o concorrente mais bem-sucedido da Holiday Inn.

Perguntar sobre a concorrência é uma de minhas técnicas favoritas para descobrir novas ações promissoras. Os cargos mais elevados das empresas falam negativamente sobre a concorrência 95% do tempo, porém isso não quer dizer muita coisa. Mas, quando um executivo de uma empresa admite estar impressionado com outra empresa, você pode apostar que ela está fazendo algo certo. Nada pode ser mais estimulante do que um lamento que expressa admiração por uma rival.

"La Quinta Motor Inn", afirmou enfaticamente o vice-presidente da United Inns. "Eles estão realizando um ótimo trabalho. Eles estão nos matando em Houston e Dallas." Ele parecia estar muito impressionado, assim como eu.

Essa foi a primeira vez que ouvi falar da rede La Quinta, mas, tão logo desliguei o telefone com essa empolgante nova dica, tornei a apanhá-lo para ligar para Walter Biegler, da matriz da La Quinta, em San Antonio, para descobrir qual era a história por trás disso. Biegler me disse que em 2 dias ele viria a Boston para uma conferência de negócios em Harvard, ocasião em que ficaria contente por poder me visitar.

Entre a transmissão da dica por parte do executivo da United Inns e os 5 minutos posteriores em que o executivo da La Quinta mencionou que coincidentemente estaria viajando a Boston, a história toda me soava como um esquema para me fazer comprar milhões de ações. Mas, tão logo ouvi a apresentação de Biegler, soube que aquilo não havia sido uma armação, e a melhor maneira de ter sido feito de tolo teria sido deixar de comprar essas maravilhosas ações.

O conceito era simples. A La Quinta oferecia quartos com a qualidade da rede Holiday Inn, mas por um preço mais baixo. O quarto era do mesmo tamanho de um similar no Holiday Inn, a cama contava com a mesma firmeza (há consultores de camas para o setor de motéis que pesquisam essas coisas), o banheiro era igualmente bom e a piscina possuía a mesma qualidade, ainda que os preços fossem 30% menores. Como isso era possível? Era o que eu desejava saber. Biegler continuou sua explicação.

A La Quinta havia eliminado a área de eventos, as salas de conferência, a grande área da recepção, a cozinha e o restaurante – todos os espaços excessivos, que não contribuíam para os lucros, mas que adicionavam custos significativos. A ideia da rede era instalar um Denny's ou um restaurante similar 24 horas ao lado de cada um de seus motéis. A La Quinta, porém, não tinha de ter as unidades de Denny's. Outras pessoas poderiam preocupar-se com a comida. A rede Holiday Inn não é famosa por sua cozinha, de modo que a La Quinta não abria mão de um grande diferencial de vendas. Nesse ponto, a La Quinta evitou um grande investimento de capital e poupou-se de grandes problemas. Aparentemente, a maioria dos hotéis e motéis perde dinheiro com seus restaurantes, além de estes serem responsáveis por 95% das queixas.

Sempre tentei aprender algo novo em cada conversa de investimento que mantive. Com Biegler, aprendi que os clientes de hotéis e motéis rotineiramente pagam 1/1.000 do valor de um quarto para cada noite de hospedagem. Se o Plaza Hotel, em Nova York, vale US$ 400.000 por quarto, você provavelmente pagará US$ 400 por noite, e, se o No-Tell Motel é construído por US$ 20.000 por quarto, você pagará US$ 20 por noite. Como custa 30% menos construir uma unidade da La Quinta do que construir uma unidade da Holiday Inn, agora podia entender de que forma eles alugavam quartos com um desconto de 30% e, ainda assim, lucravam tanto quanto a rede Holiday Inn.

Onde estava o nicho? Eu queria saber. Já havia centenas de quartos de motel em cada acesso rodoviário. Biegler afirmou que tinham um alvo específico: o pequeno empresário que não se importava com motéis econômicos e que, se tivesse uma oportunidade, preferiria pagar menos pelo conforto equivalente da rede Holiday Inn. A rede La Quinta estava ali para prover o conforto equivalente e em locais que eram mais convenientes para o empresário em viagem.

A Holiday Inn, que desejava ser tudo para todos os tipos de viajantes, frequentemente construía suas unidades nas saídas dos acessos das grandes rodovias. A La Quinta construía as suas unidades próximas a distritos comerciais, escritórios governamentais, hospitais e complexos hospitalares onde seus clientes tinham uma probabilidade maior de realizar negócios. E, uma vez que esses indivíduos eram viajantes de negócios, e não em férias, uma porcentagem mais alta deles reservava seus quartos com antecedência, proporcionando à La Quinta a vantagem de uma clientela mais contínua e previsível.

Mais ninguém havia capturado essa parcela do mercado, o meio-termo entre os hotéis Hilton e os hotéis econômicos. Ao mesmo tempo, não havia nenhuma forma de que houvesse algum concorrente espreitando a La Quinta sem que Wall Street soubesse disso. Essa é uma das razões pelas quais prefiro ações de hotéis e restaurantes a ações de tecnologia – no minuto em que se investe em alguma nova tecnologia excitante, uma tecnologia mais nova e mais fascinante é trazida de outro laboratório. Mas os protótipos de futuras redes de hotéis e de restaurantes têm de aparecer em algum lugar – você simplesmente não pode construí-las da noite para o dia e, se estão em uma parte diferente do país, elas simplesmente não o afetarão.

O que dizer em relação aos custos? Quando empresas pequenas e novas empreendem projetos novos e caros, como a construção de hotéis, o peso do endividamento pode mantê-los atados durante anos. Biegler também me assegurou em relação a esse ponto. Ele afirmou que a rede havia mantido seus custos baixos ao construir unidades com 120 quartos em vez de 250, ao supervisionar internamente as obras e ao seguir um projeto padronizado. Além disso, uma operação com 120 quartos podia ser gerida por um casal aposentado residente, o que economizava em supervisão. E, de modo mais surpreendente, La Quinta havia feito um acordo com grandes empresas seguradoras, as quais proviam todo o financiamento em termos favoráveis em troca de uma pequena participação nos lucros.

Como parceiras do sucesso da rede La Quinta, as empresas seguradoras tinham pouca probabilidade de solicitar exigências de empréstimo que pudessem levar a empresa à falência em caso de dificuldades financeiras. De fato, esse acesso ao dinheiro das seguradoras foi o que capacitou a rede a crescer rapidamente em um negócio carente de capital intensivo sem incorrer na temível dívida bancária (ver Capítulo 13).

Em pouco tempo, estava satisfeito com o fato de que Biegler e seus funcionários haviam pensado em tudo. A La Quinta era uma grande história, e não um daqueles contos sobre probabilidades, possibilidades, esperanças ou expectativas futuras. Se algo ainda não está funcionando, então não invista nisso.

A rede esteve operando por 4 ou 5 anos antes de Biegler visitar meu escritório. A La Quinta original havia se duplicado várias vezes em diversos locais diferentes. A empresa crescia a uma impressionante taxa de 50% ao ano, e a ação era vendida por 10 vezes seus lucros, o que a tornava uma pechincha incrível. Eu sabia quantas novas unidades a empresa planejava construir, de forma que podia acompanhar seu progresso no futuro.

Para finalizar, fiquei feliz em descobrir que apenas três corretoras de valores acompanhavam a La Quinta em 1978, e que menos de 20% das ações estavam em poder de grandes instituições financeiras. A única coisa errada que eu podia enxergar com a La Quinta era que ela não era suficientemente enfadonha.

Dei continuidade a essa conversação ao passar três noites em três unidades La Quinta diferentes enquanto viajava para conversar com outras empresas. Saltei sobre as camas, coloquei meus pés na parte mais rasa das piscinas (nunca aprendi a nadar), puxei as cortinas, torci as toalhas e satisfiz minha curiosidade em saber que a La Quinta era realmente igual ao Holiday Inn.

A história da La Quinta era verdadeira em todos os detalhes, e mesmo assim quase me convenci a não comprar nenhuma ação. O fato de que esta havia dobrado de preço no ano anterior não era preocupante – a relação P/L relativa à taxa de crescimento ainda a tornava uma pechincha. O que me incomodava era a notícia de que um importante membro da empresa havia vendido suas ações por metade do preço visto nos jornais. (Posteriormente, descobri que esse membro, pertencente à família fundadora da La Quinta, simplesmente estava diversificando seu portfólio.)

Felizmente, lembrei-me de que a venda de ações por parte de um membro da empresa é uma razão terrível para não gostar de uma empresa e, desta forma, comprei tantas ações de La Quinta quanto foi possível para o Fundo Magellan. Ganhei 11 vezes seu valor em um período de 11 anos, antes que ela sofresse uma queda em razão da diminuição de riqueza nos estados produtores de energia. Recentemente, a empresa tornou-se uma nova combinação interessante de ação com ativos ocultos e em recuperação.

Bildner's, ai de mim!

O erro que não cometi com a La Quinta cometi com a J. Bildner and Sons. O fato de haver investido na Bildner's é um exemplo perfeito do que ocorre quando você é apanhado pela euforia em torno de um empreendimento sobre o qual formulou todas as perguntas exceto a mais importante, o que se mostrou um erro fatal.

A Bildner's é uma loja de alimentos diferenciados situada do outro lado da rua onde se localiza meu escritório, na Rua Devonshire, em Boston. Também havia uma Bildner's na cidade onde moro — embora não exista mais. Entre outras coisas, a Bildner's vende sanduíches especiais e pratos quentes prontos, um tipo de meio-termo feliz entre uma loja de conveniência e um restaurante três estrelas. Estou bem familiarizado com seus sanduíches, uma vez que já os consumo há muitos anos. Esse era meu diferencial em relação à Bildner's. Tinha informação de primeira mão de que tinham o melhor pão e os melhores sanduíches de Boston.

A história referia-se a que a Bildner's planejava se expandir para outras cidades e iria abrir seu capital para obter o dinheiro necessário. Isso soava bem para mim. A empresa havia estabelecido um nicho perfeito — os milhões de indivíduos de colarinho branco que não tinham tolerância a sanduíches de micro-ondas embrulhados em embalagens plásticas e que, ainda assim, recusavam-se a cozinhar.

O serviço de encomendas da Bildner's era a salvação de casais de trabalhadores que estavam muito cansados para ligar o processador de alimentos e desejavam servir algo que parecesse haver sido preparado com um processador de alimentos para o jantar. Antes de irem para seus lares nos subúrbios, poderiam parar em uma Bildner's e comprar o tipo de prato especial que eles próprios poderiam ter cozinhado, se ainda estivessem cozinhando: algo com vagem, molho béarnaise e amêndoas.

Investiguei detalhadamente a operação ao vagar pela loja do outro lado da rua, uma das Bildner's originais. A loja era limpa, eficiente e repleta de clientes satisfeitos, uma 7-Eleven para *yuppies*. Também descobri que se tratava de uma fabulosa geradora de receitas. Quando ouvi que a Bildner's planejava vender ações a fim de utilizar esses recursos para abrir mais lojas, fiquei compreensivelmente entusiasmado.

Com a oportunidade da oferta de ações, descobri que a empresa não iria arcar com uma dívida bancária excessiva. Isso era um ponto positivo. Ela alugaria os espaços para suas novas lojas, diferentemente de adquirir as propriedades. Isso também era um ponto positivo. Sem maiores investigações, comprei ações da Bildner's pelo preço ofertado inicialmente de US$ 13, em setembro de 1986.

Logo após a venda das ações, a Bildner's abriu duas novas unidades em um par de lojas de departamentos de Boston — e elas fracassaram. Então, novas lojas foram abertas no centro de Manhattan; e elas foram exterminadas pelas *delicatessens*. Ela expandiu-se em cidades mais distantes, incluindo Atlanta. Mas, ao gastar rapidamente seus recursos obtidos com a abertura de capital, a Bildner's havia se exposto demasiadamente do ponto de vista financeiro. Um ou dois erros poderiam não ter sido tão danosos, mas, em vez de se mover cautelosamente, a Bildner's sofreu múltiplos e simultâneos fracassos. A empresa, indiscutivelmente, aprendeu com esses erros, e Jim Bildner era um homem brilhante, trabalhador e dedicado, mas, após haver acabado o dinheiro, não havia uma segunda chance. Isso é muito ruim, pois a Bildner's poderia ter sido a próxima Taco Bell. (Eu realmente disse "a próxima Taco Bell"? Isso provavelmente a condenou desde o princípio.)

A ação acabou atingindo o mínimo em US$ 0,10, e a administração voltou-se para suas lojas originais, incluindo aquela do outro lado da rua. A nova meta otimista de Bildner's era evitar a falência, mas ela solicitou a proteção do *Chapter 11*. Gradualmente vendi minhas ações, com perdas que variaram entre 50% e 95%.

Continuo a consumir os sanduíches da Bildner's, e todas as vezes que mordo um deles me lembro do que fiz de errado. Não esperei para ver se essa boa ideia da vizinhança realmente poderia ser bem-sucedida em outro local. A clonagem bem-sucedida é o que torna um negócio local de tacos em um Taco Bell ou uma loja local de roupas em uma The Limited, mas não há sentido em comprar a ação até que a empresa tenha provado que a clonagem funciona.

Se o protótipo está no Texas, seria inteligente esperar para comprá-la até que a empresa demonstre poder ganhar dinheiro em Illinois ou no Maine. Foi isto que me esqueci de perguntar à Bildner's: a ideia funciona em outro lugar? Deveria ter me preocupado com a falta de gerentes de lojas preparados, seus limitados recursos financeiros e sua habilidade para sobreviver aos erros iniciais.

Nunca é tarde para não investir em um empreendimento ainda não testado. Se houvesse esperado um pouco mais para comprar ações da Bildner's, não as teria comprado de modo algum. Também deveria tê-las vendido mais cedo. A partir dos fracassos das lojas de departamentos e em Nova York, ficou claro que a Bildner's tinha um problema e que era tempo de abandonar a jogada naquele momento, antes que as cartas ficassem piores. Devo ter dormido na mesa de jogo.

Apesar disso, ótimos sanduíches!

12

Obtendo os fatos

Embora haja vários inconvenientes em ser um gestor de fundos, há a vantagem de que as empresas nos procuram – várias vezes em uma semana, se desejarmos. É surpreendente o quão popular alguém se torna quando um número razoável de pessoas deseja que você compre milhares ações de suas empresas. Eu viajo de costa a costa, visitando uma oportunidade após a outra. Presidentes de conselhos administrativos, presidentes executivos, vice-presidentes e analistas me fornecem informações sobre gastos de capital, planos de expansão, programas de redução de custos ou qualquer outra coisa relevante. Colegas gestores de fundos me transmitem aquilo que ouviram. E, se não posso visitar a empresa, a empresa vem até mim.

Em contrapartida, não posso imaginar nada que seja mais útil saber que o investidor amador não possa descobrir. Todos os dados pertinentes estão apenas esperando para serem recolhidos. Não costumava ser dessa forma, mas agora é assim. Atualmente, as empresas são obrigadas a revelar praticamente tudo em prospectos e relatórios trimestrais e anuais, as associações comerciais relatam o panorama geral do setor em suas publicações. (As empresas também ficam felizes em poder lhe encaminhar o seu informativo. Algumas vezes, podem ser encontradas informações úteis nesses acessíveis informativos.)

Os boatos, reconheço, são mais estimulantes que a informação pública, razão pela qual uma pequena parte de uma conversa ouvida em um restaurante – "as ações da Goodyear estão subindo" – traz consigo mais peso do que o próprio prospecto da Goodyear. Esta é a velha regra de ouro em operação: quanto mais misteriosa for a fonte, mais persuasivo é o conselho. Os investidores normalmente encostam seus ouvidos nas paredes, enquanto são os textos que contam tudo. Talvez, se eles carimbassem "confidencial" nos relatórios trimestrais e anuais ou os enviassem em papéis marrons de embrulho simples, mais pessoas os analisariam.

O que você não consegue obter em um relatório anual poderá obter questionando seu corretor, ligando para a empresa, visitando-a ou realizando algum trabalho investigativo, também conhecido como "avaliação crítica".

Obtendo o máximo de seu corretor

Se você compra e vende ações por meio de uma corretora de valores em vez de um canal de vendas simples, provavelmente está pagando 0,50% a mais por ação em comissões. Isso não é muito, mas deve valer algo além de um cartão de Natal e das melhores ideias da empresa. Lembre-se de que são necessários apenas aproximadamente 15 segundos para um corretor preencher uma ordem de compra ou de venda e outros 15 segundos para transmitir essa ordem para a mesa de operações. Algumas vezes esse trabalho é realizado por algum correio ou mensageiro.

Por que uma pessoa que não aceitaria a ideia de abastecer seu veículo na bomba de abastecimento de serviço completo sem ter a água e o óleo de seu carro checados não exigiria nada de seu serviço de corretagem? Bem, talvez essa pessoa chame o corretor duas vezes por semana para perguntar "Como vão minhas ações?" ou "Que tal está o mercado?" –, mas descobrir o valor atualizado de um portfólio não conta como uma pesquisa de investimento. Eu reconheço que o corretor pode servir como figura paterna, previsor de mercado e tranquilizador durante movimentos desaforáveis de preços. Nada disso, no entanto, o ajuda a selecionar boas empresas.

Mesmo há muito tempo, ainda no século XIX, o poeta Shelley encontrava corretores ansiosos (ou pelo menos um deles) para oferecer uma mão amiga para seus clientes. "Não é estranho que a única pessoa generosa que já conheci, que possuía dinheiro com o qual podia ser generoso, fosse um corretor de ações?" Os corretores de hoje podem ter uma probabilidade menor de enviar grandes doações não solicitadas a seus clientes, mas, enquanto coletores de informações, eles podem ser o melhor amigo de um investidor em ações, provendo relatórios e informativos de investimento, relatórios anuais, relatórios trimestrais, prospectos, *proxy statements*, catálogos *Value Line* e pesquisas de analistas da empresa. Deixe-os obter os dados sobre a relação P/L, as taxas de crescimento, as relações de venda realizadas por membros da empresa e a participação de instituições no capital da empresa. Eles ficarão felizes em fazê-lo assim que perceberem que você está falando sério.

Se você utilizar o corretor como um conselheiro (uma prática geralmente tola, embora, às vezes, possa valer a pena), então peça-lhe para oferecer o discurso de 2 minutos sobre as ações recomendadas. Você provavelmente terá de preparar o corretor para isso com algumas das questões que listei anteriormente. Um diálogo que normalmente se passaria desta forma...

CORRETOR: "Recomendamos a Zayre. É uma situação especial."
VOCÊ: "Você realmente acredita que isso seja bom?"
CORRETOR: "É ótimo. Eu compraria."

...pode ser transformado em algo assim:

CORRETOR: "Recomendamos a La Quinta Motor Inns. Ela acabou de ser incluída em nossa lista de compras."
VOCÊ: "Como você classificaria esta ação? Cíclica, de crescimento lento, de crescimento rápido, em recuperação ou de que forma?"
CORRETOR: "Definitivamente ela é de crescimento rápido."
VOCÊ: "Quão rápido? Qual foi seu crescimento recente em termos de lucros?"
CORRETOR: "De memória, eu não sei, mas posso verificar."
VOCÊ: "Eu gostaria que fizesse isso. E, enquanto estiver verificando, você poderia me fornecer a relação P/L com relação a seus níveis históricos?"
CORRETOR: "Certamente."
VOCÊ: "O que há em relação à La Quinta que faz com que seja bom comprá-la agora? Em que ponto está o mercado? As La Quinta atuais têm lucros? De onde vem a expansão? Qual é a situação das dívidas? Como financiarão o crescimento sem vender lotes de novas ações e sem diluir os lucros? Os membros da empresa estão comprando?"
CORRETOR: "Acredito que grande parte disso estará coberto no relatório de nosso analista."
VOCÊ: "Mande-me uma cópia. Eu lerei e retornarei a chamada para você. Enquanto isso, também gostaria de ter um gráfico do preço das ações em relação aos lucros nos últimos 5 anos. Eu quero saber sobre dividendos, se houver, e se eles sempre são pagos. Quando estiver verificando isso, tente

descobrir que porcentagem das ações é detida por instituições financeiras. Outra coisa: há quanto tempo seu analista vem monitorando essa ação?"
CORRETOR: "Isso é tudo?"
VOCÊ: "Eu lhe direi após ler o relatório. Então, talvez eu ligue para a empresa."
CORRETOR: "Não adie por muito tempo. É um grande momento para comprar."
VOCÊ: "Agora, em outubro? Você sabe o que diz Mark Twain: 'Outubro é um dos meses particularmente mais perigosos para especular com ações. Os outros são julho, janeiro, setembro, abril, novembro, maio, março, junho, dezembro, agosto e fevereiro."

Ligando para a empresa

Os profissionais ligam para as empresas o tempo todo, e os amadores nunca pensam nisso. Se você tem questões específicas, o escritório de relações com os investidores é um bom lugar para obter as respostas. Isto é outra coisa que seu corretor pode fazer por você: conseguir o número do telefone[1]. Muitas empresas saudariam a oportunidade de trocar ideias com o proprietário de 100 ações de Topeka. E, no caso de um pequeno empreendimento, você pode subitamente encontrar-se falando com o presidente da empresa.

Porém, antes de ligar para a empresa, é aconselhável preparar suas questões; e você não precisa iniciar suas perguntas com "Por que o preço das ações da empresa está caindo?". Perguntar pela razão da queda de uma ação imediatamente o qualificará como neófito e indigno de qualquer resposta séria. Na maioria dos casos, uma empresa não tem ideia de por que os preços de uma ação estão em queda.

Os lucros são um bom tópico, mas, por alguma razão, não se considera adequado perguntar à empresa "Quanto dinheiro conseguirão?", assim como não é adequado perguntar a estranhos seus salários anuais. A forma aceitável de formular a questão é sutil e indireta: "Quais são as estimativas de Wall Street em relação aos lucros de sua empresa para o próximo ano?".

Como você já deve saber a esta altura, os lucros futuros são difíceis de serem previstos. Os analistas variam amplamente em suas previsões, e as próprias empresas não têm certeza de quanto ganharão. O pessoal da Procter and

---

[1] No Brasil, esse contato pode ser encontrado no site da Bovespa ou das empresas, na seção de relação com investidores. [N. T.]

Gamble tem uma boa ideia em relação a essa questão, uma vez que a empresa fabrica 82 produtos diferentes, em 100 marcas distintas, e os vende em 107 países diferentes, de modo que os resultados tendem a se equilibrar. Mas não há como o pessoal da Reynolds Metals possa lhe transmitir essa informação, uma vez que, nesse caso, tudo depende dos preços do alumínio. Se você perguntar à Phelps Dodge quanto ela ganhará no próximo ano, ela se voltará a você e lhe perguntará qual será o futuro preço do cobre.

O que você verdadeiramente quer saber do departamento de relação com os investidores é a reação da empresa a qualquer roteiro que esteja buscando desenvolver. Isso faz sentido? Está funcionando? Se você se pergunta se o medicamento Tagamet terá um impacto significativo sobre os resultados da SmithKline, a empresa poderá lhe dizer isso — e eles também lhe informarão os últimos números de vendas do Tagamet.

Há realmente um atraso de 2 meses nos pedidos de pneus da Goodyear, e os preços dos pneus realmente teriam subido como você concluiu a partir das evidências locais? Quantas lojas da Taco Bell serão construídas neste ano? Qual é a porcentagem de mercado conquistada pela Budweiser? As fábricas da Bethlehem Steel estão operando a plena capacidade? Qual é a estimativa da empresa em relação ao valor de mercado de suas propriedades na operação de TV a cabo? Se a trama da sua história for bem definida, você saberá quais pontos verificar.

É recomendável que inicie com questões em que fique demonstrado que realizou algumas pesquisas por conta própria, tais como: "Eu vejo em seu último relatório anual que você conseguiu reduzir suas dívidas em US$ 500 milhões. Quais são os planos para futuras reduções de dívidas?". Isso lhe permitirá obter uma resposta muito mais séria do que se perguntasse: "O que vocês estão fazendo em relação às dívidas?".

Mesmo se não tiver nenhum roteiro, você poderá aprender algo ao formular questões gerais: "Quais são os pontos positivos para este ano?" e "Quais são os pontos negativos?". Talvez eles lhe contem sobre a fábrica na Geórgia que perdeu US$ 10 milhões no último ano, mas que agora está fechada, ou sobre a divisão não produtiva que foi vendida para obtenção de recursos. Talvez algum novo produto tenha surgido para aumentar a taxa de crescimento. Em 1987, o departamento de relação como os investidores poderia ter lhe informado se as recentes notícias médicas em relação à aspirina fizeram crescer as vendas.

No lado negativo, você descobrirá que houve um aumento nos custos do trabalho, que a demanda por um produto significativo diminuiu, que há um novo concorrente nos negócios ou que o dólar em baixa (ou em alta) reduzirá os lucros. Se nos referimos a uma indústria têxtil, talvez você descubra que a linha de produtos não está vendendo bem e que os estoques estão aumentando.

No final, você pode resumir a conversa: três pontos negativos e quatro positivos. Na maioria dos casos, você ouvirá algo que confirmará o que já suspeitava, especialmente se compreende a atividade em questão. Mas, eventualmente, você descobrirá algo inesperado – que as coisas estão melhores ou piores do que esperava. O inesperado pode ser muito lucrativo se estiver comprando ou vendendo ações.

Ao longo de minhas pesquisas, encontro algo inesperado em aproximadamente uma entre dez chamadas telefônicas. Se ligar para empresas que estão passando por dificuldades, os detalhes em nove entre dez ligações confirmarão que as empresas deveriam estar deprimidas, mas, no décimo caso, haverá alguma nova causa para o otimismo que geralmente não é percebida. A mesma proporção se mantém, mas em sentido contrário, no caso das empresas que supostamente estão em boa forma. Se realizar cem chamadas, encontro dez situações surpreendentes; do mesmo modo, se realizo mil chamadas, isso ocorrerá em cem chamadas.

Mas não se preocupe. Se não tiver ações de mil empresas, não terá de preocupar-se em realizar mil chamadas.

Você acredita nisso?

Na maioria das vezes, as empresas são honestas e diretas em suas conversas com os investidores. Todas elas percebem que a verdade chegará mais cedo ou mais tarde no próximo relatório trimestral, de forma que não ganharão nada ao esconder as coisas do mesmo modo que, às vezes, ocorre em Washington. Em todos os meus anos ouvindo os milhares de representantes das empresas contar suas histórias – o quanto os negócios podiam ter piorado –, apenas consigo recordar poucos casos em que fui deliberadamente enganado.

Então, quando ligar para o departamento de relações com investidores, pode estar seguro de que os fatos que ouvirá estarão corretos. Os adjetivos, porém, poderão variar amplamente. Diferentes tipos de empresas podem ter diferentes formas de descrever a mesma cena.

Veja as empresas têxteis, as quais operam desde o século XIX. A JP Stevens iniciou suas operações em 1899, a West Point-Pepperell em 1866 – esses são os equivalentes corporativos das "Filhas da Revolução Americana". Quando se passa por dez guerras, dez *booms*, 15 quebras e 30 recessões, você tende a não se empolgar com qualquer novidade. Você também está suficientemente forte para não ceder prontamente à adversidade.

O pessoal de relações com o investidor das empresas têxteis adquiriu uma grande parte dessa atitude de "velha guarda"; portanto, consegue soar sem entusiasmo quando os negócios estão excepcionais e absolutamente desanimados quando as coisas vão bem. E, se os negócios estiveram mal, você pensaria, em razão do espírito dos atendentes, que os executivos da empresa estavam pendurados pelos lençóis de percal que fabricam no lado de fora de suas janelas.

Digamos que você ligue e pergunte sobre o negócio de tecidos de algodão. "Medíocre", eles respondem. Então, você pergunta sobre as camisas de mistura de poliéster e eles respondem: "Não muito bem." "Como estão os negócios de denim?", você questiona. "Ah, têm melhorado." Mas, quando lhe fornecem os verdadeiros números, você percebe que a empresa está indo bem.

Isto é exatamente o que ocorre no setor têxtil e em setores maduros em geral. *Quando olha para o mesmo céu, o pessoal dos setores maduros vê nuvens onde o pessoal de setores ainda não amadurecidos enxerga tudo claro.*

Veja as empresas de vestuário, as quais fabricam os produtos acabados a partir dos tecidos. Essas empresas têm uma existência frágil e sempre estão desaparecendo da vida financeira. Pelo número de vezes que solicitaram a proteção do *Chapter 11*, você pensaria que se tratava de uma emenda à Constituição. Ainda assim, você nunca ouvirá a palavra "medíocre" de um indivíduo do setor de vestuário, mesmo quando as vendas estão desastrosas. O pior que ouvirá de um indivíduo do setor de vestuário durante a "Peste Negra" do varejo será que as vendas estão "basicamente ok". E, quando as coisas estão basicamente ok, você ouvirá que elas estão "fantásticas", "inacreditáveis", "fabulosas" e "fora desse mundo".

O pessoal da área de tecnologia e de sistemas de informação está igualmente dotado de um espírito de Poliana[2]. Você praticamente pode presumir que, quanto mais frágil for o empreendimento, mais otimista será a retórica. Em razão daquilo que ouvi do pessoal de sistemas, você pensaria que nunca houve um ano negativo na história dos softwares. Obviamente, por que não deveriam ser otimistas? Com tantos concorrentes na área de software, você tem de parecer otimista. Se você aparentar falta de confiança, algum outro "conquistador" vencerá todos os contratos.

---

[2] O autor faz referência à protagonista da obra homônima de Eleanor H. Porter, conhecida por seu inabalável otimismo. [N. R.]

Mas não há razão para o investidor perder seu tempo decifrando o vocabulário corporativo. É mais simples ignorar todos os adjetivos.

Visitando as matrizes

Uma das grandes alegrias de ser um acionista é visitar a matriz das empresas que possui. Se ficam na vizinhança, obter um horário de visita, então, será uma certeza. Elas ficarão encantadas em oferecer visitas guiadas para proprietários de 20 mil ações. Se a empresa se situar em algum lugar ao redor do país, talvez você possa dar uma escapada durante suas férias de verão para realizar uma visita. "Puxa vida, crianças, a apenas 100 km daqui fica o escritório central da Pacific Gas and Electric. Se importariam se eu parasse para olhar o balanço patrimonial enquanto esperam no gramado, no estacionamento de visitantes?" Ok, ok, esqueçam que sugeri isso.

Quando visito uma matriz, o que realmente procuro é um *feeling* do lugar. Os fatos e os números podem ser obtidos por telefone. Obtive *feelings* positivos quando vi que a matriz de Taco Bell estava situada atrás de uma pista de boliche. Quando vi os executivos operando a partir daquele pequeno prédio deselegante, fiquei empolgado. Obviamente, eles não estavam gastando dinheiro com o paisagismo do edifício.

(A primeira coisa que pergunto, por acaso, é: "Quando foi a última vez que um gestor de fundos ou um analista fez uma visita?". Se a resposta for "há 2 anos, eu acho", então fico extasiado. Esse foi o caso do Meridian Bank – 22 anos de lucros em alta, um grande histórico de dividendos crescentes e eles haviam esquecido como um analista se parecia.)

Busque a matriz na esperança de que, se não estiver localizada atrás de uma pista de boliche, então estará localizada em alguma vizinhança decadente, onde analistas financeiros não gostariam de ser vistos. O estagiário que mandei para visitar a Pep Boys relatou que os taxistas da Filadélfia não queriam levá-lo ao local. Fiquei tão impressionado com isso quanto em relação às demais coisas que descobriu.

Na Crown, Cork and Seal, percebi que o escritório do presidente tinha uma visão panorâmica das linhas de produção de latas, os pisos eram de linóleo gasto e os móveis do escritório estavam mais deteriorados do que aqueles em que me sentei no exército. Aqui está uma empresa com as prioridades certas – e você sabe o que ocorreu com as ações? Subiram 280 vezes nos últimos 30 anos. Grandes lucros e matrizes baratas são uma ótima combinação.

Então, o que achar da Uniroyal, localizada em uma colina de Connecticut como as demais luxuosas escolas preparatórias? Achei que era um mau sinal, e, certamente, a empresa desceu colina abaixo. Outros maus sinais incluem mobiliário antigo fino, tapeçaria *trompe l'oeil* e paredes de nogueira polida. Já vi isso acontecer em muitos escritórios: quando trazem as madeiras nobres para a decoração, é hora de temer pelos lucros.

Contato pessoal com o investidor

Visitar a matriz também lhe oferece a oportunidade de encontrar um ou mais dos representantes dos departamentos que têm muito contato com clientes. Outra forma de encontrar um deles é participar dos encontros anuais, nem tanto pelas sessões formais, mas pelos encontros informais. Dependendo da seriedade com a qual pretenda se envolver nessa questão, o encontro anual é sua melhor oportunidade para desenvolver contatos úteis.

Isso nem sempre ocorre dessa forma, mas ocasionalmente sinto algo em relação ao representante corporativo que me proporciona um sentimento quanto às perspectivas da empresa. Quando fui visitar a Tandon, uma empresa que dispensei a princípio em razão de estar no destacado setor de discos flexíveis, tive um encontro interessante com o responsável pelo departamento de relações com clientes. Ele era tão educado, bem-arrumado e eloquente quanto qualquer membro de relações com indivíduos. Contudo, quando procurei seu nome na declaração *proxy* da Tandon (entre outras coisas, as declarações *proxy* lhe informam quantas ações possuem os diversos executivos e diretores corporativos e quanto esses indivíduos recebem), descobri que, entre opções de ações e ações efetivamente possuídas da Tandon, esse homem, que não devia estar há muito tempo na empresa, valia aproximadamente US$ 20 milhões.

De alguma forma, o fato de que esse indivíduo mediano pudesse estar tão bem graças à Tandon parecia muito bom para ser verdade. A ação já havia subido 8 vezes na forma de uma euforia associada a uma relação P/L alta. Pensando nisso por um momento, percebi que, se a Tandon dobrasse novamente de tamanho, o homem das relações com investidores valeria US$ 40 milhões. Para que eu ganhasse dinheiro com a ação, ele deveria ficar duas vezes mais rico do que já estava, e ele já estava duas vezes mais rico do que acreditava que deveria estar. A situação como um todo não era realista. Há outras razões pelas quais desisti de investir, mas a entrevista foi um alerta. A ação caiu de US$ 35,24 para US$ 1,30.

Eu tinha reservas idênticas sobre o fundador e principal acionista da Televideo, o qual encontrei em um almoço de grupo em Boston. Ele já possuía

US$ 100 milhões em ações de uma empresa com uma P/L elevada em um setor extremamente competitivo como o de periféricos para computadores. Pensei comigo mesmo: se ganhar dinheiro com a Televideo, esse indivíduo valerá US$ 200 milhões. Isso não me pareceu realista, tampouco. Desisti do investimento, e a ação passou de US$ 40,50, em 1983, para US$ 1, em 1987.

Nunca pude provar isso cientificamente, mas, se você não puder imaginar a forma como o representante de uma empresa possa ficar tão rico, as chances são de que você está correto.

Verificando as informações

Do momento em que Carolyn descobriu a L'eggs no supermercado e eu descobri a Taco Bell por meio dos burritos, passei a acreditar que andar pelas lojas e experimentar coisas são estratégias fundamentais de investimento. Isso certamente não é um substituto para a proposição de questões essenciais, como prova o caso Buildner's. Mas, quando você está desenvolvendo uma história, é reconfortante ser capaz de verificar a aplicação prática disso.

Eu já tinha ouvido falar da Toys"R"Us por intermédio de meu amigo Peter deRoeth, mas uma ida à loja mais próxima me convenceu de que essa empresa sabia como vender brinquedos. Se você perguntasse aos consumidores se gostavam do local, todos pareciam dizer que planejavam voltar.

Antes de comprar ações da La Quinta, passei três noites em seus motéis. Antes de comprar ações da Pic 'N' Save, parei em uma de suas lojas na Califórnia e fiquei impressionado com as ofertas. A estratégia da Pic 'N' Save era pegar produtos descontinuados dos canais regulares de distribuição e oferecê-los a preços de liquidação.

Poderia ter obtido essa informação por meio do departamento de relações com os investidores, mas não seria a mesma coisa que ver um frasco de colônia à venda por 79 centavos e os consumidores exultantes diante disso. Um analista financeiro poderia ter me informado sobre a compra de milhões de dólares da Lassie Dog Foods realizada pela Pic 'N' Saves após a Campbell's Soups deixar o negócio de comida para cachorros e que a Pic 'N' Saves revendeu rapidamente, com um gigantesco lucro. Mas, ao ver as pessoas nas filas com seus carrinhos cheios de comida para cachorro, você poderia ter a prova de que a estratégia funcionava.

Quando visitei a loja da Pep Boys em um novo local na Califórnia, um vendedor quase me fez comprar um jogo de pneus. Apenas queria verificar os preços, mas ele estava tão entusiasmado que quase tive quatro pneus despachados comigo no avião. Percebi que, com um pessoal daqueles, a Pep Boys poderia vender qualquer coisa. E certamente eles o fizeram.

Após a Apple Computer se desintegrar e o preço da ação passar de US$ 60 para US$ 15, questionei-me se a empresa alguma vez se recuperaria de suas dificuldades e se deveria considerá-la como uma ação em recuperação. Lisa, o novo produto da Apple que marcava sua entrada no lucrativo mercado corporativo, tinha sido um fracasso total. Mas, quando minha esposa me disse que ela e meus filhos necessitavam de um segundo Apple para casa e o gestor de sistemas da Fidelity me contou que a empresa estava comprando 60 novos Macintosh para o escritório, descobri que (a) a Apple ainda era popular no segmento doméstico e (b) estava realizando novos avanços no mercado corporativo. Comprei um milhão de ações e não me arrependo.

Minha fé na Chrysler foi consideravelmente fortalecida após minha conversa com Lee Iacocca, que oferece um caso muito otimista para a recuperação da indústria automobilística, em razão do bem-sucedido corte de custos e da melhoria em sua linha de automóveis. Fora da matriz, notei que o estacionamento dos executivos estava meio vazio, outro sinal de progresso. Mas fiquei realmente entusiasmado ao visitar uma revendedora da Chrysler e ao entrar e sair de Laser, New York e LeBaron conversíveis.

Ao longo dos anos, a Chrysler tinha desenvolvido a reputação de carros antiquados, mas parecia óbvio que estava adicionando maior vigor aos novos modelos – especialmente ao conversível. (Aquele que criaram ao remover a capota dos LeBaron convencionais.)

De alguma forma, ignorei a minivan, a qual rapidamente tornou-se o veículo de maior sucesso já fabricado pela Chrysler e a L'eggs dos anos 1980. Mas, pelo menos, tive a sensação de que a empresa estava fazendo algo certo. Ultimamente, a Chrysler estendeu a minivan e adicionou um motor maior, algo que os consumidores desejavam, e apenas as minivans da Chrysler representam 3% de todos os automóveis e caminhonetes vendidos nos Estados Unidos. Em breve, devo comprar-me uma dessas, tão logo meu AMC Concord, de 11 anos, enferruje totalmente[3].

É impressionante a quantidade de análises em relação ao setor automobilístico que alguém pode fazer nos estacionamentos de estações de esqui, shopping centers, pistas de boliche ou igrejas. Cada vez que vejo uma minivan da Chrysler ou um Ford Taurus (a Ford ainda é uma de minhas maiores

---

[3] Refere-se ao ano de 1989. [N. R.]

participações) estacionados com o motorista no interior do veículo, caminho em sua direção e lhe pergunto: "O que você acha?", "Há quanto tempo já o possui?" e "Você o recomendaria?". As respostas sempre foram 100% positivas, o que é um bom sinal para a Ford e a Chrysler. Carolyn, enquanto isso, está ocupada dentro das lojas, analisando The Limited, Pier 1 e as novas saladas do McDonald's.

Quanto mais homogêneo se torna o país, maiores são as chances de que aquilo que é popular em um shopping center também seja popular em todos os demais. Pense em todas as marcas e produtos cujo sucesso ou fracasso você previu corretamente.

Por que, então, não comprei ações da OshKosh B'Gosh quando nossos filhos cresceram naqueles maravilhosos babadores da OshKosh? Por que me convenci a não investir na Reebok quando a mulher de um de meus amigos queixou-se de que seus calçados machucavam os seus pés? Imagine perder uma *fivebagger* porque um vizinho fez uma crítica negativa sobre um par de tênis. Nada é fácil nesse negócio.

Lendo os relatórios

Não é nenhuma surpresa a razão pela qual vários relatórios anuais terminam na lata de lixo. O texto nas páginas brilhantes é a parte compreensível, o que geralmente é inútil; os números na parte de trás são incompreensíveis, algo supostamente importante. Mas há uma forma de conseguir algo a partir de um relatório anual em poucos minutos, que é todo o tempo que gasto com um deles.

Considere o relatório anual da Ford de 1987. Ele possuía uma bela capa com um retrato da traseira de um Lincoln Continental, fotografado por Tom Wojnowski, e dentro dele havia um tributo a Henry Ford II com uma fotografia dele em pé, diante do retrato de seu avô, Henry I. Há uma mensagem amigável aos investidores, um tratado sobre cultura corporativa e uma menção ao fato de que Ford patrocinou a exposição de trabalhos de Beatrix Potter, criadora do personagem de livros infantis Peter Rabbit.

Folheio toda essa parte e passo diretamente ao Balanço Patrimonial Consolidado, impresso em papel barato, na página 27 do relatório (veja as tabelas adiante). (Há uma regra em relação aos relatórios anuais e às publicações em geral: quanto mais barato for o papel, mais valiosa será a informação.) O balanço lista os ativos e as obrigações. Isso é fundamental para mim.

Na coluna superior "Ativo Circulante", vejo que a empresa possui US$ 5.672 milhões de caixa, mais US$ 4.424 milhões em títulos e valores mobiliários. Somando esses dois itens, chego à posição atual da empresa em termos de disponíveis, a qual se situa em US$ 10,1 bilhões. Comparando a disponibilidade de 1987 com a de 1986 na coluna da direita, vejo que a Ford está guardando cada vez mais dinheiro. Um sinal seguro de prosperidade.

Então, sigo para a outra metade do balanço, para a entrada que diz "dívida de longo prazo". Aqui, vejo que a dívida de longo prazo, em 1987, é de US$ 1,75 bilhão, uma redução considerável em relação ao ano anterior. A redução de dívidas é outro sinal positivo de prosperidade. Quando a disponibilidade aumenta em relação à dívida de longo prazo, trata-se de um balanço consolidado em melhoria. Quando isso ocorre em sentido contrário, trata-se de um balanço consolidado em deterioração.

Ao subtrair a dívida de longo prazo da disponibilidade, chego a US$ 8,35 bilhões, a posição "disponível líquida". Quando a disponibilidade excede a dívida de longo prazo, trata-se de um bom sinal. Independentemente do que aconteça, a Ford não está prestes a sair do negócio.

BALANÇO PATRIMONIAL CONSOLIDADO
31 de dezembro de 1987 e 1986 (em US$ milhões)
Ford Motors Company e Subsidiárias Consolidadas

ATIVO	1987	1986
Ativo Circulante (US$)		
Caixa e aplicações financeiras	5.672,90	3.459,40
Títulos negociáveis por valor de custo mais juros (próximo a valor de mercado)	4.424,10	5.093,70
Recebíveis (incluindo US$ 1.554,90 e US$ 733,30 de subsidiárias não consolidadas)	4.401,60	3.487,80
Estoques (Nota 1)	6.321,30	5.792,60
Outros (Nota 4)	1.161,60	642,50
Total do Ativo Circulante	**21.981,50**	**18.458,00**
Ativos Líquidos de Subsidiárias e Afiliadas Não Consolidadas (Nota 6)	7.573,90	5.088,40
Imobilizado		
Imóveis e Equipamentos, valor de custo (Nota 7)	25.079,40	22.991,80
Dedução Depreciação Acumulada	14.567,40	13.187,20
Total de Imóveis e Equipamentos	**10.512,00**	**9.804,60**

▶

Ferramentas Especiais Não Amortizadas	3.521,50	3.396,10
Total de Imobilizado	14.033,50	13.200,70
Outros Ativos (Nota 10)	1.366,80	1.185,90
Total de Ativos	**44.955,70**	**37.933,00**

PASSIVO E PATRIMÔNIO LÍQUIDO		
Passivo Circulante (US$)		
Contas a Pagar		
Com fornecedores	6.564,00	5.752,30
Outros	2.624,10	2.546,10
Total de contas a pagar	**9.188,10**	**8.298,40**
Impostos a pagar	647,60	737,50
Dívida de Curto Prazo	1.803,30	1.230,10
Dívida de Longo Prazo com vencimento em 1 ano	79,40	73,90
Despesas Acumuladas a Pagar (Nota 8)	6.075,00	5.285,70
Total Passivo Circulante	**17.793,40**	**15.625,60**
Dívida de Longo Prazo (Nota 9)	1.751,90	2.137,10
Outros (Nota 8)	4.426,50	3.877,00
Impostos Diferidos (Nota 4)	2.354,70	1.328,10
Participações Minoritárias em Ativos de Subsidiárias Consolidadas	136,50	105,70
Garantias e Compromissos (Nota 14)	–	–
Patrimônio Líquido (US$)		
Capital Social (Notas 10 e 11)		
Ações Preferenciais	–	–
Ações Ordinárias	469,80	498,20
Ações Classe B	37,70	38,60
Capital Excedente do Valor Nominal da Ação	595,10	605,50
Ajustes para Conversões em Moeda Estrangeira (Nota 1)	672,60	(450,00)
Lucros Retidos para Investimentos no Negócio	16.717,50	14.167,20
Total do Patrimônio Líquido	**18.492,70**	**14.859,50**
Total do Passivo e Patrimônio Líquido	**44.955,70**	**37.933,00**
Patrimônio Líquido por Ação	**36,44**	**27,68**

As notas adjuntas fazem parte das declarações financeiras.

(Você deve ter notado que a dívida de curto prazo da Ford é de US$ 1,8 bilhão. Eu ignoro o dívida de curto prazo em meus cálculos. Os puristas podem agitar-se quanto quiserem em relação a isso, mas por que complicar as coisas desnecessariamente? Eu apenas considero que os demais ativos da empresa [estoques e outros] são suficientemente valiosos para cobrir a dívida de curto prazo e deixo as coisas dessa forma.)

Na maioria das vezes, a dívida de longo prazo supera o caixa, o caixa disponível está diminuindo, a dívida está crescendo e a empresa está em má situação financeira. O que você deseja saber nesse breve exercício é se a situação é boa ou ruim.

A seguir, passarei ao resumo financeiro de 10 anos, localizado na página 38 desse relatório, para olhar o quadro do período de 10 anos. Descubro que há 511 milhões de ações emitidas. Também vejo que o número foi reduzido em cada um dos 2 últimos anos. Isso significa que a Ford tem recomprado suas ações, outro ponto positivo.

Dividindo US$ 8,35 bilhões em caixa por US$ 511 milhões, concluo que há US$ 16,30 em caixa líquido para cada ação da Ford. A razão pela qual isso é importante ficará evidente no próximo capítulo.

Resumo Financeiro de Dez Anos (em milhares de dólares)
Ford Motors Company e suas Subsidiárias Consolidadas

Resumo das Operações	1987	1986	1985	1984	1983	1982	1981	1980	1979	1978
Vendas	71.643,40	62.715,80	52.744,40	52.366,40	44.454,60	37.067,20	38.247,10	37.085,50	45.513,70	42.784,10
Custos totais	65.442,20	58.659,30	50.044,70	48.944,20	42.650,90	37.550,80	39.502,90	39.363,80	42.596,70	40.425,60
Receitas operacionais (perdas)	6.201,20	4.056,50	2.729,70	3.422,20	1.803,70	(483,60)	(1.255,80)	(2.278,30)	917,00	2.358,50
Receitas com juros	866,00	678,80	749,10	917,50	569,20	562,70	624,60	543,10	693,00	456,00
Despesas com juros	440,60	482,90	446,60	536,00	567,20	745,50	674,70	432,50	246,80	194,80
Participação em subsidiárias e afiliadas não consolidadas	753,40	816,90	598,10	479,10	360,60	258,20	167,80	187,00	146,20	159,00
Lucros (perdas) antes do pagamento de impostos	7.380,00	5.069,30	3.630,30	4.282,80	2.166,30	(407,90)	(1.131,10)	(1.980,70)	1.509,40	2.778,70
Provisão (crédito) para pagamento de impostos	2.726,00	1.774,20	1.103,10	1.328,90	27,02	256,60	(68,30)	(435,40)	330,10	1.175,00
Participação minoritária	28,80	10,00	11,80	47,10	29,20	(6,70)	(9,70)	(2,00)	10,00	14,80
Receita líquida (perda)	4.625,20	3.285,10	2.515,40	2.906,80	1.866,90	(657,80)	(1.060,10)	(1.543,30)	1.169,30	1.588,90
Dividendos	805,00	591,20	442,70	369,10	90,90	—	144,40	312,70	467,60	416,60
Receita retida (perdas)	3.820,20	2.693,90	2.072,70	2.537,70	1.776,00	(657,80)	(1.204,50)	(1.856,00)	701,70	1.172,30
Retorno sobre vendas após impostos	6,5%	5,3%	4,8%	5,6%	4,3%	*	*	*	2,7%	3,7%
Patrimônio líquido no final do exercício	18.492,70	14.859,50	12.268,60	9.837,70	7.545,30	6.077,50	7.362,20	8.567,50	10.420,70	9.686,30
Ativos no final do exercício	44.955,70	37.933,00	31.603,60	27.485,60	23.868,90	21.961,70	23.021,40	24.347,60	23.524,60	22.101,40

Dívida de longo prazo no final do exercício	1.751,90	2.137,10	2.157,20	2.110,90	2.712,90	2.353,30	2.709,70	2.058,80	1.274,60	1.144,50	
Número médio de ações de capital emitidas (em milhões)	511,00	533,10	553,60	552,90	544,20	541,80	541,20	541,20	539,80	535,60	
Lucro líquido (perda) por ação (em dólares)	9,05	6,16	4,54	5,26	3,43	(1,21)	(1,96)	(2,85)	2,17	2,97	
Lucro líquido assumindo diluição total	8,92	6,05	4,40	4,97	3,21	–	–	–	2,03	2,76	
Dividendos	1,58	1,11	0,80	0,67	0,17	0	0,27	0,58	0,87	0,78	
Patrimônio líquido no final do exercício	36,44	27,68	21,97	17,62	13,74	11,20	13,57	15,79	19,21	17,95	
Variação do preço da ação (NYSE)	56,30	31,75	19,75	17,10	15,50	9,25	5,75	8,00	10,10	11,50	
	28,50	18,00	13,30	11,00	7,60	3,75	3,50	4,00	6,50	8,60	
Equipamentos e Instalações											
Custo de capital com maquinário (incluindo equipamentos especiais)	2.268,70	2.068,00	2.319,80	2.292,10	1.358,60	1.605,80	1.257,40	1.583,80	2.152,30	1.571,50	
Depreciação	1.814,20	1.666,40	1.444,40	1.328,60	1.262,80	1.200,80	1.168,70	1.057,20	895,90	735,50	
Despesas com equipamentos especiais	1.343,30	1.284,60	1.417,30	1.223,10	974,40	1.361,60	970,00	1.184,70	1.288,00	970,20	
Amortização com equipamentos especiais	1.353,20	1.293,20	948,40	979,20	1.029,30	955,60	1.010,70	912,10	708,50	578,20	
Mão de obra – Operação Mundial (1)											
Folha de pagamento	11.669,60	11.289,70	10.175,10	10.018,10	9.284,00	9.020,70	9.536,50	9.663,40	10.293,80	9.884,00	
Total de custos trabalhistas	16.567,10	15.610,40	14.033,40	13.802,90	12.558,30	11.957,00	12.428,50	12.598,10	13.386,30	12.631,70	
Número médio de empregados	350.320	382.274	369.314	389.917	386.342	385.487	411.202	432.987	500.464	512.088	

Resumo das Operações	1987	1986	1985	1984	1983	1982	1981	1980	1979	1978
Mão de obra – Operação EUA (1)										
Folha de pagamento	7.761,60	7.703,60	7.212,90	6.875,30	6.024,60	5.489,30	5.641,30	5.370,00	6.368,40	6.674,20
Número médio de empregados	180.838	181.476	172.165	178.758	168.507	161.129	176.146	185.116	244.297	261.132
Custos trabalhistas totais por hora (2)										
Salários	16,50	16,12	15,70	15,06	13,93	13,38	12,75	11,45	10,35	9,73
Benefícios	12,38	11,01	10,75	9,40	8,54	9,79	8,93	8,54	5,59	4,36
Total	28,88	27,13	26,45	24,46	22,47	23,17	21,68	19,99	15,94	14,09

Os dados do capital social foram ajustados para refletir os proventos.
*Os resultados de 1982, 1981 e 1980 apresentaram perdas.
(1) Inclui dados de finanças, seguros e patrimônio de subsidiárias e afiliadas.
(2) Por hora trabalhada (US$). Exclui dados de empresas subsidiárias.

Após isso, me volto para... Não, as coisas já estão ficando muito complicadas. Se você não quiser prosseguir com esse exercício e deseja ler mais sobre Henry Ford, então pergunte ao seu corretor se a Ford está recomprando ações, se a disponibilidade excede a dívida de longo prazo e quanto de caixa há para cada ação.

Sejamos realistas. Não o conduzirei a uma caçada com gansos selvagens através das trilhas da contabilidade. Há números importantes que o auxiliarão a acompanhar as empresas e, se você conseguir obtê-los a partir dos relatórios anuais, ótimo. Se não conseguir obtê-los a partir dos relatórios anuais, poderá consegui-los nos relatórios da S&P, com seu corretor ou na *Value Line*.

É mais fácil ler a *Value Line* do que um balanço patrimonial, de forma que, caso nunca tenha visto um desses documentos, comece por aí. Ela lhe informará sobre dívida e caixa, resumirá o histórico de longo prazo para que você veja o que ocorreu durante a última recessão, se os lucros estão em seu movimento positivo, se os dividendos sempre foram pagos etc. Finalmente, ela avalia as empresas em relação à sua força financeira em uma escala de 1 a 5, proporcionando-lhe uma ideia geral da habilidade da empresa para lidar com adversidades. (Também há um sistema de avaliação para a "conveniência temporal" de uma ação, mas não presto muita atenção nisso.)

Deixemos de lado momentaneamente o relatório anual. Em vez disso, consideremos os números importantes individualmente, de forma separada, e não nos esforçaremos mais para encontrá-los aqui.

13

Alguns números famosos

Aqui, e sem nenhuma ordem de importância, estão os vários números que valem a pena ser observados:

Porcentagem das vendas

Quando estou interessado em uma empresa por causa de um produto específico – tal como L'eggs, Pampers, Bufferin ou a resina Lexan –, a primeira coisa que desejo saber é o que o produto significa para a empresa. Que porcentagem das vendas ele representa? L'eggs fez com que as ações da Hanes disparassem porque era uma empresa pequena. Pampers era mais lucrativo que L'eggs, mas esse produto não significava muito para o gigante Procter and Gamble.

Digamos que você ficou empolgado com a resina Lexan e descobriu que a General Electric a fabrica. Em seguida, você descobre com seu corretor (ou com o relatório anual, se puder acompanhá-lo) que a divisão de plásticos faz parte da divisão de materiais e que toda a divisão contribui apenas com 6,8% das receitas totais da GE. Assim, se a Lexan for a próxima Pampers, isso não significará muito para os acionistas da GE. Você pondera essa informação e se pergunta quem mais fabrica a Lexan ou então trata de esquecê-la.

A relação preço/lucro

Já vimos este tópico, mas aqui está um refinamento útil: a relação P/L de qualquer empresa que estiver precificada adequadamente será igual à sua taxa de crescimento. Nesse caso, estou falando sobre a taxa de crescimento dos lucros. Como você pode descobri-la? Pergunte ao seu corretor qual é a taxa de crescimento comparada à relação P/L.

Se a P/L da Coca-Cola é 15, você esperaria que a empresa crescesse aproximadamente 15% ao ano etc. Mas, se a relação P/L for menor que a taxa de crescimento, você pode ter encontrado uma pechincha. Uma empresa, digamos, com uma taxa de crescimento de 12% por ano e uma relação P/L de 6 é um prospecto muito atraente. Em contrapartida, uma empresa com uma taxa de crescimento de 6% ao ano e uma relação P/L de 12 é um prospecto pouco atraente e uma candidata a perdas.

Em geral, uma relação P/L que seja metade da taxa de crescimento é muito positiva; e uma que seja duas vezes a taxa de crescimento é muito negativa. Utilizamos essa medida o tempo todo quando analisamos ações para os fundos de investimentos.

Se o seu corretor não pode lhe fornecer a taxa de crescimento, você pode encontrá-la por conta própria ao apanhar os valores nos relatórios e calcular o aumento percentual nos lucros de um ano para o outro. Dessa forma, você terminará com outra medida para verificar se uma ação está muito cara ou não. Em relação à essencial taxa de crescimento futura, sua opinião é tão boa quanto a minha.

Uma fórmula um pouco mais complicada nos torna capazes de comparar taxas de crescimento com lucros, ao mesmo tempo que também levamos os dividendos em conta. Encontre a taxa de crescimento de longo prazo (digamos, a taxa da empresa X é de 12%); adicione a taxa de retorno dos dividendos (a empresa X paga 3% ao ano) e divida esse valor pela relação P/L (a da empresa X é 10); 12 mais 3 dividido por 10 é igual a 1,5.

Menos de um é ruim, e 1,5 é um bom número; mas o que você realmente estará buscando é um 2 ou algum outro valor superior. Uma empresa com uma taxa de crescimento de 15%, 3% de dividendos e uma relação P/L de 6 produziria um fabuloso 3.

A posição do caixa

Apenas analisemos a posição do caixa líquido de US$ 8,35 bilhões da Ford em relação à sua dívida de longo prazo. Quando uma empresa dispõe de bilhões em caixa, certamente há algo sobre o qual se deve saber.

A ação da Ford passou de US$ 4, em 1982, para US$ 38 no começo de 1988. Ao longo do caminho, havia comprado 5 milhões de ações. Por US$ 38 a ação, já havia obtido um grande ganho com a Ford e o coro de Wall Street já estava soando havia 2 anos sobre o fato de as ações da Ford estarem sobrevalorizadas. Diversos conselheiros afirmaram que essa indústria automobilística cíclica já havia tido seu último grito de alegria e que agora ela se encaminhava para a baixa. Quase vendi minhas ações em diversas ocasiões.

Mas ao analisar o relatório anual percebi que a Ford havia acumulado US$ 16,30 por ação em caixa líquido de dívidas — conforme fora mencionado no capítulo anterior. Para cada ação da Ford que possuía, havia esse bônus de US$ 16,30 disponíveis em caixa, como uma deliciosa restituição oculta.

Os títulos públicos de US$ 16,30 mudavam tudo. Isso significava que estava comprando a empresa não apenas por US$ 38 a ação, o preço na ocasião, mas por US$ 21,70 a ação (US$ 38 menos os US$ 16,30 em caixa). Os analistas esperavam um ganho de US$ 7 por ação para a Ford, decorrente de suas operações com automóveis, as quais, pelo preço de US$ 38, proporcionavam uma relação P/L de 5,4, mas que, por um preço de US$ 21,70, proporcionavam uma P/L de 3,1.

Uma P/L de 3,1 é um número excepcional, seja de cíclicas ou não. Talvez não tivesse ficado tão impressionado se a Ford fosse uma má empresa e as pessoas estivessem desanimadas com seus novos veículos. Mas a Ford é uma grande empresa e as pessoas adoravam os recentes modelos de carros e caminhonetes.

O fator caixa ajudou a me convencer a manter as ações da Ford, e elas subiram mais 40% após minha decisão de não vendê-las.

Eu também sabia (e você poderia ter descoberto na página 5 do relatório anual — ainda na seção brilhante inteligível) que o grupo de serviços financeiros da Ford — Ford Credit, First Nationwide, U.S. Leasing e outros — havia lucrado US$ 1,66 por ação, por conta própria, em 1987. Em relação à Ford Credit, a qual, sozinha, contribuiu com US$ 1,33 por ação, foi seu "13º ano consecutivo de crescimento dos lucros".

Atribuindo-se uma relação P/L hipotética de 10 para os lucros da atividade financeira da Ford (empresas financeiras normalmente têm relações P/L de 10), estimei o valor dessas subsidiárias em dez vezes os US$ 1,66, ou US$ 16,60 por ação.

Dessa forma, com a ação da Ford negociada por US$ 38, você obtinha US$ 16,30 em caixa líquido e outros US$ 16,60 pelo valor das empresas financeiras, de forma que o negócio de automóveis estava lhe custando o grande valor de US$ 5,17 por ação. E nesse mesmo negócio automobilístico se esperava um ganho de US$ 7 por ação. A Ford era uma seleção arriscada? Por US$ 5,10 por ação, tratava-se de uma verdadeira pechincha, apesar do fato de que a ação já havia se valorizado quase 10 vezes desde 1982.

A Boeing é outro exemplo de ação rica em caixa. No início de 1987, ela era negociada por um pouco mais de US$ 40, mas, com US$ 27 em caixa, você estava comprando a empresa por US$ 15. Inicialmente, adquiri uma pequena posição na Boeing no início de 1988, então passei a uma posição maior – parcialmente pelo caixa e parcialmente porque a Boeing tinha uma fila recorde de pedidos comerciais ainda por ser satisfeita.

O caixa nem sempre faz diferença, obviamente. Com maior frequência do que parece, não há muito disso com que se preocupar. A Schlumberger tinha muito caixa, mas não possuía uma quantidade significativa de caixa por ação. A Bristol-Myers tinha US$ 1,6 bilhão em caixa e apenas US$ 200 milhões em dívidas de longo prazo, o que produzia uma relação impressionante, mas, com 280 milhões de ações emitidas, US$ 1,4 bilhão em caixa líquido (após a subtração das dívidas) resulta em US$ 5 por ação. Os US$ 5 não contam muito se a ação é vendida por mais de US$ 40. Se a ação caísse para US$ 15, isso sim seria uma boa oferta.

No entanto, sempre é aconselhável verificar o caixa (e o valor dos negócios relacionados) como parte de sua pesquisa. Você nunca saberá quando se deparará com uma Ford.

Já que nos ocupamos dessa questão, o que a Ford fará com todas essas reservas em caixa? À medida que o dinheiro acumula-se no caixa de uma empresa, a especulação em torno do destino do investimento pode afetar o preço da ação. A empresa tem aumentado os dividendos e recomprado ações a um ritmo impressionante, mas ela ainda acumula bilhões e bilhões além disso. Alguns investidores se perguntam se a Ford desperdiçará seu dinheiro em um negócio exótico, mas, até agora, a empresa tem sido prudente em suas aquisições.

A Ford já possui uma empresa de crédito e uma caixa de depósitos, além de controlar a Herz Rent A Car por meio de uma parceria. Ela fez uma oferta baixa pela Hughes Aerospace e perdeu. A TRW poderia criar alguma sinergia razoável: ela é a maior produtora de peças de automóveis do mundo e está em alguns dos mesmos mercados de eletrônicos. Além disso, a TRW poderia se tornar a maior fornecedora de airbags para automóveis. Mas, se a Ford adquirir a Merrill Lynch ou a Lockheed (havia rumores em torno de ambas), ela estará se juntando à longa lista de "piorizações"?

O fator dívida

Quanto uma empresa deve e quanto ela tem? Dívida *versus* patrimônio líquido. Isso é o tipo de dado que um agente de financiamento gostaria de saber ao decidir se você é um bom risco de crédito.

Um balanço corporativo tem dois lados. No lado esquerdo, ficam os ativos (estoques, recebíveis, imóveis e equipamentos etc.). O lado direito apresenta a forma como os ativos são financiados. Uma maneira rápida de determinar a força financeira de uma empresa é comparar a dívida com o patrimônio líquido (PL) do lado direito do balanço patrimonial.

Essa relação entre dívida e patrimônio líquido é fácil de determinar. Analisando o balanço patrimonial do relatório anual da Ford de 1987, você verá que o valor total do patrimônio líquido é de US$ 18.492 milhões. A algumas linhas acima desse número, nota-se que a dívida de longo prazo é US$ 1,7 bilhão. (Há a dívida de curto prazo, mas, nessas avaliações breves, costumo ignorá-la, como afirmei. Se há caixa em quantidade suficiente – ver linha 2 – para cobrir a dívida de curto prazo, então você não deve se preocupar com isso.)

Um balanço patrimonial normal possui uma proporção de 75% de patrimônio líquido e 25% de dívidas. A relação entre patrimônio líquido e dívidas é um valor impressionante de US$ 18.492 milhões para US$ 1,7 bilhão, ou 91% de patrimônio líquido e menos de 10% de dívidas. Trata-se de um balanço patrimonial robusto. Um balanço patrimonial ainda mais robusto poderia ter 1% de dívida e 99% de patrimônio líquido. Um balanço patrimonial débil, em contrapartida, poderia ter 80% de dívidas e 20% de patrimônio líquido.

Entre empresas em recuperação e empresas em dificuldades, centro-me especialmente no fator dívida. Mais do que qualquer outro fator, é a dívida que determina quais empresas irão sobreviver e quais irão falir em uma crise. Empresas jovens e com grandes dívidas estão sempre em risco.

Certa vez eu analisava ações de duas empresas em baixa do setor de tecnologia: a GCA e a Applied Materials. Ambas fabricavam bens de capital eletrônicos – máquinas que fabricam *chips* de computador. Esse é um daqueles campos de alta tecnologia que deveria ser evitado, e essas empresas o provaram, ao caírem rumo ao abismo. No final de 1985, a ação da GCA baixou de US$ 20 para US$ 12, e a ação da Applied Materials se saiu ainda pior, passando de US$ 16 para US$ 8.

A diferença entre elas foi que a GCA, quando passou por dificuldades, tinha US$ 114 milhões em dívidas, a maior parte das quais era composta de dívidas bancárias. Falarei mais sobre isso posteriormente. Ela possuía apenas

US$ 3 milhões em caixa, e seu principal ativo, seus estoques, valia US$ 73 milhões – mas, no setor de eletrônicos, as coisas podem mudar tão rapidamente que os estoques atualmente avaliados em US$ 73 milhões podem amanhã valer apenas US$ 20 milhões. Quem poderia saber quanto poderiam, de fato, conseguir em uma venda de liquidação?

A Applied Materials, por sua vez, tinha apenas US$ 17 milhões em dívidas e US$ 36 milhões em caixa.

Quando o negócio de componentes eletrônicos se recuperou, as ações da Applied Materials passaram de US$ 8 para US$ 36, mas a GCA não existia mais para desfrutar da retomada dos negócios. Uma empresa faliu e foi comprada por 10 centavos a ação enquanto a outra subiu mais de 4 vezes de valor. O peso da dívida foi a diferença.

É o tipo de dívida, tanto quanto o valor devido, que separa vencedores de perdedores em uma crise. Há dívida bancária e há financiamento.

A dívida bancária (o pior tipo, daquela experimentada pela GCA) deve ser quitada segundo a vontade do credor. Não é necessário que este esteja relacionado a um banco. Ele também pode assumir a forma de um papel comercial, emprestado por uma empresa a outra por curtos períodos de tempo. O importante, nesse caso, é que pode ser exigido em um futuro próximo, sendo até algumas vezes passível de ser "imediatamente resgatado". Isso significa que o credor pode solicitar seu dinheiro de volta no primeiro sinal de dificuldades. Se o tomador não devolver os valores, ele terá sua falência decretada. Os credores se apropriam dos ativos da empresa, e nada é deixado para os acionistas após o término do processo em recuperação de créditos.

O financiamento de longo prazo (o melhor tipo, do ponto de vista do acionista) nunca pode ser liquidado, independentemente de quão sombria esteja a situação do tomador, contanto que este continue a pagar os juros da dívida. O valor principal não poderá ser cobrado durante 15, 20 ou 30 anos. O financiamento de longo prazo normalmente assume a forma de títulos privados regulares com longos prazos de maturação. Os títulos privados podem ter sua qualificação aumentada ou diminuída pelas agências de avaliação de risco em razão da saúde financeira da empresa, mas os proprietários de títulos privados não podem exigir o pagamento imediato do valor principal da mesma forma que um banco pode executá-lo. Algumas vezes, até mesmo o pagamento de juros pode ser postergado. O financiamento de longo prazo proporciona algum tempo para superarem suas dificuldades. (Em uma das notas de rodapé de um relatório anual típico, a empresa oferece informações detalhadas sobre suas dívidas de longo prazo, a taxa de juros praticada e as datas de vencimento dessas dívidas.)

Particularmente, fico atento à estrutura da dívida, bem como ao seu valor, quando examino uma empresa em recuperação como a Chrysler. Todos sabiam que a Chrysler tinha problemas, o elemento central era que o governo garantira um empréstimo de US$ 1,4 bilhão em troca de algumas opções de ações. Mais tarde, o governo vendeu essas opções de ações e, de fato, obteve um grande lucro com a operação, mas, na ocasião, tratava-se de algo impossível de ser previsto. O que poderia ser previsto, no entanto, era que o acordo de empréstimo da Chrysler proporcionou margem de manobra à empresa.

Também notei que havia US$ 1 bilhão em caixa e que a empresa recentemente havia vendido sua divisão de blindados de combate para a General Dynamics por outros US$ 36 milhões. De fato, a Chrysler perdia pouco dinheiro naquele momento, mas o caixa e a estrutura do empréstimo do governo sinalizavam que os banqueiros não fechariam as portas para a empresa por, pelo menos, 1 ou 2 anos.

Dessa forma, se você acreditava que a indústria automobilística iria se recuperar, como eu acreditava, e se sabia que a Chrysler havia realizado importantes melhorias e se tornara um fabricante de baixos custos no setor, então você poderia ter confiado na sobrevivência da empresa. Não se tratava de um negócio tão arriscado quanto aparentava quando visto nos jornais.

A Micron Technology é outra empresa que foi salva do desaparecimento em razão da estrutura da dívida – e a Fidelity teve uma grande participação nisso. Tratava-se de uma maravilhosa empresa de Idaho que entrou cambaleante em nosso escritório com suas últimas energias, uma vítima da estagnação no setor de *chips* de memória para computadores e do *dumping* japonês de *chips* de memória DRAM no mercado. A Micron foi à Justiça, alegando que não havia uma maneira pela qual os japoneses pudessem produzir *chips* a um custo mais baixo que o da Micron e que, dessa forma, os japoneses venderiam seu produto com perdas para arruinar a concorrência. Finalmente, a Micron venceu o processo.

Enquanto isso, todos os produtores domésticos importantes, exceto a Texas Instruments e a Micron, abandonaram o negócio. A sobrevivência da Micron estava ameaçada pelas dívidas acumuladas com bancos, e a sua ação caíra de US$ 40 para US$ 4. Sua última esperança era vender debêntures conversíveis (um título de dívida que pode ser convertido em ações segundo o desejo do comprador). Isso possibilitaria à empresa obter recursos suficientes para quitar a dívida bancária e superar as dificuldades de curto prazo, uma vez que o valor principal de seu título de dívida venceria apenas dentro de muitos anos.

A Fidelity comprou uma grande parte daqueles debêntures. Quando o negócio de *chips* de memória recuperou-se e a Micron voltou a ser lucrativa, a ação subiu de US$ 4 para US$ 24, e a Fidelity obteve bons lucros.

Dividendos

"Sabe qual é a única coisa que me dá prazer?
Ver meus dividendos entrando."
John D. Rockefeller, 1901

As ações que pagam dividendos frequentemente são favorecidas pelos investidores que desejam um ganho extra. Não há nada de errado nisso. Uma checagem no correio sempre é útil, mesmo para John D. Rockefeller. Mas a questão real, como a percebo, é como o dividendo ou sua ausência afetam o valor de uma empresa e o preço de sua ação ao longo do tempo.

O conflito básico entre os diretores corporativos e os acionistas em relação aos dividendos é similar ao conflito existente entre pais e filhos em relação aos fundos fiduciários. Os filhos preferem uma distribuição rápida dos recursos, enquanto os pais preferem controlar o dinheiro para o maior benefício de seus filhos.

Um forte argumento a favor das empresas que pagam dividendos é o de que as empresas que não pagam dividendos têm um triste histórico de desperdiçar dinheiro em uma série de "piorizações". Já testemunhei isso suficientemente para começar a acreditar na teoria da bexiga em finanças corporativas, proposta por Hugh Liedtke, da Pennzoil: quanto maiores forem as suas reservas em caixa – tal como uma bexiga –, maior será a pressão para esvaziá-la. Sua primeira aparição para a fama ocorreu com a transformação de uma pequena empresa petrolífera em uma grande empresa. Sua segunda aparição ocorreu quando, assim como na batalha de Golias e Davi, ela bateu a Texaco, em US$ 3 bilhões, em um processo judicial em que todos diziam que perderia.

(O período final dos anos 1960 discutido anteriormente deveria ser lembrado como os anos da bexiga. Ainda hoje, há uma propensão entre os administradores corporativos em esvaziar as reservas em aventuras malfadadas – mas em escala muito menor que há 40 anos.)

Outro argumento em favor das ações que pagam dividendos encontra-se no fato de que o dividendo impede que o preço da ação caia em um cenário em que normalmente cairia caso o pagamento de dividendos não fosse efetuado. Na derrocada de 1987, as ações que pagavam altos dividendos se saíram melhor do que aquelas que não o faziam e sofreram menos da metade do declínio de preços do mercado geral. Essa é uma das razões pelas quais mantenho algumas empresas de confiança e mesmo empresas de crescimento lento em meu portfólio. Quando uma ação é vendida por US$ 20, um dividendo de US$ 2 por ação resulta em uma taxa de 10%, mas suponhamos que o preço dessa ação seja reduzido para US$ 10 e, repentinamente, obtenha uma taxa de 20%. Se os investidores estiverem certos de que taxas altas serão mantidas, eles comprarão a ação apenas por conta disso. Isso colocará um piso sob o preço da ação. As ações *blue chip* com históricos longos de pagamento e elevação de pagamento de dividendos são aquelas que os investidores procuram em quaisquer situações de crise.

Mas, novamente, as empresas pequenas que não pagam dividendos têm uma probabilidade muito maior de crescer mais rápido em razão disso. Elas aplicam recursos em sua expansão. A razão pela qual as empresas emitem ações, em primeiro lugar, é poder financiar sua expansão sem ter de se onerar com dívidas bancárias. Sempre prefiro ações de uma empresa de crescimento rápido a ações de uma empresa sólida pagadora de dividendos.

As concessionárias de serviços públicos em eletricidade e telefonia são as maiores pagadoras de dividendos. Em períodos de crescimento lento, elas não necessitam construir plantas ou expandir seu equipamento, e o volume de caixa aumenta. Em períodos de crescimento rápido os dividendos são iscas para atrair as enormes quantidades de capital necessárias para a construção de plantas.

A Consolidated Edison descobriu que poderia comprar energia adicional do Canadá, então por que ela teria de desperdiçar dinheiro com geradores novos e caros e com toda a despesa necessária para sua aprovação e construção? Pelo fato de não possuir nenhuma grande despesa nesses dias, a Con Ed acumula centenas de milhares de dólares em caixa, recompra ações de uma forma acima da média e continuamente aumenta seus dividendos.

A General Public Electric, agora recuperada da fatalidade com a usina de Three Mile Island, atingiu o mesmo estágio de desenvolvimento da Con Ed há 10 anos. Agora, ela também recompra ações e aumenta os dividendos.

Eles são pagos?

Se você planeja comprar uma ação por causa de seus dividendos, descubra se a empresa será capaz de pagá-los durante recessões e períodos difíceis. Que tal o Feet-Norstar, antigo Industrial National Bank, o qual pagou dividendos ininterruptamente desde 1791?

Se uma empresa de crescimento lento omite um dividendo, você está preso a uma difícil situação: um empreendimento moroso, em que não acontece quase nada.

Uma empresa com um histórico de regularidade de 20 ou 30 anos de aumento de dividendos é sua melhor aposta. As ações de empresas como Kellogg's e Ralston Purina não reduziram seus dividendos – muito menos os eliminaram – ao longo de três guerras e oito recessões, de forma que esse é o tipo de ação que você gostaria de ter se acredita em dividendos. Empresas altamente endividadas, tais como a Southmark, nunca podem oferecer as mesmas garantias de uma Bristol-Myers, a qual possui muito pouca dívida. (De fato, após a Southmark recentemente haver sofrido perdas com suas operações imobiliárias, o preço da ação caiu de US$ 11 para US$ 3, e a empresa suspendeu o pagamento de dividendos.) As empresas cíclicas nem sempre são pagadoras de dividendos confiáveis: a Ford omitiu-se do pagamento de dividendos em 1982, e o preço da ação caiu para menos de US$ 4 – o valor mais baixo em 25 anos. Contanto que a Ford não perca todo o seu caixa, ninguém deve se preocupar com o fato de ela deixar de pagar dividendos atualmente.

Valor contábil

O valor contábil atrai muita atenção nos dias de hoje – talvez porque seja um número muito fácil de acompanhar. Você o vê relatado em todos os lugares. Populares programas de computador lhe dizem imediatamente quantas ações são vendidas por um valor abaixo do valor contábil. As pessoas investem atualmente com base na teoria de que, se o valor contábil for US$ 20 por ação e a ação for vendida por US$ 10, estarão conseguindo algo pela metade do preço.

A falha nesse raciocínio é a de que o valor contábil declarado guarda pouca semelhança com o valor real da empresa. Ele geralmente subestima ou superestima a realidade por uma ampla margem. A Penn Central possuía um valor contábil de mais de US$ 60 por ação quando foi à falência!

No final de 1976, a Alan Wood Steel possuía um valor contábil declarado de US$ 32 milhões, ou US$ 40 por ação. Apesar disso, a empresa solicitou a proteção do *Chapter 11* seis meses mais tarde. O problema foi que a sua nova unidade de produção de aço, que talvez valesse US$ 30 milhões no papel, fora ineptamente planejada, e certas falhas operacionais a tornaram praticamente inútil. Para pagar uma parte dessa dívida, a unidade de chapas de aço foi vendida para a Lukens Corp. por algo em torno de US$ 5 milhões, e o resto da fábrica, presumivelmente, foi vendido como sucata.

Uma empresa têxtil pode ter um depósito repleto de tecido que ninguém deseja lançado nos livros por US$ 4 o metro quadrado. Na realidade, ela não conseguiria livrar-se de todo esse material por 10 centavos. Há outra regra não escrita nesse caso: quanto mais perto você chega do produto final, menos previsível será o valor de revenda. Você sabe quanto vale o algodão, mas quem pode saber seguramente o preço de uma camiseta laranja de algodão? Você sabe o que pode conseguir por uma barra de metal, mas quanto vale um abajur?

Veja o que ocorreu há alguns anos quando Warren Buffett, o mais inteligente dos investidores, decidiu fechar a fábrica de têxteis em New Bedford, uma de suas primeiras aquisições. A administração esperava conseguir recursos com a venda dos teares, os quais tinham um valor contábil de US$ 866 mil. Mas, em um leilão público, teares que foram comprados por US$ 5.000 apenas alguns anos atrás foram vendidos por US$ 26 cada – abaixo do custo de frete. Algo avaliado em US$ 866.000 nos livros contábeis produziu um valor real de apenas US$ 163.000.

Se os teares fossem tudo o que houvesse restado da empresa de Buffett, a Berkshire Hathaway, essa teria sido exatamente o tipo de situação que atrai a atenção dos detetives de livros contábeis. "Veja esse balanço patrimonial, Harry. Apenas os teares valem US$ 5 por ação, e a ação é vendida por US$ 2. Como podemos perder com essa oportunidade?" Claro que perderão, pois a ação cairá para 20 centavos assim que os teares forem transportados para o depósito de lixo mais próximo.

Ativos sobrevalorizados do lado esquerdo do balanço patrimonial são especialmente traiçoeiros quando há uma porção de dívidas do lado direito. Digamos que uma empresa apresente US$ 400 milhões em ativos e US$ 300 milhões em dívidas, resultando em um valor contábil positivo de US$ 100 milhões. Você sabe que a parte da dívida é um número real. Mas, se os US$ 400 milhões em ativos obtiverem apenas US$ 200 milhões em um leilão de falência, então o número real do valor contábil é negativo em US$ 100 milhões. A empresa vale menos que nada.

Isso foi essencialmente o que ocorreu com os desafortunados investidores que compraram ações da Radice, uma empresa de projetos imobiliários da Flórida listada na Bolsa de Valores de Nova York, com um ponto forte de US$ 50 em ativos totais por ação, algo que deve ter parecido atraente quando a ação era vendida por US$ 10. Mas grande parte do valor da Radice era ilusório, resultado das estranhas regras contábeis do setor imobiliário, segundo as quais os juros devidos sobre as dívidas são considerados "ativos" até que o projeto imobiliário seja completado e vendido.

Isso funciona se o projeto é bem-sucedido, mas a Radice não conseguiu encontrar quaisquer compradores para seus grandes projetos imobiliários, e os credores (os bancos) queriam seu dinheiro de volta. A empresa estava altamente endividada, e, uma vez que os bancos cobraram seus empréstimos, os ativos do lado esquerdo do balanço patrimonial desapareceram, enquanto os exigíveis permaneceram. O preço da ação caiu para 75 centavos. Quando o valor atual de uma empresa é menos de US$ 7 e diversas pessoas percebem, isso nunca ajuda o preço da ação. Eu já devia saber. O Magellan era um grande investidor.

Quando se compra uma ação por seu valor contábil, você tem de ter uma compreensão detalhada de quais são os valores verdadeiros. Com a Penn Central, túneis através de montanhas e vagões de trem inúteis eram contados como ativos.

Mais ativos ocultos

Da mesma forma que o valor contábil superestima o valor real, ele também pode subestimá-lo.

Empresas que possuem recursos naturais – como terras, madeira, petróleo e metais preciosos – inserem esses ativos em seu balanço patrimonial com uma fração do valor. Em 1987, por exemplo, a Handy and Harman, fabricante de produtos de metais preciosos, possuía um valor contábil de US$ 7,83 por ação, incluindo seus grandes estoques de ouro, prata e platina. Mas esses estoques foram lançados nos livros contábeis pelos preços que a Handy and Harman originalmente pagou por eles – e isso poderia ter ocorrido havia 30 anos. Considerando-se os preços atuais (US$ 6,40 por onça de prata e US$ 415 por onça de ouro), os metais valiam mais de US$ 19 por ação.

Com a ação da Handy and Harman à venda por aproximadamente US$ 17, um valor mais baixo que o valor dos estoques, seria essa uma boa ação com ativos ocultos? Warren Buffett achou que sim. Ele manteve uma grande posição na Handy and Harman durante anos, mas a ação não foi a lugar algum, os lucros da empresa são insignificantes e o programa de diversificação tampouco foi um grande sucesso. (Você já sabe sobre os programas de diversificação.)

Anunciou-se que Buffett diminuiu seu interesse pela empresa. Até agora[1], a Handy and Harman parece o único mau investimento que realizou, apesar de

---

[1] Refere-se ao ano de 1989. [N. R.]

seu potencial em termos de ativos ocultos. Porém, se os preços do ouro e da prata subirem drasticamente, o mesmo ocorrerá com o preço da ação.

Há vários tipos de ativos ocultos além de ouro e prata. Marcas famosas como a Coca-Cola ou a Robitussin têm um tremendo valor que não é refletido nos livros contábeis. Igualmente, possuem valor os medicamentos patenteados, as provedoras de serviço de TV a cabo, as estações de TV e rádio – todos esses itens são considerados segundo seu preço original e, então, são depreciados até que desapareçam do balanço patrimonial.

Eu já mencionei a Pebble Beach, uma grande ação com ativos ocultos no setor imobiliário. Não me conformo por haver perdido essa ação. Mas ações com ativos ocultos do setor imobiliário como aquela estão por todos os lados; empresas ferroviárias são provavelmente os melhores exemplos. Não apenas Burlington Northern, Union Pacific e Santa Fe Southern Pacific possuem grandes extensões de terra, como mencionei anteriormente, mas nessas empresas tudo está registrado nos livros contábeis por valores próximos a nada.

A Santa Fe Southern Pacific é a maior proprietária de terras da Califórnia, com 1,3 milhão dos 100 milhões de acres existentes no estado. Em âmbito nacional, ela possui 3 milhões de acres em 14 estados, equivalente a 4 vezes o tamanho do estado de Rhode Island. Outro exemplo é a CSX, uma empresa ferroviária do sudeste dos Estados Unidos. Em 1988, a CSX vendeu o direito de propriedade de uma faixa de 130 km para o estado da Flórida. A terra tinha um valor contábil de praticamente zero, e os trilhos estavam avaliados em US$ 11 milhões. Pelo negócio, a CSX reteve o direito de utilizar a ferrovia fora dos horários de pico – as receitas não foram afetadas (os fretes são despachados sempre fora dos horários de pico) –, e a venda produziu US$ 264 milhões após o pagamento de impostos. É como se recebesse um bolo de aniversário e pudesse comê-lo sozinho!

Algumas vezes você descobrirá uma empresa de petróleo ou uma refinaria que mantiveram seus inventários com preços desatualizados por 40 anos, pelo preço de aquisição original da época da presidência de Teddy Roosevelt. Apenas o preço do petróleo é superior ao preço atual de todas as ações. Eles poderiam desmontar a refinaria, demitir os empregados e ganhar uma fortuna para os acionistas em 45 segundos, negociando esse petróleo. Não é nada difícil vender petróleo. Não é como vender vestidos – ninguém se importa se o petróleo é deste ano ou do ano anterior ou se é roxo ou magenta.

Há alguns anos, o Canal 5 de Boston foi vendido por um valor próximo a US$ 450 milhões – esse era o preço justo de mercado. Contudo, quando aquela estação originalmente recebeu sua licença de funcionamento, ela provavelmente pagou US$ 25 mil para receber sua licença, talvez US$ 1 milhão pela torre de transmissão e US$ 1 ou US$ 2 milhões pelo estúdio. O negócio inteiro estava inicialmente avaliado em valor contábil por US$ 2,5 milhões, e o investimento de US$ 2,5 milhões foi depreciado. No momento em que foi vendido, esse empreendimento provavelmente tinha um valor contábil 300 vezes menor que o valor real.

Agora que a estação mudou de donos, o novo valor contábil será baseado no valor de venda de US$ 450 milhões, de modo que a anomalia desaparecerá. Se você paga US$ 450 milhões por uma estação de TV que tem um valor contábil de US$ 2,5 milhões, os contadores chamam os US$ 447,5 milhões adicionais de fundo de comércio. O fundo de comércio é lançado nos livros como um ativo; e ele também, com o tempo, será amortizado. Isso, por sua vez, criará outro ativo oculto potencial.

Os métodos de contabilidade para registrar o fundo de comércio foram modificados após os anos 1960, quando muitas empresas subestimavam amplamente seus ativos. Agora, o movimento ocorre na direção oposta. A Coca-Cola Enterprises, por exemplo, a nova empresa criada pela Coca-Cola para suas operações de engarrafamento, atualmente possui um valor de US$ 2,7 bilhões[2] de fundo de comércio em seus registros contábeis. Esses US$ 2,7 bilhões representam a quantidade paga adicionalmente pelas engarrafadoras acima do custo das fábricas, inventários e equipamentos. Trata-se do valor intangível das engarrafadoras licenciadas.

Sob as regras de contabilidade, a Coca-Cola Enterprises tem de "eliminar" esse fundo de comércio ao longo das próximas 6 décadas, enquanto, na verdade, o valor das licenciadas aumenta ano após ano. Ao ter de pagar pelo fundo de comércio, a Coca-Cola está punindo seus próprios lucros. Em 1987, a empresa relatou lucros de 87 centavos por ação, mas, de fato, ganhou outros 50 centavos, os quais serviram para compensar a dívida de fundo de comércio. Não apenas a Coca-Cola Enterprises está se saindo muito melhor do que demonstram seus registros como também os ativos ocultos a cada dia se tornam maiores.

Também há um valor oculto em se ter um medicamento que ninguém mais pode produzir durante 17 anos; e, se o proprietário puder melhorar levemente o medicamento, ele ganha o direito à patente pelos 17 anos seguintes. Nos

---

[2] Valor referente ao ano de 1989. [N. R.]

registros, esses maravilhosos medicamentos patenteados podem valer absolutamente nada. Quando a Monsanto comprou a Searle, adquiriu a NutraSweet. A NutraSweet deixou de estar protegida pelo direito de patente após 4 anos e, mesmo então, continuou a ser valiosa, mas a Monsanto está amortizando tudo em relação aos lucros da empresa. Após 4 anos, a NutraSweet apareceu como zero no balanço patrimonial da Monsanto.

Da mesma forma que no caso da Coca-Cola Enterprises, quando a Monsanto amortiza algum item em relação a seus lucros, seus lucros reais tornam-se subavaliados. Se a empresa efetivamente obtém US$ 10 de lucros por ação mas tem de destinar US$ 2 desse total para pagar pela amortização de itens como a NutraSweet, quando ela deixar de fazê-lo, os lucros aumentarão US$ 2 por ação.

Além disso, a Monsanto compensou seus investimentos em pesquisa e desenvolvimento de modo idêntico, de forma que quando terminaram as despesas e os novos produtos chegaram ao mercado, os lucros explodiram. Se você consegue compreender isso, então, possui uma grande vantagem.

Pode haver ativos ocultos nas atividades de subsidiárias de propriedade total ou parcial de uma grande empresa-mãe. Já vimos o caso da Ford. Outro caso foi o da UAL, empresa diversificada da United Airlines, antes do breve período em que foi chamada Allegis (não confundir com erva daninha e pólen). O analista de empresas aéreas da Fidelity, Brad Lewis, foi quem a descobriu. Dentro da UAL, a Hilton International valia US$ 1 bilhão, a Hertz Rent A Car (posteriormente vendida para uma parceria liderada pela Ford) valia US$ 1 bilhão, a Westin Hotels valia US$ 1,4 bilhão e o sistema de reserva valia mais US$ 1 bilhão. Após subtrair as dívidas e os impostos, esses ativos juntos valiam mais que o preço da ação da UAL, de forma que, resumindo, o investidor adquiria uma das maiores empresas aéreas do mundo sem gastar nada. A Fidelity hesitou muito nesse caso, e a ação apenas duplicou nosso investimento.

Há ativos ocultos quando uma empresa possui ações de uma empresa separada – como a Raymond Industries em relação à Teleco Oilfield Services. As pessoas ligadas à situação perceberam que a ação da Raymond era negociada por US$ 12, e cada ação representava US$ 18 da Teleco. Ao comprar a Raymond, você estava adquirindo a Teleco por menos US$ 6. Os investidores que fizeram sua lição de casa compraram as ações da Raymond e adquiriram a Teleco por menos US$ 6, e aqueles que não perceberam compraram a Teleco por US$ 18. Esse tipo de coisa acontece o tempo todo.

Durante vários anos, se estivesse interessado na DuPont, você a conseguiria mais barato comprando ações da Seagram, a qual detinha 25% das ações emitidas da DuPont. A Seagram havia se tornado, portanto, um meio para adquirir a DuPont. Da mesma forma, a ação da Beard Oil (agora Beard Company) era vendida por US$ 8, ao mesmo tempo que cada ação incluía US$ 12 correspondentes à empresa chamada USPCI. Nessa transação, a Beard e todas as suas plataformas e equipamentos eram seus por apenas menos US$ 4.

Algumas vezes, a melhor forma de investir em uma empresa é descobrir seu proprietário estrangeiro. Sei que isso soa melhor na teoria do que na prática, mas, se você tiver acesso a empresas europeias, poderá se deparar com situações inacreditáveis. As empresas europeias, de modo geral, não são bem analisadas; em muitos casos, elas simplesmente não são sequer analisadas. Descobri isso durante uma viagem de averiguação à Suécia, onde a Volvo e vários outros gigantes da indústria sueca eram acompanhados por um indivíduo que sequer possuía um computador.

Quando a Esselte Business Systems abriu seu capital nos Estados Unidos, comprei suas ações e acompanhei seus fundamentos, os quais eram positivos. A George Noble, que administra o Overseas Fund da Fidelity, sugeriu que eu visitasse a empresa-mãe na Suécia. Foi quando descobri que podia comprar a empresa-mãe por um valor menor que o de sua subsidiária americana, além de obter diversos outros negócios atraentes – especialmente na área imobiliária – como parte do negócio. Enquanto, nos Estados Unidos, a ação subiu apenas levemente, o preço da ação da empresa-mãe dobrou em 2 anos.

Se você acompanhasse a história da Food Lion Supermarkets, poderia ter descoberto que a Del Haize, da Bélgica, possuía 25% de suas ações e que apenas as participações da Food Lion valiam muito mais que o preço da ação da Del Haize. Novamente, quando você adquirisse a Del Haize, estaria adquirindo valiosas operações europeias por nada. Comprei a ação europeia para o Magellan e ela subiu de US$ 30 para US$ 120, enquanto a Food Lion ganhou, relativamente, modestos 50%.

De volta aos Estados Unidos, agora[3] você pode comprar ações de várias empresas telefônicas e obter um brinde no negócio de celulares. Em cada mercado, foram concedidas duas licenças para operadoras. Você provavel-

---

[3] Refere-se ao ano de 1989. [N. R.]

mente já ouviu falar de alguém que recebeu a licença após haver ganhado uma loteria de celulares. De fato, a pessoa tem de pagar pela licença. A segunda licença é oferecida gratuitamente para a empresa de telefones local sem nenhum custo. Isso será um grande ativo oculto para os investidores que prestaram atenção. Enquanto estou escrevendo este livro, você pode comprar uma ação da Pacific Telesis da Califórnia por US$ 29 e obter um valor de pelo menos US$ 9 no negócio de telefonia celular. Outra alternativa é comprar uma ação da Contel por US$ 35 e obter um valor de US$ 15 no negócio de celulares.

Essas ações são vendidas com relações P/L abaixo de 10, com margens de retorno sobre dividendos de mais de 6%, e, se você subtrair o valor do negócio de celular, as P/L são ainda mais atraentes. Você não conseguirá *tenbaggers* com essas grandes empresas de telefonia, mas conseguirá bons retornos sobre o capital investido, e, se tudo correr bem, há ainda a possibilidade de uma apreciação de 30% a 50%.

Finalmente, os créditos tributários costumam ser ativos ocultos maravilhosos em empresas em recuperação. Como os créditos gerados em razão de perdas são transferíveis para os próximos exercícios fiscais, quando a Penn Central recuperou-se da concordata, não teve de pagar quaisquer impostos sobre os lucros das novas operações que adquiriria posteriormente. Nesses anos, as alíquotas de impostos sobre os lucros corporativos eram de 50%, de forma que a Penn Central podia comprar uma empresa e dobrar seus lucros da noite para o dia, simplesmente por não pagar impostos. A recuperação da Penn Central levou a ação de US$ 5, em 1979, para US$ 29, em 1985.

A Bethlehem Steel atualmente tem um crédito tributário decorrente de perdas de US$ 1 bilhão, um ativo extremamente valioso se a empresa mantiver sua recuperação. Isso significa que o próximo US$ 1 bilhão que a Bethlehem ganhar nos Estados Unidos será livre de impostos.

Fluxo de caixa

O fluxo de caixa é a quantidade de dinheiro que uma empresa obtém como resultado da realização de seus negócios. Todas as empresas obtêm dinheiro, mas algumas têm de gastar mais para ganhá-lo. Essa é uma diferença crítica que torna a Philip Morris um investimento tão maravilhosamente confiável, enquanto faz de uma empresa metalúrgica um investimento tão precário.

Digamos que a Pig Iron, Inc. venda todo o seu estoque de lingotes[4] e, com isso, obtenha US$ 100 milhões. Isso é bom. Então, novamente, a Pig Iron, Inc. tem de gastar US$ 80 milhões para manter suas caldeiras funcionando. Isso é mau. No primeiro ano em que a Pig Iron não gasta os US$ 80 milhões para suprir suas caldeiras, ela perde negócios para um competidor mais eficiente. Em casos em que se tem de gastar dinheiro para ganhar dinheiro, você não irá muito longe.

A Philip Morris não tem esse problema, tampouco a Pep Boys ou a rede McDonald's. Essa é a razão pela qual prefiro investir em empresas que não dependem de gastos de capital. Os recursos que entram no caixa não devem competir com aqueles que saem do caixa. Simplesmente é mais fácil para a Philip Morris ganhar dinheiro do que o é para a Pig Iron, Inc.

Diversas pessoas utilizam os números do fluxo de caixa para avaliar ações. Uma ação de US$ 20, por exemplo, com um ingresso anual de valores de US$ 2, tem uma relação de 10 para 1, a qual é padrão. Um retorno de 10% sobre o capital corresponde adequadamente ao retorno mínimo esperado como recompensa por ter ações no longo prazo. Uma ação de US$ 20 com geração de caixa de US$ 4 por ação lhe proporciona um retorno de 20% sobre o capital, o que é excepcional. E, se você encontrar uma ação com geração de caixa sustentável de US$ 10 por ação, hipoteque a sua casa e compre todas as ações que puder encontrar.

Não há sentido em ficar preso a esses cálculos. Mas, se o fluxo de caixa alguma vez for mencionado como uma razão pela qual você supostamente deveria comprar uma ação, certifique-se de que se trata de fluxo de caixa livre. Fluxo de caixa livre é o que resta após o gasto de capital normal ser subtraído desse total. Trata-se dos valores que a empresa recebeu e que não necessita gastar. A Pig Iron, Inc. terá muito menos fluxo de caixa livre que a Philip Morris.

Ocasionalmente, encontro uma empresa com lucros modestos que, ainda assim, é um grande investimento, em razão do fluxo de caixa. Normalmente, trata-se de uma empresa com uma grande taxa de depreciação permitida devido à razão da existência de equipamentos antigos que não necessitam ser substituídos em um futuro imediato. A empresa continua a desfrutar de deduções tributárias (a depreciação de equipamentos é dedutível) à medida que gasta a menor quantidade possível de recursos com modernização e renovação.

---

[4] Barras de metal fundidas. [N. R.]

A Coastal Corporation é um bom exemplo das virtudes do fluxo de caixa livre. Por todas as medidas normais, a empresa estava adequadamente valorizada por US$ 20 a ação. Seus lucros de US$ 2,50 por ação produziam uma P/L de 8, o que, naquela ocasião, era o padrão para uma empresa produtora de gás que possuía uma operação diversificada de dutos. Mas, por trás dessa monótona oportunidade, ocorria algo maravilhoso. A Coastal havia tomado US$ 2,45 bilhões emprestados para adquirir uma grande empresa de dutos, a American Natural Resources. A beleza de um duto é que você não precisa gastar muito para mantê-lo. Um duto, afinal de contas, não demanda muita atenção. Resumidamente, ele apenas permanece onde está. Talvez eles tenham de cavar um pouco para consertar alguns furos, mas, de outro modo, eles o deixam intocado no solo e, enquanto isso, o depreciam.

A Coastal tinha entre US$ 10 e US$ 11 por ação de fluxo de caixa total em um setor de gás em dificuldades e uma sobra de US$ 7 após os gastos de capital. Esses US$ 7 por ação eram o fluxo de caixa livre. Nos registros, essa empresa não poderia ganhar nada nos 10 anos seguintes, e seus investidores obteriam um fluxo de caixa anual de US$ 7 por ação, resultando em um retorno de US$ 70 sobre seu investimento de US$ 20. Essa ação tinha um grande potencial de subida apenas com base em seu fluxo de caixa.

Os compradores de ativos especializados procuram por uma situação como esta: uma empresa ordinária estagnada, uma grande quantidade de fluxo de caixa livre e proprietários que não desejam incrementar seu negócio. Poderia ser uma empresa de *leasing* com diversos contêineres ferroviários que possuem uma vida útil de 12 anos. Tudo o que a empresa deseja é contrair o antigo negócio de contêineres e extrair a maior quantidade de recursos possível. Na década seguinte, a administração encolherá a planta, retirará os contêineres de circulação e acumulará dinheiro. Dessa forma, de uma operação de US$ 10 milhões, eles podem ser capazes de gerar US$ 40 milhões. (Isso não funcionaria no negócio de computadores, pois os preços caem tão rapidamente que o inventário antigo não mantém seu valor por tempo suficiente para que alguém possa extrair algo dele.)

Estoques

Há uma nota detalhada sobre os estoques na seção chamada "esclarecimento da administração sobre estoques" do relatório anual. Sempre a verifico para saber se os estoques estão aumentando. Com uma empresa do setor de manufatura ou uma empresa do comércio varejista, um aumento nos estoques normalmente é um mau sinal. Quando os estoques crescem mais rápido que as vendas, trata-se de uma bandeira vermelha.

Há dois métodos contábeis para computar o valor dos estoques: UEPS e PEPS. UEPS significa "último que entra, primeiro que sai"[5], e PEPS significa "primeiro que entra, primeiro que sai"[6]. Se a Handy and Harman comprou ouro há 30 anos por US$ 40 a onça, ontem por US$ 400 e hoje o vendeu a US$ 450 a onça, qual teria sido seu lucro? Sob UEPS, US$ 50 (US$ 450 menos US$ 400); sob PEPS, US$ 410 (US$ 450 menos US$ 40).

Eu poderia prosseguir com isso, mas acredito que rapidamente alcançaríamos um ponto de rendimentos decrescentes, caso já não o tenhamos atingido. Dois outros métodos populares de contabilidade são LILS – "lixo entra, lixo sai"[7]– e "primeiro a entrar, ainda aqui", ou FISH[8], que é o caso de muitos inventários.

Independentemente do método utilizado, é possível comparar o valor UEPS ou PEPS deste ano com o valor UEPS ou PEPS do ano passado para determinar se houve ou não um aumento ou uma redução do volume de estoque.

Certa vez, visitei uma empresa de alumínio que havia acumulado uma quantia tão grande de material não vendido que, na parte interna, o alumínio estava empilhado até o teto do armazém e, na parte externa, tomava a maior parte do estacionamento dos empregados. Quando os trabalhadores têm de parar seus veículos em outro lugar para que os estoques possam ser armazenados, trata-se de um sinal definitivo de excesso de estoque.

Uma empresa pode orgulhar-se de que suas vendas cresceram 10%, mas, se os estoques cresceram 30%, você tem de se perguntar: "Espere um segundo. Talvez eles devessem ter reduzido os preços e se livrado do material. Uma vez que não se livraram desse material, eles podem ter um problema no próximo ano e um problema ainda maior no ano seguinte. O novo produto que fabricam passará a competir com o produto antigo, e os estoques continuarão a crescer ainda mais, até que sejam forçados a cortar preços, e isso significa menos lucros".

Em uma empresa automobilística, o excesso de estoques não é tão preocupante, porque um veículo novo sempre vale alguma coisa, e o fabricante não precisa baixar muito o preço para vendê-lo. Um Jaguar de US$ 35 mil não será

---

[5] Do inglês LIFO – *last in, first out*. [N. T.]
[6] Do inglês FIFO – *first in, first out*. [N. T.]
[7] Do inglês GIGO – *garbage in, garbage out*. [N. T.]
[8] Do inglês *first in, still here*. [N. T.]

reduzido para US$ 3.500. Mas uma minissaia roxa de US$ 300, fora de moda, pode não ser vendida sequer por US$ 3.

Do lado positivo, se uma empresa esteve passando por dificuldades e os estoques começam a esvaziar-se, isso será a primeira evidência de que as coisas se recuperaram.

É difícil para amadores e neófitos demonstrar algum sentimento em relação aos estoques e àquilo que significam, mas os investidores com um diferencial em um negócio particular sabem como compreender essa informação. Ainda que não tivessem de fazê-lo há 5 anos, agora as empresas são obrigadas a publicá-la em seus balanços trimestrais para os acionistas, de modo que os números do estoque podem ser regularmente monitorados.

Planos de previdência

À medida que um número cada vez maior de empresas recompensa seus funcionários com opções de ações e benefícios de previdência, aconselha-se aos investidores que considerem suas consequências. As empresas não têm de ter planos de previdência, mas, caso os tenham, estes devem cumprir com as normas federais. Esses planos são obrigações absolutas a serem pagas – como títulos públicos. (Em planos de participação nos lucros, não há uma obrigação dessa natureza: se não há lucros, não há partições.)

Mesmo que uma empresa vá à falência e encerre suas operações convencionais, ela deve continuar a pagar o plano de previdência. Antes de investir em uma empresa em recuperação, sempre verifico se esta não possui uma exigência excepcional, decorrente de planos de previdência que não possa suportar. Especificamente, busco analisar se os ativos de um fundo de previdência excedem as exigências dos benefícios totais. A USX apresenta ativos de fundo de previdência de US$ 8,5 bilhões e benefícios totais de US$ 7,3 bilhões, o que não é preocupante. A Bethlehem Steel, em contrapartida, relata ativos de US$ 2,3 bilhões em seu fundo de previdência e benefícios totais de US$ 3,8 bilhões, ou um déficit de US$ 1,5 bilhão. Esse é um grande ponto negativo para a empresa, caso a Bethlehem Steel venha a passar por grandes dificuldades financeiras. Isso significa que os investidores atribuiriam um baixo valor à ação até que o problema com o fundo de previdência fosse resolvido.

Isso costumava ser um jogo de adivinhação, mas, agora, a situação dos fundos de previdência vem descrita nos relatórios anuais[9].

---

[9] Essa é uma característica específica do mercado norte-americano. [N. T.]

Taxa de crescimento

A crença de que "crescimento" seja sinônimo de "expansão" talvez seja um dos equívocos mais populares de Wall Street, levando as pessoas a ignorar o crescimento realmente expressivo de empresas como a Philip Morris. Você não veria isso olhando para o setor – o consumo de cigarros nos Estados Unidos cresce a uma taxa de menos 2% ao ano. É verdade, os fumantes estrangeiros assumiram do ponto em que os americanos pararam. Um entre quatro alemães agora fuma Marlboros produzidos pela Philip Morris, e a empresa envia aviões 747 para o Japão repletos de Marlboros todas as semanas[10]. Mas mesmo as vendas no exterior não podem responder pelo grande sucesso da Philip Morris. O segredo está no fato de a Philip Morris poder aumentar seus lucros ao reduzir custos e, sobretudo, ao aumentar preços. Esta é a única taxa de crescimento que verdadeiramente importa: a de lucros.

A Philip Morris reduziu seus custos instalando equipamentos de produção de cigarros mais eficientes. Enquanto isso, os preços do setor aumentaram ano após ano. Se o custo de uma empresa aumenta 4% ao ano, ela pode aumentar 6% seus preços, adicionando 2% à sua margem de lucro. Isso pode não parecer muito, mas, se a sua margem de lucro for de 10% (aproximadamente a mesma da Philip Morris), um aumento de 2% na margem de lucro significa incremento de 20% nos lucros.

(A Procter and Gamble foi capaz de "aumentar" seus lucros no negócio de papel higiênico ao modificar gradualmente as características do papel; na realidade, ao adicionar ondulações às folhas de papel, tornou-as mais suaves e, aos poucos, reduziu o número de folhas por rolo de 500 para 350. Então, o rolo menor foi comercializado como uma melhoria "compactada". Esta foi a manobra mais inteligente dos anais do ilusionismo.)

Se você encontrar um negócio em que possa se sair bem aumentando seus preços, ano após ano, sem perder consumidores (um produto com clientes cativos, como os de cigarros, se encaixa na descrição), você tem um ótimo investimento.

Você não poderia aumentar preços da mesma forma que a Philip Morris no setor de vestuário ou de alimentação, caso contrário, logo estaria fora do negócio. Mas a Philip Morris se torna cada vez mais rica e não consegue encontrar algo para fazer com todo o dinheiro que acumula. A empresa não precisa

---

[10] Informações referentes ao ano de 1989. [N. R.]

investir em novas caldeiras caras, tampouco necessita gastar muito para obter algum retorno. Além disso, seus custos foram gradualmente reduzidos após o governo proibir os fabricantes de cigarro de anunciar na televisão. Essa é uma ocasião em que há tanto dinheiro disponível que mesmo a "piorização" não prejudica muito os acionistas.

A Philip Morris comprou a Miller Brewing e obteve resultados medíocres, então duplicou o feito com a General Foods. A Seven-Up foi outro desapontamento, e a ação da Philip Morris, ainda assim, disparou. Em 30 de outubro de 1988, a Philip Morris anunciou que tinha assinado um acordo definitivo para adquirir a Kraft Foods, empresa de produtos processados, por US$ 13 bilhões. Apesar do preço da aquisição (o qual correspondia a 20 vezes os lucros da Kraft em 1988), o mercado de ações retirou apenas 5% do preço da ação da Philip Morris, reconhecendo que o fluxo de caixa da empresa era tão poderoso que ela poderia pagar todas as dívidas das aquisições em 5 anos. A única grande coisa que pode pará-la é a vitória de familiares de ex-fumantes em grandes processos judiciais que movem contra a empresa.

A empresa possui 40 anos[11] de lucros progressivamente melhores e sua ação poderia ser vendida com uma P/L de 15 ou mais, se não fosse pelo medo de ações judiciais ou da publicidade negativa em torno de empresas de cigarro que mantém muitos investidores afastados. Esse é um tipo de situação emocionalmente carregada que favorece os caçadores de pechinchas, incluindo a mim. Os números não poderiam ser melhores. Hoje[12], você ainda poderia comprar essa empresa campeã de crescimento por uma P/L de 10, ou metade de sua taxa de crescimento.

Outro detalhe sobre a taxa de crescimento: mantendo-se todos os demais fatores constantes, uma empresa que cresce 20% vendida a 20 vezes seus lucros (portanto, uma P/L de 20) é muito melhor que uma empresa que cresce 10% vendida a 10 vezes seus lucros (ou seja, uma P/L de 10). Isso pode soar esotérico, mas é importante compreender o que acontece com os lucros de empresas de crescimento rápido, que movem o preço da ação. Veja o crescente hiato entre os lucros de uma empresa que cresce 20% e de outra que cresce 10%, considerando-se que ambas iniciam com US$ 1 por ação em lucro:

---

[11] Até a data da primeira edição deste livro, 1989. [N. R.]
[12] Refere-se ao ano de 1989. [N. R.]

	EMPRESA A (Crescimento de 20% dos lucros)	**EMPRESA B** (Crescimento de 10% dos lucros)
Ano-base	US$ 1 por ação	US$ 1 por ação
Ano 1	US$ 1,20	US$ 1,10
Ano 2	US$ 1,44	US$ 1,21
Ano 3	US$ 1,73	US$ 1,33
Ano 4	US$ 2,07	US$ 1,46
Ano 5	US$ 2,49	US$ 1,61
Ano 7	US$ 3,58	US$ 1,95
Ano 10	US$ 6,19	US$ 2,59

No início de nosso exercício, a empresa A é vendida por US$ 20 por ação (20 vezes os lucros de US$ 1) e, no final, por US$ 123,80 (20 ações com lucros de US$ 6,19). A empresa B começa a ser vendida por US$ 10 por ação (10 vezes o ganho de US$ 1) e termina negociada por US$ 26 (10 vezes os lucros de US$ 2,60).

Mesmo que a relação P/L da empresa A seja reduzida de 20 para 15 porque os investidores não acreditam que ela possa manter seu crescimento rápido, a ação ainda seria vendida por US$ 92,85 no final do exercício. De qualquer modo, você preferiria a empresa A à empresa B.

Se tivéssemos atribuído à empresa A uma taxa de crescimento de 25%, os lucros no décimo ano teriam sido de US$ 9,31 por ação; mesmo com uma relação P/L conservadora de 15, isso significa um preço de ação de US$ 139. (Veja que não trabalhei com uma taxa de crescimento dos lucros de 30% ou um valor superior. Esse nível de crescimento é muito difícil de manter durante 3 anos, que dirá durante 10.)

Isso, resumidamente, é a essência para as grandes ações multiplicadoras de investimento e a razão pela qual as ações de empresas com crescimento de 20% produzem grandes lucros no mercado, especialmente ao longo de certo número de anos. Não é acidental o fato de que empresas como Walmart e The Limited possam subir tanto em uma década. Tudo é baseado na aritmética de lucros compostos.

Os resultados

Em todos os lugares para os quais olha atualmente, você ouve alguma referência ao "resultado final". "Qual é o resultado final?" é um chavão comum em esportes, acordos de negócios e mesmo em conquistas amorosas. Sendo assim, o que é o resultado final? Trata-se do número final na extremidade de um demonstrativo de resultados: lucros após impostos.

A lucratividade empresarial tende a ser tomada equivocadamente por muitas pessoas. Certa vez, em uma pesquisa, estudantes universitários e indivíduos adultos foram questionados sobre qual seria a margem de lucro média por dólar corporativo. A maioria estimou um valor entre 20% e 40%. Nas últimas décadas, o resultado verdadeiro esteve próximo de 5%.

O lucro antes do pagamento de impostos, também conhecido como margem de lucro pré-impostos ou bruta, é uma ferramenta que utilizo para analisar as empresas. Esse número corresponde ao valor restante após haverem sido descontados todos os custos, incluindo-se depreciação e gastos com juros. Em 1987, a Ford Motors obteve vendas de US$ 71,6 bilhões e lucros brutos de US$ 7,38 bilhões, uma margem de lucro pré-impostos de 10,3%. Os vendedores varejistas têm margens de ganho mais baixas que as indústrias – uma rede excepcional de supermercados ou de farmácias, tal como Albertson's, ainda tem lucros brutos de 3,6%. Em contrapartida, empresas que produzem medicamentos altamente lucrativos, como a Merck, normalmente obtêm lucros brutos de 25% ou mais.

Não há muito a ser aproveitado com a realização de comparações de margens de ganho brutas entre setores, uma vez que os números genéricos variam significativamente. Esse exercício pode ser útil na comparação de empresas de um mesmo setor. A empresa com a margem de ganho mais elevada é, por definição, a operadora com custos mais baixos, e o operador com custos mais baixos tem melhores chances de sobreviver se as condições do negócio se deteriorarem.

Digamos que a empresa A ganhe 12% brutos e a empresa B ganhe apenas 2%. Suponhamos que há uma estagnação dos negócios e ambas as empresas são forçadas a cortar 10% de seus preços para vender seus produtos. As vendas caem os mesmos 10%. A empresa A agora ganha 2% brutos e a empresa B passou operar no vermelho, com um prejuízo de 8%. Esta última se dirige para a lista das espécies em risco de extinção.

Sem nos atermos às tecnicalidades, a margem de ganho pré-impostos é mais um fator a ser considerado na avaliação do poder de permanência de uma empresa nos negócios em períodos difíceis.

Isso pode ser muito ambíguo, pois, em um movimento de subida, à medida que os negócios melhoram, as empresas com as margens de ganho mais baixas são as grandes beneficiárias. Veja o que ocorre com US$ 100 em vendas, em relação às nossas duas empresas, nessas duas situações hipotéticas:

Empresa A

Situação atual	Melhoria nos negócios
US$ 100 em vendas	US$ 110 em vendas (preços sobem 10%)
US$ 88 em custos	US$ 92,40 em custos (aumento de 5%)
US$ 12 em lucros pré-impostos	US$ 17,60 em lucros pré-impostos

Empresa B

Situação atual	Melhoria nos negócios
US$ 100 em vendas	US$ 110 em vendas (aumento de 10%)
US$ 98 em custos	US$ 102,90 em custos (aumento de 5%)
US$ 2 em lucros pré-impostos	US$ 7,10 em lucros pré-impostos

Durante a recuperação, os lucros da empresa A aumentaram praticamente 50%, enquanto os lucros da empresa B mais do que triplicaram. Isso explica por que empreendimentos em dificuldades, à beira do desastre, podem se tornar grandes vencedores na retomada dos negócios. Isso acontece reiteradamente nos setores de automóveis, química, papel, empresas aéreas, aço, produtos eletrônicos e metais não ferrosos. O mesmo potencial existe em setores em dificuldades, como os de casas de repouso, produtores de gás natural e muitos varejistas.

O que você busca, dessa forma, é uma margem de lucros relativamente alta em uma ação de longo prazo que planeja manter durante bons e maus momentos e uma margem relativamente baixa em uma empresa em recuperação bem-sucedida.

14

Conferindo novamente a história

Vale a pena conferir novamente a história da empresa no intervalo de alguns meses. Isso pode envolver a leitura do último relatório de sua corretora ou do relatório trimestral da empresa e a formulação de perguntas sobre o estado dos lucros e de sua manutenção segundo as expectativas. Isso também pode englobar uma visita às lojas para verificar se a mercadoria ainda é atraente e se ainda goza de uma aura de prosperidade. Todas as novas cartas já foram mostradas? Especialmente em relação às empresas de crescimento rápido, você deve se perguntar o que as manterá crescendo.

Há três fases na vida de uma empresa em crescimento: a fase inicial, durante a qual ela ajusta as falhas nos fundamentos do negócio; a fase de expansão rápida, na qual ela se move em direção a novos mercados; e a fase madura, também conhecida como fase de saturação, quando ela começa a se preparar para o fato de que não há uma forma fácil para continuar a expandir. Cada uma dessas fases pode durar vários anos. A primeira fase é a mais arriscada para o investidor, pois o sucesso do empreendimento ainda não está estabelecido. A segunda fase é a mais segura e também aquela em que a maior parte do dinheiro é ganho, uma vez que a empresa cresce ao simplesmente duplicar sua fórmula de sucesso. A terceira fase é a mais problemática, porque a empresa dirige-se às suas limitações. Devem ser encontradas outras formas de aumentar os lucros.

À medida que periodicamente a história é verificada, você desejará determinar se a empresa parece estar se distanciando de uma fase em direção a outra. Se olhar para a Automatic Data Processing, a empresa que processa cheques de pagamento, você verá que ela sequer começou a saturar o mercado, de modo que ainda está na fase dois.

Enquanto a Sensormatic expandia seu sistema de detecção de furtos de uma loja para outra (a segunda fase), a ação passou de US$ 2 para US$ 40, mas, ao final, ela atingiu seu limite – não havia novas lojas para abordar. A empresa foi incapaz de pensar em novas formas de manter seu impulso, e a ação caiu de US$ 42,50, em 1983, para US$ 5,60, em 1984. À medida que enxergava a aproximação desse momento, você precisaria saber qual seria o novo plano e se ele tinha alguma chance realista de funcionar.

Quando a Sears atingiu todas as grandes áreas metropolitanas, aonde mais ela poderia ir? Quando a The Limited havia se posicionado em 670 dos 700 shopping centers mais populares do país, ela finalmente atingira seu ponto máximo.

Nesse ponto, a The Limited apenas poderia crescer atraindo mais consumidores para as lojas existentes, e a história havia começado a mudar. Quando a The Limited comprou a Lerner e a Lane Bryant, tinha-se a sensação de que o crescimento rápido havia chegado ao fim e a empresa realmente não sabia o que fazer. Na segunda fase, ela havia investido todo o seu dinheiro em sua própria expansão.

Tão logo haja uma Wendy's vizinha a cada McDonald's, a única forma para a Wendy's crescer será ganhando os consumidores do McDonald's. Em que direção a Anheuser-Busch crescerá se já capturou 40% do mercado de cerveja? Mesmo Spuds MacKenzie, o cão mascote, não poderá convencer 100% do país a beber Budweiser; e pelo menos uma minoria de almas corajosas irá recusar-se a pedir Bud Light, ainda que forem atacadas com raio laser ou abduzidas por alienígenas. Cedo ou tarde, a Anheuser-Busch deverá reduzir seu ritmo, e o preço da ação e o fator P/L deverão encolher paralelamente.

Ou, talvez, a Anheuser-Busch pense em novas maneiras de crescer, da mesma forma que fez a rede McDonald's. Há uma década, os investidores começaram a preocupar-se com o fato de que a incrível expansão do McDonald's era coisa do passado. Para todo o lado em que se olhava parecia haver uma franquia, e, seguramente, a relação P/L de 30, de uma empresa de crescimento rápido, diminuiu para uma P/L de 12, de uma empresa confiável. Mas, apesar do voto de desconfiança (a ação moveu-se lateralmente entre 1972 e 1982), os lucros têm sido muito sólidos. A rede McDonald's manteve seu crescimento de forma criativa.

Inicialmente, instalou balcões de *drive-in*, que agora representam um terço de seus negócios. Então surgiu o café da manhã, o qual adicionou uma nova dimensão às vendas e em um horário em que a lanchonete ficaria, de outro modo, vazia. Adicionar o café da manhã expandiu as vendas do restaurante em mais de 20%, com um custo muito baixo. Posteriormente, vieram as saladas e o frango, os quais contribuíram com os lucros e também encerraram a dependência da empresa em relação ao mercado de carne. As pessoas presumem que, se os preços do mercado de carne subirem, o McDonald's será castigado – mas eles estão falando do antigo McDonald's.

À medida que o ritmo de construção de novas franquias diminuiu, a rede McDonald's provou que pode crescer dentro dos limites já existentes. Ela também está se expandindo rapidamente em países estrangeiros, e serão necessários anos antes que haja um McDonald's em cada canto da Inglaterra ou da Alemanha.[1] Apesar da baixa relação P/L, as coisas não estão acabadas para a empresa.

Se você comprou ações de qualquer empresa do setor de TV a cabo, deve ter visto os diversos movimentos de crescimento: primeiro, com as instalações rurais; depois com os serviços pagos, como HBO, Cinemax, Disney Channel etc.; em terceiro lugar, com as instalações urbanas; em quarto, com royalties de programas como Home Shopping Network (a empresa de TV a cabo fica com uma parte de cada item vendido); e, ultimamente, com a introdução de anúncios pagos, os quais possuem um grande potencial futuro de lucros. A história inicial torna-se cada vez melhor.

A Texas Air é o exemplo de uma história que ficou pior, depois melhor e, então, piorou novamente em um espaço de 5 anos. Adquiri uma pequena posição em seu capital em meados de 1983, apenas para testemunhar o maior ativo da empresa, a Continental Air, deteriorar-se e solicitar a proteção do *Chapter 11*. A ação da Texas Air caiu de US$ 12 para US$ 4,75, enquanto a ação da Continental, da qual a Texas era a maior proprietária, caiu para US$ 3. Mantive um olhar atento em relação à situação como uma potencial empresa em recuperação. A Texas Air cortou custos; a Continental readquiriu seus clientes e retornou do cemitério dos contadores. Com base na força de sua melhoria, constituí grandes posições nas duas empresas. Em 1986, ambas as ações haviam triplicado.

Em fevereiro de 1986, a Texas Air anunciou que havia comprado uma grande participação na Eastern Airlines – também visto como um evento

---

[1] Informação relativa a 1989, ano em que esta edição foi escrita. [N. R.]

favorável. Em um único ano, a ação da Texas Air triplicou novamente até seu ponto mais alto, de US$ 51,50, tornando-a uma *tenbagger* desde que resolvera seus problemas, em 1983.

Nesse ponto, minha preocupação em relação ao panorama da empresa infelizmente transformou-se em descuido, e, uma vez que o potencial de lucros da Texas Air e da Eastern era tão excepcional, esqueci de prestar atenção às realidades mais próximas. Quando a Texas Air comprou o restante das ações da Continental, fui forçado a vender mais da metade da minha posição em ações da Continental e alguns títulos públicos conversíveis em ações da Continental. Isso foi um golpe de sorte, e obtive um pequeno lucro. Mas, em vez de vender minhas ações remanescentes da Texas Air e realizar uma saída alegre de toda essa situação, comprei mais ações, por US$ 48,25, em fevereiro de 1987. Considerando-se que os balanços patrimoniais da Texas Air eram medíocres (a dívida total das várias linhas aéreas era maior que a de muitos países subdesenvolvidos) e que o setor de empresas aéreas é de cíclico, por que eu estava comprando, e não vendendo? Fiquei cego porque o preço da ação continuava subindo. Deixei-me levar pela última história melhorada da empresa quando, na verdade, os fundamentos do negócio estavam desmoronando.

A nova e melhorada história era a seguinte: a Texas Air estava se beneficiando de uma operação mais enxuta e havia reduzido significativamente seus custos de mão de obra. Além de sua participação na Eastern, ela havia comprado a Frontier Air e a People's Express e planejava recuperá-las da mesma forma que havia recuperado a Continental. O conceito era ótimo: adquirir empresas aéreas falidas e cortar custos, assim, os lucros maiores fluiriam naturalmente.

O que aconteceu? Assim como Dom Quixote, estava tão enamorado pela promessa que me esqueci de perceber que estava cavalgando um pônei. Foquei nas previsões de US$ 15 para as ações da Texas Air em 1988, ignorando os sinais de alarme que apareciam todos os dias nos jornais: bagagens extraviadas, horários desastrados, chegadas atrasadas, clientes irritados e empregados insatisfeitos na Eastern.

Uma empresa aérea é um negócio instável, assim como um restaurante. Poucas noites ruins em um restaurante podem arruinar uma boa reputação que levou 50 anos para ser construída. Eastern e Continental estavam tendo mais do que noites ruins. As várias partes não se encaixavam de forma harmoniosa. As queixas na Eastern eram sintomas de um conflito mais amargo entre a administração e os vários sindicatos em torno de salários e benefícios. Os sindicatos reagiram duramente.

Os lucros da Texas Air começaram a se deteriorar em 1987. A ideia era cortar US$ 400 milhões dos custos operacionais da Eastern, mas deveria ter me lembrado de que isso ainda não havia ocorrido e que existia uma grande probabilidade de que sequer viesse a ocorrer. O contrato de trabalho existente não expiraria por vários meses, e, enquanto isso, ambos os lados estavam em conflito. Finalmente, recuperei o bom senso e comecei a vender minha posição por US$ 17-18 por ação. Ela caiu para US$ 9 no final de 1987. Ainda tenho algumas de suas ações e permanecerei atento.

Não apenas cometi um erro ao não diminuir minha participação na Texas Air no verão de 1987, quando os severos problemas com a Eastern tornaram-se óbvios e forneceram evidências de que persistiriam em 1988, como também poderia ter utilizado essa informação para selecionar outro vencedor: a Delta Airlines. A Delta era a grande concorrente da Eastern e a grande beneficiária dos problemas operacionais e dos planos permanentes de redução do tamanho da Eastern. Eu tinha uma posição modesta na Delta e deveria tê-la tornado uma das minhas dez maiores propriedades. A ação passou de US$ 48 para US$ 60 durante o verão de 1987. Em outubro, ela caiu para US$ 35 e estava a apenas US$ 37 no final do ano. Em meados de 1988, ela havia subido vertiginosamente para US$ 55. Milhares de pessoas que voavam com a Eastern ou com a Delta poderiam ter visto as mesmas coisas que vi e utilizado seu diferencial de amadores.

15

A lista final de verificação

Toda essa pesquisa sobre a qual estive falando consome aproximadamente 2 horas, pelo menos, para cada ação. Quanto mais você souber, melhor, mas não é imprescindível que você entre em contato com a empresa. Tampouco que você tenha de ler o relatório anual com a concentração de um estudioso dos pergaminhos do Mar Morto. Alguns dos "números famosos" aplicam-se apenas a categorias de ações específicas e, portanto, podem ser completamente ignorados.

O que se segue é um resumo daquilo que gostaria que aprendesse sobre as ações em cada uma das suas seis categorias:

Ações em geral

- A relação P/L. Ela é alta ou baixa para uma empresa em particular e para empresas similares no mesmo setor.
- As porcentagens de participação de instituições financeiras. Quanto menor, melhor.
- Se os membros da empresa estão comprando suas ações e se a empresa está recomprando suas ações. Ambos são sinais positivos.
- O registro do crescimento dos lucros atualizados e se os lucros são esporádicos ou consistentes. (A única categoria em que os lucros podem não ser importantes é a das ações com ativos ocultos.)
- Se uma empresa tem um balanço patrimonial forte ou fraco (fator dívida) e como ela está avaliada em termos de sua força financeira.

- A posição do caixa. Com US$ 16 em caixa por ação, sei que a Ford dificilmente cairá para um patamar mais baixo que US$ 16. Esse é o piso do preço da ação.

Empresas de crescimento lento

- Uma vez que você adquire essas empresas em razão dos dividendos (por que outra razão você as teria?), você deseja verificar se os dividendos sempre foram pagos e se são rotineiramente aumentados.
- Quando possível, descubra que porcentagem dos lucros é paga como dividendos. Caso se trate de uma porcentagem baixa, então a empresa possui uma proteção para momentos difíceis. Ela pode ganhar menos dinheiro e, ainda assim, reter o dividendo. Se for uma porcentagem alta, o dividendo é mais arriscado.

Empresas confiáveis

- Estas são as grandes empresas que provavelmente não abandonarão os negócios. A questão central é o preço, e a relação P/L lhe dirá se você está pagando muito caro pela ação.
- Analise as possíveis "piorizações" que podem reduzir os lucros no futuro.
- Verifique a taxa de crescimento de longo prazo da empresa e se ela manteve o mesmo impulso nos últimos anos.
- Se você planejar manter a ação para sempre, veja como a empresa se saiu durante as últimas recessões e quedas de mercado. (A rede McDonald's saiu-se bem na quebra de 1977, porém na quebra de 1984 não teve resultados tão bons. No grande "resfriado" de 1987, foi afetada da mesma forma que as demais empresas. De um modo geral, ela tem sido uma boa ação defensiva. Já a Bristol-Myers foi castigada na quebra de 1972-1973, basicamente porque estava sobrevalorizada. Ela saiu-se bem em 1982, 1984 e 1987. A Kellogg's sobreviveu a todas as derrocadas, exceto a de 1973-1974, de um modo relativamente saudável.)

Empresas cíclicas

- Mantenha uma intensa vigilância sobre todos os estoques e o relacionamento entre oferta e demanda. Esteja atento aos novos concorrentes do mercado, o que geralmente é um evento perigoso.

- Antecipe uma relação P/L decrescente ao longo do tempo, à medida que os negócios se recuperam e os investidores miram na direção do fim do ciclo, quando os lucros máximos são atingidos.
- Caso conheça a sua empresa cíclica, você tem uma vantagem, ao tentar identificar os ciclos. (Todos sabem, por exemplo, que há ciclos no setor automobilístico. Fatalmente, haverá 3 ou 4 anos de alta, que serão seguidos por 3 ou 4 anos de baixa. Isso sempre ocorre. Os veículos envelhecem e precisam ser substituídos. As pessoas podem adiar a reposição de veículos por 1 ou 2 anos além do esperado, mas, cedo ou tarde, voltarão às concessionárias.

  Quanto pior for o colapso na indústria automobilística, melhor será a sua recuperação. Algumas vezes comemoro um ano adicional de vendas baixas, porque sei que isso trará um movimento de alta mais duradouro e sustentável.

  Ultimamente[1], tivemos 5 anos de boas vendas de veículos, de forma que sei que estamos no meio, e talvez próximos do final, de um ciclo próspero. Mas é muito mais fácil prever um movimento de retomada em um setor cíclico do que prever um movimento de baixa.)

Empresas de crescimento rápido

- Investigue se o produto que supostamente enriqueceria a empresa corresponde a uma grande parte de seu negócio. Isso ocorreu com a L'eggs, por exemplo, mas não com a Lexan.
- Analise a taxa de crescimento dos lucros nos últimos anos. (Minhas favoritas são aquelas na faixa dos 20% a 25%. Preocupo-me com as empresas que parecem estar crescendo acima de 25%. Aquelas com 50% normalmente são encontradas em setores destacados, e você sabe o que isso significa.)
- Verifique se a empresa duplicou seu sucesso em mais uma cidade ou distrito para provar que a expansão funcionará.
- Veja se a empresa ainda possui espaço para crescer. Quando visitei pela primeira vez a Pic 'N' Save, ela havia se estabelecido no sudeste da Califórnia e começava a falar de projetos para expandir-se para o norte do estado. Havia ainda outros 49 estados por explorar. A Sears, em contrapartida, está em toda parte.

---

[1] À época da primeira edição da obra, em 1989. [N. R.]

- Verifique se a ação é vendida em uma relação P/L idêntica ou próxima à taxa de crescimento.
- Analise se a velocidade de expansão aumenta (três novos motéis no ano passado e cinco novos motéis neste ano) ou diminui (cinco no ano anterior e três neste ano). Para ações de empresas tais como a Sensormatic Electronics, cujas vendas são primariamente acordos "únicos" – ao contrário das vendas de lâminas de barbear, produto cujos consumidores devem continuar comprando –, uma redução nas vendas pode ser devastadora. A taxa de crescimento da Sensormatic no final da década de 1970 e no início dos anos 1980 foi espetacular, mas, para aumentar os lucros, eles tinham de vender mais do que haviam vendido no ano anterior. A receita decorrente do sistema de vigilância básico (a compra "única") mais do que eclipsava quaisquer outras receitas resultantes da vendas daquelas pequenas etiquetas brancas aos seus consumidores estabelecidos. Assim, em 1983, quando a taxa de crescimento diminuiu – os lucros não apenas diminuíram –, eles afundaram. E igualmente o fizeram suas ações, de US$ 42 para US$ 6 em apenas 12 meses.
- Certifique-se de que poucas instituições possuem a ação e que apenas poucos analistas ouviram falar dela.

Empresas em recuperação

- O mais importante: a empresa pode sobreviver a uma investida de seus credores? Quanto a empresa tem em caixa? Quanto possui em dívidas? (A Apple Computer tinha US$ 200 milhões em caixa e nenhuma dívida no momento de sua crise, de forma que, novamente, você sabia que ela não sairia dos negócios.) Qual é a sua estrutura de dívida e quanto tempo ela pode operar no vermelho enquanto resolve seus problemas sem ir à falência? (A International Harvester – agora Navistar – era uma empresa em recuperação potencial que desapontou investidores, pois emitiu e vendeu milhões de novas ações para obter capital. Essa diluição resultou na recuperação da empresa, mas não do preço da ação.)
- Se já está em processo de falência, o que resta para seus acionistas?
- Como a empresa supostamente se recuperará? Ela livrou-se de divisões não lucrativas? Isso pode fazer uma grande diferença nos lucros. Em 1980, por exemplo, a Lockheed ganhou US$ 8,04 por ação com o negócio de armamentos, mas perdeu US$ 6,54 por ação na divisão de aviação comercial, por causa do jato de passageiros L-1011. O L-1011 era um

grande avião, mas sofria com a concorrência do DC-10, da McDonnell Douglas, em um mercado relativamente pequeno. E, no mercado de longa distância, ele estava sendo destruído pelo 747. Essas perdas eram consistentes, e, em dezembro de 1981, a empresa anunciou que deixaria de fabricar o L-1011. Isso resultou em um grande lançamento contábil de prejuízos em 1981 (US$ 26 por ação), mas isso foi uma perda única. Em 1982, quando a Lockheed ganhou US$ 10,78 por ação com a divisão de armamentos, não havia mais perdas a ser enfrentadas. Os lucros passaram de US$ 1,50 para US$ 10,78 por ação em 2 anos! Você poderia ter comprado ações da Lockheed por US$ 15 na ocasião do anúncio sobre o L-1011. Dentro de 4 anos, elas atingiriam US$ 60, uma *fourbagger*.

A Texas Instruments foi outra empresa em recuperação clássica. Em outubro de 1983, ela anunciou que abandonaria o negócio de computadores domésticos (outro setor destacado, com muitos concorrentes). A empresa havia perdido US$ 500 milhões naquele ano apenas com o negócio de computadores domésticos. Novamente, a decisão foi lançar grandes perdas contábeis, mas isso significou que a empresa poderia concentrar-se em seus fortes negócios de supercondutores e equipamentos eletrônicos para armamentos. No dia seguinte ao anúncio, a ação saltou de US$ 101 para US$ 124. E, 4 meses mais tarde, estava em US$ 176.

A Time também vendeu divisões e cortou custos de maneira dramática. Ela é uma de minhas empresas em recuperação favoritas ultimamente[2]. Na verdade, ela também tem ativos ocultos. A parcela dos negócios de TV a cabo potencialmente vale US$ 60 por ação, de modo que, se a ação é vendida por US$ 100, você está comprando o restante da empresa por US$ 40.

- Os negócios estão em recuperação? (Isso é o que ocorreu com a Eastman Kodak, a qual se beneficiou do *boom* na venda de filmes fotográficos.)
- Os custos estão sendo cortados? Em caso afirmativo, qual será esse efeito? (A Chrysler cortou drasticamente seus custos ao fechar fábricas. Também começou a adquirir no mercado uma grande parcela de peças que fabricava, economizando centenas de milhões de dólares no processo. Ela passou de uma das produtoras com os maiores custos no setor automobilístico para uma das produtoras com os menores custos.

---

[2] À época de lançamento do livro, em 1989. [N. R.]

A recuperação na Apple Computer, por sua vez, era mais difícil de ser prevista. Contudo, se você estivesse próximo à empresa, poderia haver notado o aumento das vendas, o corte de custos e o apelo dos novos produtos que ocorreram simultaneamente.)

Empresas com ativos ocultos

- Qual é o valor dos ativos? Trata-se de ativos ocultos?
- Qual o valor das dívidas que deve ser deduzido desses ativos? (Os credores são os primeiros da fila.)
- A empresa está adquirindo novas dívidas, tornando os ativos menos valiosos?
- Há algum grande investidor atento que pode ajudar os acionistas a colher os benefícios dos ativos?

Aqui estão algumas dicas desta seção:

- Compreenda a natureza das empresas que possui e as razões específicas para manter a ação.
- Ao colocar suas ações em categorias, você terá uma melhor ideia daquilo que poderá esperar delas.
- Grandes empresas possuem pequenas variações; pequenas empresas possuem grandes variações.
- Leve em consideração o tamanho de uma empresa se esperar ganhar com um produto específico.
- Procure pequenas empresas que já são lucrativas e que demonstraram que seu conceito pode ser duplicado.
- Desconfie de empresas com taxas de crescimento de 50% a 100% por ano.
- Evite ações de setores destacados.
- Desconfie de diversificações, as quais geralmente se transformam em "piorizações".
- Apostas duvidosas quase nunca compensam.
- É melhor perder o primeiro movimento de uma ação e esperar para ver se os planos da empresa estão funcionando.
- As pessoas obtêm informações incrivelmente valiosas em seus locais de trabalho, que podem demorar meses ou anos para chegar aos profissionais.

- Separe todas as dicas sobre ações de quem as transmitiu, ainda que seu provedor seja esperto, muito rico e sua última dica tenha subido.
- Algumas dicas de ações, especialmente aquelas de um especialista do setor, podem ser muito valiosas. Contudo, as pessoas do setor de papel normalmente fornecem dicas sobre ações de empresas farmacêuticas, e as pessoas na área de saúde nunca deixam de receber dicas sobre futuras aquisições de controle no setor de papel.
- Invista em empresas simples que pareçam enfadonhas, ordinárias, desprezadas e sem atrativos para Wall Street.
- As empresas de crescimento rápido moderado (20% a 25%) de setores sem crescimento são os investimentos ideais.
- Procure empresas com nichos.
- Quando comprar ações desvalorizadas de empresas em dificuldades, procure aquelas com melhor posição financeira e evite aquelas com grandes dívidas com bancos.
- Empresas sem dívidas não podem falir.
- A habilidade administrativa pode ser importante, mas isso é muito difícil de ser avaliado. Baseie sua decisão de compra nas perspectivas da empresa, e não no currículo do presidente ou em sua capacidade como orador.
- Muito dinheiro pode ser ganho quando uma empresa em dificuldades se recupera.
- Considere cuidadosamente a relação entre preço e lucro. Se a ação estiver grosseiramente superestimada, ainda que tudo o mais esteja certo, você não ganhará nenhum dinheiro.
- Encontre um roteiro para acompanhar como uma forma de monitorar o progresso da empresa.
- Busque empresas que recompram suas ações consistentemente.
- Estude o histórico de dividendos da empresa ao longo dos anos e o modo como se saíram os lucros nas últimas recessões.
- Olhe para as empresas com pouco ou nenhum investimento institucional.
- Caso tudo esteja em condições normais, prefira empresas nas quais a administração tenha um significativo investimento pessoal àquelas administradas por pessoas que apenas recebem seus salários.
- A compra de participação por membros da empresa é um bom sinal, sobretudo quando vários indivíduos compram simultaneamente.

- Destine pelo menos 1 hora por semana para uma investigação sobre investimentos. Somar dividendos e descobrir lucros e perdas não contam.
- Seja paciente. As ações não sobem simplesmente por serem monitoradas.
- Comprar ações com base apenas no valor contábil é perigoso e ilusório. É o valor real que conta.
- Quando estiver em dúvida, espere mais um pouco.
- Na seleção de uma ação, invista pelo menos a mesma quantidade de tempo que você investiria na escolha de uma nova geladeira.

PARTE III
A visão de longo prazo

Nesta seção, adicionei alguns comentários a importantes questões, tais como: de que forma desenhar um portfólio para maximizar lucros e minimizar riscos; quando comprar e quando vender; o que fazer quando o mercado entra em colapso; algumas percepções tolas e equivocadas sobre as razões pelas quais os preços das ações sobem e descem; as armadilhas de arriscar-se operando opções, futuros e venda a descoberto de ações; e, finalmente, o que é novo, antigo, estimulante e perturbador em relação às empresas e ao mercado acionário.

16

Desenhando um portfólio

Já ouvi pessoas afirmarem que estariam satisfeitas com um retorno anual de 25% ou 30% no mercado de ações! Com essa taxa de retorno, elas logo teriam metade do país, ao lado dos japoneses e dos irmãos Bass. Mesmo os magnatas dos anos 1920 não podiam garantir a eles próprios taxas de retorno de 30% para sempre, e Wall Street operava a seu favor.

Em alguns anos, você ganhará 30%, mas haverá outros anos em que ganhará apenas 2% ou, talvez, perderá 20%. Isso faz parte do esquema, e você deve aceitá-lo.

O que há de errado com as expectativas? Caso espere ganhar 30% ano após ano, você tem uma grande probabilidade de se frustrar com o mercado de ações por contrariá-lo, e sua impaciência pode fazê-lo abandonar seus investimentos exatamente no momento errado. Ou, pior, você pode assumir riscos desnecessários em busca de recompensas ilusórias. Você somente maximizará seus lucros de longo prazo ao se ater a uma estratégia durante anos bons e maus.

Se 25% ou 30% não é um retorno realista, então qual é esse valor? Certamente você deveria se sair melhor em ações do que se sairia com títulos públicos, assim, ganhar 4%, 5% ou 6% com suas ações durante um longo período de tempo é excepcional. Se, ao revisar seu histórico de longo prazo, você descobre que suas ações superaram levemente os lucros de seus investimentos conservadores, então saberá que sua técnica é falha.

A propósito, enquanto busca descobrir como está indo com suas ações, não se esqueça de incluir todos os custos de assinaturas de serviços de informação, revistas financeiras, corretagem, seminários de investimento e chamadas interurbanas para corretores.

Uma cifra entre 9% e 10% é o retorno genérico de longo prazo para ações, a média histórica do mercado. Você pode obter 10%, ao longo do tempo, ao investir em um fundo de investimentos sem encargos que adquire todas as 500 ações do índice S&P 500, duplicando automaticamente a média, dessa forma. O fato de que isso pode ser alcançado sem que seja necessário realizar nenhuma lição de casa ou gastar qualquer quantia adicional é um marco de comparação útil para mensurar seu próprio desempenho e também o desempenho dos fundos ativos de ações como o Magellan.

Se profissionais empregados para selecionar ações não podem superar os fundos de índice que compram de modo geral, então não estamos justificando nossos salários. Mas nos dê uma chance. Inicialmente, considere o tipo de fundo em que investiu. Os melhores gestores do mundo não se sairiam bem em um fundo com ações das melhores empresas quando os preços estão em queda. Tampouco parece justo julgar um fundo por seu desempenho em um único ano. Mas, se aproximadamente 3 ou 5 anos mais tarde você descobre que poderia estar melhor se houvesse investido no índice S&P 500, compre as mesmas ações do índice S&P 500 ou procure um fundo de ativo de ações com um histórico melhor. Em razão de todo o tempo e esforço envolvidos para selecionar ações individualmente, deveria haver algum ganho extra nesse processo.

Considerando-se todas essas alternativas convenientes, para ser capaz de dizer que vale a pena selecionar suas próprias ações, você deveria obter um retorno composto entre 12% e 15% ao ano ao longo do tempo. Isso após a dedução de todos os custos e comissões e a adição de todos os dividendos e de outros proventos.

Há também outra posição na qual o indivíduo que tem ações está muito à frente daquele que frequentemente as compra e vende. Custa muito caro para o pequeno investidor comprar e vender ações. Negociar ações atualmente é mais barato do que costumava ser, graças a comissões reduzidas e também a uma modificação no chamado encargo adicional por pequenos lotes negociados – a taxa adicional cobrada nas negociações de menos de 100 ações. Mesmo assim, ainda custa entre 1% e 2% para alguém comprar ou vender uma ação.

Dessa forma, se esse indivíduo negociar seu portfólio uma vez ao ano, ele perde até 4% em comissões. Isso significa que ele está 4% no vermelho antes de começar a negociar. Dessa forma, para conseguir seu retorno de 12% a 15% após descontar as despesas, ele terá de obter entre 16% e 19% com a seleção de ações. E, quanto mais negociar, mais difícil será superar o retorno dos fundos indexados ou de quaisquer outros fundos. (As novas "famílias" de fundos podem cobrar uma taxa de adesão entre 3% e 8,5%, mas isso será tudo o que cobrarão: a partir de então, você poderá mudar de ações para títulos públicos, de títulos públicos para fundos de curto prazo e regressar novamente para sua opção inicial sem ter de pagar mais comissões.)

Apesar de todas essas armadilhas, o investidor individual que conseguir ganhar, digamos, 15% ao longo de 10 anos, quando a média de mercado é 10%, terá feito um grande favor a si mesmo. Se ele iniciar com US$ 10 mil, um retorno de 15% ao longo de 10 anos lhe trará um resultado de US$ 40.455, enquanto um resultado de 10% lhe retornará apenas US$ 25.937.

Quantas ações são suficientes?

Como você desenharia um portfólio para obter um retorno de 12% a 15%? Quantas ações você deveria ter? Prontamente, posso afirmar o seguinte: não tenha 1.400 ações se puder evitar, mas isso é problema meu, e não seu. Você não tem de se preocupar com a regra de 5%, a regra de 10% e US$ 9 bilhões para administrar.

Há um debate antigo entre duas facções de conselheiros de investimento. A facção liderada por Gerald Loeb afirma: "Coloque todos os seus ovos em uma única cesta". A facção liderada por Andrew Tobias contesta: "Não coloque todos os seus ovos em uma única cesta. Pode haver um furo nela".

Se a cesta que tenho contivesse ações da Walmart, ficaria encantado em colocar todos os meus ovos nela. Porém, não ficaria muito feliz arriscando tudo em uma cesta com ações da Continental Illinois. Mesmo que recebesse cinco cestas – para a Shoney's, a The Limited, a Pep Boys, a Taco Bell e a Service Corporation International –, juro que seria uma boa ideia dividir meus ovos entre elas, mas, se essa diversificação incluísse a Avon Products ou a Johns-Manville, então ansiaria por ter uma cesta única e sólida de ações da Dunkin' Donuts. O ponto, nesse caso, não é confiar em algum número determinado de ações, mas, em vez disso, investigar quão boas elas são, de modo individual.

Em minha visão, é melhor ter o maior número possível de ações nas seguintes situações: (a) você possui um diferencial; e (b) você descobriu uma candidata que passa por todos os testes de investigação. Talvez se trate de uma única ação ou uma dúzia de ações. Talvez você tenha decidido se especializar em ações em recuperação ou divergentes de ativos e comprou várias delas ou talvez você saiba algo especial sobre uma única ação em recuperação ou divergente de ativos. Não há sentido em diversificar na direção de empresas desconhecidas apenas pelo gosto de diversificar. Uma diversificação tola é fonte de receio para os pequenos investidores.

Tendo dito isso, não é seguro ter apenas uma ação, pois, apesar de seus melhores esforços, aquela que você escolheu pode ser vítima de circunstâncias imprevistas. Em pequenos portfólios, ficaria confortável em ter entre três e dez ações. Há vários possíveis benefícios:

1. Se você estiver procurando por *tenbaggers*, quanto mais ações tiver, maior será a probabilidade de que uma delas seja uma *tenbagger*. Entre diversas empresas de crescimento rápido que exibam características promissoras, aquela que verdadeiramente chega mais além pode ser uma surpresa.

    A Stop & Shop era uma grande vencedora, que nunca pensei que pudesse me proporcionar mais de 30% ou 40% de lucros. Era uma empresa medíocre cujas ações estavam em declínio, e comecei a comprá-las em 1979, parcialmente porque gostava dos dividendos anuais. Então, a história ficou melhor e melhor, tanto nos supermercados quanto na divisão de lojas de desconto Bradlee's. A ação, que iniciei comprando por US$ 4, terminou cotada por US$ 44 quando o capital da empresa tornou-se privado, em 1988. A Marriott é outro exemplo de negócio cujo sucesso da ação no mercado não teria sido capaz de prever. Sabia que a empresa era uma vencedora porque havia me hospedado em seus hotéis inúmeras vezes, mas nunca me ocorreu quão longe sua ação pudesse chegar. Queria ter comprado alguns milhares de ações em vez de me contentar com alguns milhares daqueles pequenos sabonetes.

    A propósito, apesar de todos os rumores sobre aquisições de controle que enchiam os jornais naqueles dias, não consigo me lembrar de um único exemplo de empresa que tenha comprado na expectativa de alguma aquisição de controle que tenha, de fato, ocorrido. Normalmente ocorre que alguma empresa, que possuo pelas virtudes em seus fundamentos, seja adquirida – e isso também é uma completa surpresa.

Uma vez que não há nenhuma forma de antecipar quando surpresas agradáveis de vários tipos ocorrerão, você aumentará suas chances de se beneficiar de uma delas ao ter diversas ações.

2. Quanto mais ações tiver, maior flexibilidade você terá para movimentar fundos entre elas. Essa é uma parte importante de minha estratégia. Algumas pessoas atribuem meu sucesso ao fato de haver me especializado em ações de crescimento. Mas isso é apenas parcialmente verdade. Nunca coloco mais de 30% ou 40% dos ativos de meu fundo em ações de crescimento. Divido o restante entre as outras categorias descritas neste livro. Em geral, mantenho aproximadamente 10% a 20% em ações confiáveis, outros 10% a 20% em cíclicas e o restante em ações em recuperação. Embora possua 1.400 ações ao todo, metade dos ativos de meu fundo está investido em 100 ações, e dois terços em 200 ações. Há 1% do meu capital espalhado entre 500 oportunidades secundárias que monitoro periodicamente, com a possibilidade de que, futuramente, venha a dar atenção a elas. Estou sempre à procura de bons negócios em todas as áreas e, se encontrar mais oportunidades em ações em recuperação que em ações de empresas com crescimento rápido, acabarei possuindo uma porcentagem maior de empresas em recuperação. Se algo ocorrer a uma das minhas oportunidades secundárias que faça com que aumente minha confiança nelas, irei promovê-las à minha lista de seleções principal.

Espalhando por várias categorias

Espalhar seu dinheiro por várias categorias de ações é outra forma de minimizar o risco de perdas, tal como foi discutido no Capítulo 3. Considerando-se que tenha realizado todas as pesquisas corretas e comprado ações de empresas com preços adequados, então você já minimizou o risco de uma forma importante; mas, além disso, é importante considerar o seguinte:

As ações de crescimento lento possuem lucros e riscos baixos, pois não há expectativas de que lhes ocorra muita coisa se seus preços já estiverem corretamente estabelecidos. As ações confiáveis têm baixos riscos e lucros moderados. Se tiver ações da Coca-Cola e tudo o mais der certo no próximo ano, você poderá ganhar 50%; se tudo der errado, poderá perder 20%. As ações com ativos ocultos têm baixo risco e altos lucros se você estiver certo em relação ao valor dos ativos. Se estiver errado sobre uma empresa com ativos ocultos, você provavelmente não perderá muito; se estiver certo, poderá ganhar 2, 3 ou até 5 vezes seu investimento.

As ações cíclicas podem ter baixo risco e altos lucros ou alto risco e baixos lucros, dependendo da sua aptidão para antecipar ciclos. Se estiver certo, você pode obter *tenbaggers* neste caso e, se estiver errado, poderá perder entre 80% e 90%.

Enquanto isso, decuplicadoras adicionais provavelmente virão de ações de crescimento rápido ou em recuperação – ambas são categorias de riscos e lucros elevados. Quanto maior for o potencial de subida, maior é o potencial de queda; e, se uma ação de crescimento rápido falha ou uma antiga ação em recuperação tem uma recaída, uma queda pode representar a perda de todo o seu dinheiro. No momento em que comprei ações da Chrysler, se tudo corresse bem, imaginava ganhar 400%; se tudo desse errado, poderia perder 100%. Isso é algo que se tinha de reconhecer ao investir. Como resultado, fui agradavelmente surpreendido e obtive um retorno de 15 vezes o meu investimento.

Não há uma forma fácil de quantificar esses riscos e recompensas, mas, ao desenhar seu portfólio, você deveria colocar algumas ações confiáveis apenas para moderar as emoções e os sofrimentos de ter suas quatro ações de crescimento rápido e suas quatro ações em recuperação. Novamente, o segredo é uma compra consciente. Você não quer comprar uma ação confiável sobrevalorizada e, dessa forma, adicionar esses mesmos riscos que deseja reduzir. Lembre-se de que, durante vários anos na década de 1970, mesmo as maravilhosas ações da Bristol-Myers eram uma escolha arriscada. A ação não chegou a nenhum lugar porque os investidores valorizavam em até 30 vezes seus lucros, crescendo apenas 15%. Foi necessária outra década de crescimentos constantes para que ela se aproximasse de seu preço inflado. Se você comprou suas ações por aquele preço, que correspondia a duas vezes sua taxa de crescimento, você assumiu riscos desnecessários.

É, de fato, uma grande tragédia quando você compra uma ação sobrevalorizada, a empresa é um grande sucesso e, ainda assim, não consegue ganhar nada com ela. Isso foi o que ocorreu com a Electronic Data Systems, ação que tinha uma relação P/L de 500 em 1969. Os lucros cresceram drasticamente ao longo dos 15 anos seguintes, aproximadamente 20 vezes. O preço da ação caiu de US$ 40 para US$ 3 em 1974, recuperou-se posteriormente, e, em 1984, a empresa foi comprada pela General Motors por US$ 44, aproximadamente o mesmo valor pelo qual a ação era vendida 10 anos antes.

Finalmente, o desenho de seu portfólio pode se modificar à medida que você envelhece. Investidores mais jovens com uma vida inteira de salários pela frente podem suportar assumir muito mais riscos em relação a *tenbaggers* do que investidores mais velhos, que precisam viver à custa de seus investimentos. As circunstâncias variam tão significativamente de pessoa para pessoa que qualquer análise posterior sobre essa questão terá de vir de você.

Regando as ervas daninhas

No próximo capítulo, explicarei o que sei em relação ao momento de vender uma ação, mas, neste ponto, gostaria de discutir a venda de ações naquilo que se relaciona à gestão do portfólio. Sempre estou verificando novamente ações e histórias, adicionando e subtraindo aos meus investimentos à medida que as coisas mudam. Mas nunca converto minhas ações em dinheiro – exceto para ter o suficiente para cobrir resgates antecipados. Converter ações em dinheiro significaria sair do mercado. Minha ideia é permanecer no mercado para sempre e alternar ações, dependendo de seus fundamentos. Acredito que, se você decidir que certa quantia investida no mercado de ações sempre continuará investida, isso lhe economizará uma grande quantidade de movimentos inoportunos e de agonia generalizada.

Algumas pessoas vendem automaticamente as "vencedoras" – ações que sobem – e mantêm suas "perdedoras" – ações que caem –, o que é tão sensato quanto regar as ervas daninhas enquanto arranca as flores. Outros automaticamente vendem suas perdedoras e mantêm suas vencedoras, o que não funciona muito melhor. Ambas as estratégias falham porque estão atreladas aos movimentos atuais do preço da ação como um indicador do valor fundamental da empresa. (A Taco Bell, na verdade, não estava em má forma quando o preço da ação sofreu em 1972 – apenas a ação da empresa estava. A empresa Taco Bell ia muito bem.) Como vimos, o preço atual da ação não nos diz absolutamente nada sobre as perspectivas futuras de uma empresa, e ele eventualmente se move na direção oposta à dos fundamentos do negócio.

Uma estratégia melhor, a meu ver, é alternar compra e venda de ações dependendo do que ocorreu com o preço da ação à medida que isso se relaciona com a história. Se uma ação confiável, por exemplo, subiu 40% – o que é tudo o que espero para deixá-la – e nada espetacular ocorreu com a empresa para me fazer pensar que existam surpresas agradáveis à frente, vendo a ação e a substituo por outra ação confiável que não subiu. Na mesma situação, se não quis vender toda a sua participação, você poderia vender pelo menos uma parte.

Ao alternar de modo bem-sucedido entre várias ações confiáveis em busca de lucros modestos, você poderá obter o mesmo resultado que conseguiria com uma única grande vencedora: seis movimentos de 30% correspondem a mais de uma *fourbagger*; e seis movimentos de 25% compostos equivalem praticamente a uma *fourbagger*.

Mantenho as ações de crescimento rápido enquanto os lucros estiverem crescendo, a expansão for contínua e não surgirem obstáculos. Após determinado número de meses, verifico novamente a história como se a estivesse ouvindo pela primeira vez. Se, entre duas ações de crescimento rápido, descubro que o preço de uma aumentou 50% e a história começa a soar dúbia, deixarei aquela ação e aumentarei minha posição com a outra ação de crescimento rápido cujo preço declinou ou permaneceu idêntico, cuja história soa melhor.

O mesmo aplica-se às ações cíclicas e em recuperação. Saia das situações em que os fundamentos são piores e os preços subiram e das situações em que os fundamentos são melhores e os preços estão em baixa.

Uma queda nos preços das ações apenas é uma tragédia se você vender àquele preço e não voltar a comprar mais ações. Para mim, uma queda de preços é uma oportunidade para obter muitas pechinchas entre as suas ações com pior desempenho e as suas ações letárgicas promissoras.

Se você não puder se convencer de que "quando minhas ações estão 25% em baixa, sou um comprador" e eliminar o pensamento fatal de que "quando minhas ações estão 25% em baixa, sou um vendedor", então você nunca obterá um lucro decente com ações.

Por razões que agora já devem ser óbvias, sempre detestei as *stop orders*, aqueles pontos de venda automáticos a um preço predeterminado, normalmente 10% abaixo do preço pelo qual a ação foi adquirida. De fato, quando você emite uma *stop order*, você limitou suas perdas a 10% mas, com a volatilidade do mercado atual, uma ação quase sempre atinge esse limite. É estranho como as *stop orders* parecem garantir que o preço da ação cairá 10% e as ações serão vendidas e, em vez de proteger contra uma perda, fazem o investidor transformar a possibilidade de perder em uma conclusão óbvia. Você teria perdido a Taco Bell mais de 10 vezes com as *stop orders*!

Mostre-me um portfólio com *stop orders* em 10%, que eu lhe mostrarei um portfólio destinado a perder exatamente essa quantidade. Quando você estabelece um limite, está admitindo que venderá a ação por menos do que ela vale hoje.

Do mesmo, modo é estranho como as ações parecem disparar após haverem atingido esse limite e o provável investidor cauteloso ter vendido suas ações. É simplesmente impossível confiar em limites como proteção em caso de baixa ou mesmo em objetivos artificiais como metas em relação às altas. Se acreditasse em "venda quando atingir o dobro", nunca teria me beneficiado com uma única vencedora e nunca teria tido a oportunidade de escrever este livro. Mantenha sua posição para ver o que ocorre – contanto que a história original continue a fazer sentido – e você ficará maravilhado com os resultados daqui a vários anos.

17

O melhor momento para comprar e vender

Após tudo o que foi dito, não quero soar como um previsor de mercados e afirmar que há um momento certo para comprar ações. O melhor momento para comprar ações será sempre o dia em que você estiver convencido de que encontrou uma mercadoria sólida por um bom preço – tal como em uma loja de departamentos. Contudo, há dois períodos em particular quando há mais probabilidades de encontrar bons negócios.

O primeiro período é durante o peculiar ritual anual de venda de final de ano associado a impostos. Não se trata de algo acidental o fato de que as quedas mais violentas ocorrem entre os meses de outubro e dezembro. Afinal de contas, é o período de festas, e os corretores precisam gastar dinheiro como todos nós, de forma que há um incentivo adicional para que eles lhe telefonem e lhe perguntem se deseja obter a dedução por perdas para o imposto de renda. Por alguma razão, os investidores ficam felizes em obter essa dedução tributária por perdas, como se isso fosse uma oportunidade maravilhosa ou algum tipo de presente – não posso pensar em outra situação na qual o fracasso deixa as pessoas tão felizes.

Os investidores institucionais também têm uma grande probabilidade de livrar-se de ações perdedoras de forma que seus portfólios fiquem limpos para as próximas avaliações. Todos esses movimentos de vendas impulsionam o preço das ações para baixo.

Se você tiver uma lista de empresas que gostaria de comprar apenas se o preço da ação for reduzido, o fim do ano é a oportunidade para encontrar os negócios pelos quais esperava.

O segundo período acontece durante colapsos, pequenas quedas, movimentos bruscos, oscilações e quedas vertiginosas que ocorrem no mercado em determinado intervalo de anos. Se você puder reunir a coragem e a presença de espírito para comprar durante esses episódios assustadores, quando seus instintos lhe dizem "venda", poderá encontrar oportunidades com as quais nunca sonhou e que jamais verá novamente. Os profissionais normalmente estão muito ocupados ou restringidos para agir de forma rápida durante os colapsos de mercado, mas veja uma relação de empresas sólidas, com excelentes taxas de crescimento de lucros, que poderiam ter sido selecionadas nos colapsos:

Grandes empresas que ofereceram uma segunda oportunidade durante colapsos de mercado

Colapso	Máxima (US$)	Mínima (US$)	Máxima em 1987 (US$)
1972-1974			
Genuine Parts	15	4	44,30
General Cinema	3,50	0,30	31,75
Teledyne	11	3	390
Abbott Labs	5	1,90	67
Bristol-Myers	8	4	55
Cap Cities	34	9	450
Heinz	5,75	3	51,75
McDonald's	15	4	61,10
Philip Morris	17,50	8,50	124,50
Merck	17	7	74,25
1976-1978 (não tão ruim)			
GE	15	11	66,30
Marriott	3,75	1,75	44,75
1981-1982			
Gannett	15	10	56
John Harland	6,50	4	30,75

▶

Colapso	Máxima (US$)	Mínima (US$)	Máxima em 1987 (US$)
1983-1984			
Browning-Ferris	12	6,50	36
The Limited	10	5	53
Anheuser-Busch	12	9	40
NCR	34	22	87
Waste Management	16	7	48

O colapso de 1987

Durante a grande venda de outubro de 1987, você teve a chance de comprar ações de muitas das empresas que estive mencionando ao longo deste livro. A queda de 1.000 pontos entre o verão e o outono levou tudo consigo, mas, no mundo real, todas as empresas listadas abaixo eram saudáveis, lucrativas e nunca perderam o ritmo. Muitas delas se recuperaram de uma forma rápida, e aproveitei para ganhar sempre que pude. Perdi a Dreyfus da primeira vez, mas não dessa vez (errar é humano; persistir no erro é burrice). Se as cotações das ações da Dreyfus se mantiveram baixas em US$ 16 e a empresa tinha US$ 15 em caixa após o pagamento de dívidas, onde estava o risco? Além dos valores em caixa, a Dreyfus efetivamente lucrou com a crise, à medida que muitos investidores transferiram seus investimentos em ações para investimentos em fundos de curto prazo que a Dreyfus administra.

O colapso de 1987	Máxima em 1987 (US$)	Mínima em 1987 (US$)	Outubro de 1988 (US$)
Walmart	41	20	31,30
Dreyfus	45	16	25,60
Albertson's	34	21	36,10
Home Depot	28	12,50	28,30
Student Loan Marketing	88	62	83,90
Toys"R"Us	42	22	38,25
Coca-Cola	53	28	43,10
Pier 1	14	5	11,25
Inco	24	14	28,60
Envirodyne	29,25	10,90	26

Quando vender

Mesmo o mais cauteloso e persistente dentre os investidores é suscetível à influência de céticos que gritam "venda" antes que seja tempo de vender. Eu sei disso. Eu mesmo me convenci a abandonar investimentos em diversas *tenbaggers*.

Logo após começar a gerir o Fundo Magellan, em maio de 1977, estava atraído pela Warner Communications. A Warner era uma ação em recuperação promissora de um conglomerado que havia diversificado equivocadamente suas operações. Confiante nos fundamentos do negócio, investi 3% do meu fundo na Warner a US$ 26 por ação.

Poucos dias mais tarde, recebi uma chamada de um analista técnico que acompanhava a Warner. Não presto muita atenção à ciência das oscilações, mas, apenas para ser educado, perguntei a ele o que pensava. Sem hesitação, ele anunciou que o preço da ação estava "extremamente esticado". Nunca esquecerei essas palavras. Um dos maiores problemas com conselhos sobre o mercado de ações é que, sejam bons ou ruins, eles permanecem na sua cabeça. Não há como tirá-los dali, e, algum dia, cedo ou tarde, você poderá encontrar-se reagindo de acordo com eles.

Cerca de 6 meses mais tarde, Warner havia subido de US$ 26 para US$ 32. Já estava começando a me preocupar. "Se o preço da ação Warner estava extremamente esticado a US$ 26", me perguntei, "então ela deve estar hiperestendida a US$ 32." Verifiquei seus fundamentos, e nada havia se modificado significativamente para diminuir meu entusiasmo, de modo que mantive minha posição. Então a ação atingiu US$ 38. Por nenhuma razão consciente, comecei um grande programa de venda. Devo ter decidido que, se o preço da ação já estava esticado a US$ 26 e hiperesticado a US$ 32, ele deveria estar esticado a 3 dígitos com o preço da ação a US$ 38.

Obviamente, após tê-la vendido, a ação continuou sua ascensão a US$ 50, US$ 60, US$ 70 e acima de US$ 180. Mesmo depois de ela ter sofrido as consequências do fiasco da Atari e seu preço ter declinado em 60% em 1983-1984, ela ainda estava cotada a duas vezes meu preço de saída de US$ 38. Esperava que tivesse aprendido a lição nesse caso.

Posteriormente, realizei uma saída prematura das ações da Toys"R"Us, aquela excepcional ação de crescimento rápido sobre a qual já falei tão positivamente. Em 1978, quando a Toys"R"Us foi separada da Interstate Department Stores (uma empresa em dificuldades) na ação em recuperação judicial da empresa (os credores foram pagos com ações da nova Toys"R"Us), ela já era um empreendimento provado e lucrativo, expandindo-se em um shopping center após o outro. Ela havia passado nos testes de sucesso em um local e, então, no teste de duplicação em outro. Fiz minha lição de casa, visitei as lojas e assumi uma grande posição ao preço ajustado de US$ 1 por ação. Em 1985, quando a ação da Toys"R"Us atingiu US$ 25, ela já era uma *twentyfivebagger* para alguns investidores. Infelizmente, esse grupo não me incluía, pois as vendi muito cedo. Vendi cedo porque havia lido em algum lugar que um esperto investidor chamado Milton Petrie, conhecido varejista, havia comprado 20% de ações da Toys"R"Us e que essa compra estava movendo o preço da ação para cima. A conclusão lógica, pensei, era que, quando Petrie parasse de comprar, a ação cairia de preço. Petrie parou de comprá-la a US$ 5.

Comprei a US$ 1 e vendi a US$ 5, uma *fivebagger*, de forma que me pergunto: "De que posso reclamar?". Todos nós aprendemos os mesmos ditados: "Lucre quando puder" e "A certeza de um ganho é sempre melhor que uma possível perda". Porém, quando encontramos a ação certa, a compramos, tudo lhe indica que o preço subirá e tudo está caminhando para essa direção, é vergonhoso vender. Um ganho de cinco vezes transforma US$ 10.000 em US$ 50.000, mas os próximos lucros transformarão US$ 10.000 em US$ 250.000. Investir em uma *twentyfivebagger* não é um evento comum mesmo entre administradores de fundos e, individualmente, é algo que ocorre 1 ou 2 vezes na vida. Quando você obtém uma, também deve aproveitar todos os benefícios. Os clientes de Peter deRoetth, que foi o primeiro a me contar sobre a Toys"R"Us, fizeram isso. Ele manteve essa ação por muito tempo em seu fundo.

Consegui repetir o erro com a Flowers, uma panificadora, e novamente com a Lance, uma empresa de biscoitos. Como alguém me contou que eram candidatas à aquisição de controle, aguardei até que fossem adquiridas e, finalmente, me cansei e vendi minhas ações. Após haver vendido, você deve imaginar o que aconteceu. A lição dessa vez foi que não deveria ter me importado se essa lucrativa panificadora seria adquirida ou não. Na verdade, deveria ter ficado contente com o fato de ela ter permanecido independente.

Já relatei que quase não comprei ações da La Quinta porque um importante membro da empresa vendera as dele. Não comprar porque um membro da empresa começou a vender pode ser um erro tão grande quanto vender porque um investidor externo (Petrie) deixou de comprar. No caso da La Quinta, ignorei as tolices, e fico feliz por tê-lo feito.

Estou certo de que há outros exemplos de enganos pessoais em relação a movimentos de mercado os quais convenientemente esqueci. Normalmente, é mais difícil permanecer com uma ação vencedora após seu preço subir do que acreditar nela após seu preço haver caído. Nesses dias, se sinto que há perigo de me enganar, busco revisar as razões pelas quais inicialmente a comprei.

O efeito "batida de tambor"

Este é um caso em que o investidor amador é tão vulnerável a tolices quanto os profissionais. Temos colegas especialistas sussurrando em nossos ouvidos; você tem amigos, parentes, corretores e diversos comentaristas financeiros.

Talvez você tenha recebido a mensagem: "Parabéns: não seja ganancioso". Isso ocorre quando seu corretor lhe telefona para dizer: "Parabéns, você dobrou seu dinheiro na ToggleSwitch, mas não vamos ficar gananciosos. Vamos vender a ToggleSwitch e comprar a KinderMind". Então você vende a ação da ToggleSwitch e ela continua subindo, enquanto a KinderMind vai à falência, levando todos os seus lucros com ela. Enquanto isso, o corretor recebe uma comissão de ambos os lados da transação, de forma que cada mensagem de "Parabéns" representa um ganho dobrado.

Além do corretor, cada ideia estúpida que você ouve sobre ações entra na sua mente da mesma forma que "a Warner está superesticada" entrou na minha. Atualmente, as ideias estúpidas transformam-se em um barulho ensurdecedor.

Cada vez que ligamos a televisão, há alguém declarando que as ações de bancos devem ser compradas e as ações de empresas aéreas devem ser vendidas, que as ações de concessionárias de serviços públicos já tiveram dias melhores e que as caixas de depósitos estão fadadas à desgraça. Se você, ao passar de uma estação de rádio a outra, por acaso ouvir o comentário de que o superaquecimento da economia japonesa destruirá o mundo, vai se lembrar desse trecho da próxima vez que os preços das ações caírem 10% e, talvez, com receio, chegue a vender suas ações da Sony ou da Honda, ou até mesmo as suas ações da Colgate-Palmolive, cuja empresa não é cíclica nem japonesa.

Quando astrólogos são entrevistados ao lado de economistas do Merrill Lynch e ambos fazem afirmações contraditórias e, ainda assim, parecem convincentes, não se pode estranhar que todos fiquem confusos.

Temos de lidar como o efeito "batida de tambor". Uma mensagem particularmente contagiante é repetida exaustivamente até que seja impossível livrar-se dela. Havia uma batida de tambor em torno do suprimento de moeda M1. Quando estive no exército, M1 era um rifle, e eu podia compreender isso. Repentinamente, M1 era uma importante cifra da qual dependia o futuro de Wall Street, e eu não poderia lhe dizer o que isso significava. Lembra-se da One Hour Martinizing[1]? Ninguém poderia dizer do que se tratava, e milhares de clientes de lavanderias jamais perguntaram. Talvez M1 signifique Martinizing One e algum membro do Council of Economic Advisors costumasse administrar uma lavanderia. De qualquer forma, a notícia do rápido crescimento do M1 esteve nos noticiários durante meses, e as pessoas se preocupavam com a possibilidade de que isso pudesse afundar nossa economia e destruir o mundo. Que melhor razão para vender ações do que "M1[2] está aumentando" – mesmo quando você não está seguro do que isso significa?

Então, repentinamente, não ouvimos mais nada em relação ao temido aumento no suprimento de moeda M1, e nossa atenção foi desviada para as taxas de desconto sobre os empréstimos que o FED cobra dos bancos. Quantas pessoas sabiam do que se tratava? Novamente, você podia contá-las nos dedos. Quantas pessoas sabiam o que faz o FED? William Miller, o antigo presidente do FED, afirmou que 25% da população pensava que o Federal Reserve era uma reserva indígena, 26% pensavam que era uma reserva ecológica e 51% que se tratava de uma marca de uísque.

Ainda assim, toda sexta-feira à tarde (isso costumava ocorrer às quintas-feiras à tarde, até que muitas pessoas passaram a se acotovelar no prédio do FED para obter o número antes da abertura do mercado de ações de sexta-feira) metade dos investidores profissionais ficava espantada com as notícias dos últimos números nas reservas monetárias, e os preços das ações flutuavam negativamente como resultado disso. Quantos investidores se enganaram acerca do momento correto de entrar ou sair do mercado porque ouviram que uma taxa de suprimento de moeda mais elevada poderia afundar o mercado de ações?

Temos sido avisados (sem nenhuma ordem em particular) que um aumento dos preços do petróleo é algo terrível, assim como a queda dos seus preços; que um dólar forte é um mau sinal, bem como o é um dólar fraco; e que uma queda no suprimento de moeda é motivo para alarme, assim como o seu aumento. A preocupação sobre as cifras do suprimento de moeda recentemente foi substituída por intensos temores em relação aos déficits orçamentário e comercial, e milhares de outros investidores devem ter sido afastados de suas ações em razão dessas "batidas de tambor".

---

[1] Conceito de limpeza rápida a seco criado por Henry Martin, nos Estados Unidos, em 1949. [N. R.]
[2] Utilizado pelos economistas na tentativa de medir a quantidade de dinheiro em circulação, abrangendo tanto o dinheiro físico quanto os ativos que podem ser convertidos em moeda. [N. R.]

Quando realmente vender

Se o mercado não pode lhe dizer quando vender, então quem pode? Nenhuma fórmula poderia ser aplicada a esse caso. "Venda antes de as taxas de juros subirem" ou "venda antes da próxima recessão" seriam conselhos úteis a serem seguidos, caso soubéssemos quando essas coisas ocorrem; mas, como obviamente não temos resposta para isso, esses conselhos também são banalidades.

Ao longo dos anos, aprendi a não pensar sobre quando vender, da mesma forma que penso sobre quando comprar. Não presto atenção a condições econômicas externas, exceto nos poucos casos em que estou certo de que um negócio específico será afetado de um modo específico. Quando os preços do petróleo sobem, isso obviamente afetará as prestadoras de serviços para empresas petrolíferas, mas não as empresas que produzem medicamentos vendidos sob prescrição médica. Em 1986-1987, vendi minhas participações na Jaguar, Honda, Subaru e Volvo porque estava convencido de que um dólar em queda afetaria as exportações de fabricantes de automóveis que vendiam grandes porcentagens de seus veículos nos Estados Unidos. Mas, em nove entre dez casos, vendo se a empresa 380 tiver uma história melhor que a da empresa 212, especialmente quando a história da última empresa começa a soar cada vez mais improvável.

De fato, se souber de início por que comprou uma ação, você automaticamente terá ideia do melhor momento de lhe dizer adeus. Vejamos alguns dos sinais de venda, categoria por categoria.

Quando vender uma ação de crescimento lento

Realmente não posso ajudá-lo com essa ação, pois, para começar, não tenho muitas ações de crescimento lento. As únicas que compro, vendo quando há uma apreciação de 30% a 50% ou quando os fundamentos do negócio se deterioraram, mesmo que o preço da ação tenha declinado. Aqui estão outros sinais:

- A empresa perdeu participação de mercado por dois anos consecutivos e está contratando outra agência publicitária.
- Nenhum novo produto é desenvolvido, os gastos em pesquisa e desenvolvimento são reduzidos e a empresa parece estar descansando sobre os louros da glória.

- Duas aquisições recentes não relacionadas ao negócio parecem "piorizações", e a empresa anuncia que está buscando futuras aquisições "na liderança em tecnologia".
- A empresa pagou tanto por suas aquisições que o balanço patrimonial se deteriorou de uma posição sem dívida e com milhões em caixa para uma posição sem nenhum valor em caixa e milhões em dívida. Não há fundos adicionais para recomprar ações, mesmo que o preço caia vertiginosamente.
- Mesmo com um preço de ação mais baixo, os dividendos não serão suficientemente elevados para atrair investidores.

Quando vender uma ação confiável

Essas são ações que frequentemente substituo por outras da mesma categoria. Não há sentido em esperar obter rapidamente uma *tenbagger* a partir de uma ação confiável; e, se a cotação da ação ficar acima da linha de lucros ou se a relação P/L se distanciar muito da variação tradicional, você poderia pensar em vendê-la e esperar para recomprá-la por um preço mais baixo — ou comprar outra ação, como faço.

Outros sinais para saber o momento de vender:

- Os novos produtos introduzidos no mercado nos últimos dois anos tiveram resultados ambíguos, e os outros, ainda em fase de testes, estão a um ano de serem lançados no mercado.
- A ação possui uma relação P/L de 15, enquanto as empresas de qualidade similar do setor têm relações P/L de 11 a 12.
- Nenhum executivo ou diretor comprou ações no último ano.
- Uma grande divisão que contribui com 25% dos lucros está vulnerável à estagnação econômica que está em curso (na construção de novas moradias, na perfuração de poços de petróleo etc.).
- A taxa de crescimento da empresa tem se reduzido, e, ainda que a empresa tenha mantido lucros e reduzido despesas, as futuras oportunidades para redução de custos são limitadas.

Quando vender uma ação cíclica

O melhor momento para vender é no final do ciclo, mas quem sabe quando isso ocorrerá? Quem sabe ao menos quais ciclos estão ocorrendo? Algumas vezes os especialistas mais bem informados começam a vender ações cíclicas um ano antes que haja qualquer sinal de declínio na empresa. O preço da ação começa a cair por nenhuma razão concreta.

Para jogar esse jogo com sucesso, você tem de compreender as suas estranhas regras. Isso é o que torna as ações cíclicas tão traiçoeiras. No setor de armamentos, que se comporta ciclicamente, o preço da General Dynamics certa vez caiu 50% com lucros em alta. Os observadores de ciclos mais prudentes estavam vendendo antecipadamente suas ações para evitar a histeria.

Além do fim do ciclo, o segundo melhor momento para vender uma ação cíclica é quando algo começa a dar errado. Os custos começaram a subir. As fábricas existentes estão operando a plena capacidade, e a empresa começa a gastar dinheiro para adicionar capacidade produtiva. Qualquer que tenha sido a sua fonte de inspiração para comprar ações da empresa XYZ durante a última queda ou o último *boom*, isso deverá lhe proporcionar uma pista sobre quando o último estouro se encerrou.

Um sinal de venda óbvio é o aumento do volume de estoques e a impossibilidade de a empresa se livrar deles, o que significa preços mais baixos e lucros menores no futuro. Sempre presto atenção a estoques crescentes. Quando o estacionamento estiver cheio de lingotes, certamente é o momento de vender as ações cíclicas. De fato, talvez você esteja um pouco atrasado.

Os preços em queda de *commodities* também são outro presságio. Normalmente, os preços do petróleo, do aço etc. cairão muitos meses antes de as dificuldades começarem a aparecer nos lucros. Outro sinal útil é quando o preço futuro de uma *commodity* está mais baixo que o preço atual, ou preço *spot*. Se você tiver um bom diferencial para saber quando comprar a ação cíclica, em primeiro lugar, notará as mudanças de preços.

Os concorrentes também são um mau sinal para as cíclicas. O concorrente externo terá de ganhar consumidores baixando preços, o que força todos a baixar preços e leva a lucros menores para todos os produtores. Enquanto houver uma forte demanda por níquel e ninguém desafiar a Inco, a empresa se sairá bem, mas, logo que a demanda se reduzir ou que os produtores rivais começarem a vender níquel, a Inco passará a ter problemas.

Outros sinais:

- Dois acordos sindicais essenciais expiram nos próximos 12 meses, e os líderes trabalhistas pedem a restauração de todos os salários e benefícios de que abriram mão no último contrato.
- A demanda final pelo produto está diminuindo.

- A empresa dobrou seu orçamento com gasto de capital para construir uma nova fábrica moderna no lugar de modernizar as unidades antigas por um preço mais baixo.
- A empresa tentou cortar custos, mas ainda não consegue competir com os produtores do exterior.

Quando vender uma ação de crescimento rápido

Nesse caso, o truque é não perder a potencial *tenbagger*. Contudo, se a empresa desmorona e os lucros encolhem, o mesmo ocorrerá com a relação P/L que os investidores atribuíram à ação. Isso é um duplo imprevisto, muito caro para os leais acionistas.

O mais importante a ser observado é o final da segunda fase de crescimento rápido, como explicado anteriormente.

Se a Gap parou de construir novas lojas, as velhas lojas começam a aparentar descuido, e os seus filhos queixam-se de que a Gap não possui mais aquela peça de jeans lavado que é a moda atual, então, provavelmente, é o momento de começar a pensar em vender. Se 40 analistas de Wall Street estão dando a avaliação mais elevada à ação, 60% das ações pertencem a instituições financeiras e três revistas nacionais exaltam seu CEO, certamente é o momento de começar a pensar em vendê-la.

Todas as características de Ações que Você Deveria Evitar (ver Capítulo 9) são características de Ações que Você Gostaria de Vender.

Diferentemente das empresas cíclicas, em que as relações P/L se tornam menores quando próximas do fim, em uma ação de crescimento a P/L geralmente torna-se maior, podendo atingir dimensões absurdas e ilógicas. Lembre-se da Polaroid e da Avon Products. É razoável a existência de uma P/L de 50 para empresas desse tamanho? Qualquer aluno esperto da quarta série poderia ter descoberto que esse era o momento de vender. A Avon venderia bilhões de dólares em frascos de perfume? Como poderia, quando praticamente todas as donas de casa americanas eram representantes da Avon?

Se você tivesse vendido as ações da Holiday Inn quando elas atingiram 40 vezes os lucros e acreditado que a festa havia acabado nesse caso, você teria acertado. Quando você viu uma franquia da Holiday Inn a cada 35 km nas maiores rodovias dos Estados Unidos e, ao viajar a Gibraltar, encontrou uma franquia da empresa na base de um rochedo, esse seria o momento para começar a se preocupar. Para onde mais se expandir? Marte?

Outros sinais:

- As vendas de algumas lojas estão 3% menores que no trimestre anterior.
- Os resultados das novas lojas parecem desapontadores.
- Dois dos principais executivos e vários empregados essenciais deixaram a empresa para se juntar a um concorrente.
- A empresa recentemente retornou de um giro nacional contando uma história bastante positiva para investidores institucionais de 12 cidades em 2 semanas.
- A ação é vendida com uma P/L de 30, enquanto as projeções mais otimistas de crescimento de lucros são de 15% a 20% para os próximos 2 anos.

Quando vender uma ação em recuperação

O melhor momento para vender uma ação em recuperação é após ela ter se recuperado. Todas as dificuldades acabaram – e todos sabem disso. A empresa se transformou naquilo que era antes de desmoronar: uma empresa de crescimento, cíclica ou de qualquer outra categoria. Os acionistas não se sentem envergonhados por adquiri-las novamente. Se a recuperação foi bem-sucedida, você tem de reclassificar a ação.

A Chrysler foi uma ação em recuperação a US$ 2, US$ 5 ou mesmo US$ 10 por ação, mas não a US$ 48, em meados de 1987. Nessa ocasião, a dívida havia sido paga, a podridão havia sido limpa e a Chrysler voltou a ser uma empresa cíclica sólida. A ação pode subir, mas provavelmente não verá uma alta de 10 vezes. Ela deve ser julgada da mesma forma que a General Motors, a Ford ou outra empresa próspera é julgada. Se você gosta de empresas de automóveis, mantenha as ações da Chrysler. Ela está se saindo bem em todas as divisões, e a aquisição da American Motors lhe proporciona algum potencial de longo prazo, além de alguns problemas adicionais de curto prazo. Mas, se você se especializar em ações em recuperação, venda as ações da Chrysler e procure outra coisa.

A General Public Utilities foi uma ação em recuperação a US$ 4, US$ 8 e a US$ 12, mas, após a segunda unidade nuclear voltar ao serviço e as outras empresas do setor concordarem em auxiliar no pagamento dos custos da limpeza do desastre de Three Mile Island, a GPU novamente se tornou uma concessionária de serviços públicos do setor elétrico. Ninguém mais acredita que a GPU abandonará os negócios. A ação, agora a US$ 38, poderá chegar a US$ 45, mas ela certamente não atingirá US$ 400.

Outros sinais:

- A dívida, que havia declinado durante 5 trimestres consecutivos, aumentou recentemente para US$ 45 milhões no último relatório trimestral.
- Os estoques estão aumentando a uma velocidade de duas vezes a taxa de crescimento das vendas.
- A relação P/L está inflada com relação às perspectivas de lucros.
- A divisão mais forte vende 50% de sua produção para um único consumidor, e esse consumidor está sofrendo com a estagnação em suas vendas.

Quando vender uma ação com ativos ocultos

Ultimamente, a melhor ideia é esperar pelo atacante. Se realmente houver ativos ocultos na empresa, Saul Steinberg, os Haft ou os Reichmann logo descobrirão. Contanto que a empresa não esteja em um surto de dívidas, reduzindo dessa forma o valor dos ativos, você desejará manter sua posição.

A empresa Alexander and Baldwin possui 96 mil acres em propriedades no Havaí, além de direitos exclusivos de navegação à ilha e outros ativos. Diversas pessoas estimaram que essa ação de US$ 5 deveria valer muito mais. Elas tentaram ser pacientes, mas nada aconteceu durante vários anos. Então um sr. Harry Weinberg apareceu e comprou 5%, depois 9% e, finalmente, 15% das ações. Isso inspirou outros investidores a comprar ações porque o sr. Weinberg as estava comprando e a ação atingiu a máxima de US$ 32, antes de recuar para US$ 16, na grande queda de 1987. Sete meses mais tarde, ela retornava aos US$ 30.

O mesmo ocorreu com a Storer Broadcasting e com a Disney. A Disney era uma empresa letárgica, que não sabia seu próprio valor, até que surgiu o sr. Steinberg para conduzir a gestão na direção de "aumentar valores para os acionistas". De qualquer forma, a empresa estava progredindo. Ela realizou um brilhante trabalho distanciando-se de desenhos animados para atrair uma audiência adulta e mais ampla. Foi bem-sucedida com o Disney Channel e com um parque temático no Japão, e o futuro parque temático europeu parece promissor[3]. Com o insubstituível acervo de filmes e suas propriedades na Flórida e na Califórnia, a Disney é uma ação com ativos ocultos, em recuperação e de crescimento, tudo ao mesmo tempo.

Você não tem mais de esperar até o nascimento de seus netos para que os ativos ocultos sejam descobertos. Antigamente, você podia ter ativos

---

[3] Cenário da empresa à época da primeira edição da obra, em 1989. [N. R.]

desvalorizados e esperar toda a sua vida adulta, e, mesmo assim, a ação não se valorizaria um centavo sequer. Atualmente, a criação de valor para o acionista ocorre de forma muito mais rápida, graças aos diversos prósperos magnatas vagando em busca do último exemplar de ativos desvalorizados. (Boone Pickens veio a nosso escritório há alguns anos e nos disse exatamente como uma empresa como a Gulf Oil, de maneira hipotética, poderia ter seu controle adquirido. Ouvi a sua bem fundamentada apresentação e, então, prontamente concluí que isso não poderia ser feito. Estava convencido de que a Gulf Oil era muito grande para ter seu controle adquirido – até o dia em que a Chevron o fez. Agora, estou pronto para acreditar que qualquer coisa pode ter seu controle adquirido, até os maiores continentes.)

Com tantos investidores agressivos em circulação, é mais difícil para um amador encontrar uma boa ação com ativos ocultos, mas é muito fácil saber quando vendê-la. Você não deve vendê-la até que apareçam os irmãos Bass – e, se não forem os irmãos Bass, estou certo de que serão Steinberg, Icahn, os Belzberg, os Pritzkers, Irwin Jacobs, Sir James Goldsmith, Donald Trump, Boone Pickens ou mesmo Merv Griffin. Depois disso, poderá haver uma aquisição de controle, uma guerra de preços ou uma compra financiada de controle que poderá dobrar, triplicar ou quadruplicar o preço da ação.

Outros sinais:

- Embora as ações sejam vendidas com desconto em relação ao valor real de mercado, a administração anunciou que emitirá mais 10% de ações para auxiliar um programa de diversificação.
- A divisão que se espera que seja vendida por US$ 20 milhões obtém apenas US$ 12 milhões na sua venda.
- A redução na alíquota de imposto de renda corporativo diminui consideravelmente o valor dos créditos tributários que a empresa poderá compensar nos próximos anos.
- A participação institucional na propriedade da empresa aumentou de 25%, há 5 anos, para 60%, atualmente – com vários fundos de Boston como os maiores compradores.

18

As 12 maiores (e mais perigosas) tolices que as pessoas dizem sobre o preço das ações

Constantemente me impressiono com as explicações populares para as razões pelas quais as ações se comportam da forma que o fazem, proporcionadas tanto por amadores quanto por profissionais. Realizamos grandes avanços na eliminação da ignorância e da superstição na medicina e nos relatórios meteorológicos, rimos de nossos ancestrais por culpar os deuses do milho pelas más colheitas e nos perguntamos: "Como um homem inteligente como Pitágoras podia acreditar que maus espíritos se escondiam em lençóis enrugados?". Contudo, estamos plenamente dispostos a acreditar que o vencedor do Super Bowl tem algo a ver com o preço das ações.

Pensando retrospectivamente, desde meus tempos de faculdade até meu primeiro emprego no Fundo Magellan, a princípio percebi que mesmo o mais inteligente dentre os professores dessa matéria estava tão equivocado sobre as ações quanto Pitágoras estava em relação aos lençóis. Desde então, tenho ouvido um fluxo constante de teorias, cada uma delas tão equivocada quanto a anterior, as quais posteriormente foram filtradas para o grande público. São vários os mitos e os equívocos, mas tomei nota de alguns deles apenas, os quais constituem as 12 maiores tolices que as pessoas dizem em relação aos preços das ações; apresento-as na esperança de que você possa excluí-las de sua mente. Algumas provavelmente lhe soarão familiares.

Se o preço já caiu esse tanto, ele não poderá cair mais

Essa é uma boa. Aposto que os proprietários de ações da Polaroid estavam repetindo essa mesma frase quando a ação já havia realizado um terço de sua grande queda, a partir de uma cotação máxima de US$ 143,50. A Polaroid era uma empresa sólida, com reputação de *blue chip*, de forma que, quando seus lucros e suas vendas entraram em colapso, como relatamos, várias pessoas não prestaram atenção a quão sobrevalorizadas verdadeiramente estavam suas ações. Em vez disso, elas continuaram a se apoiar no pensamento de que, "se ela já caiu dessa forma, não poderá cair ainda mais", e provavelmente também apelaram para as frases "boas empresas sempre se recuperam", "você deve ser paciente no mercado de ações" e "não há sentido em deixar que o susto nos afaste das coisas boas".

Essas frases, sem dúvida, foram ouvidas diversas vezes em lares de investidores e nos departamentos de gestão de fundos em bancos à medida que a ação da Polaroid despencava para US$ 100, para US$ 90 e, finalmente, para US$ 80. À medida que a ação baixou para US$ 75, a facção do "não deve cair muito mais" deve ter se tornado uma pequena multidão e, a US$ 50, você poderia ouvir essa frase sendo repetida por metade dos investidores da Polaroid que mantiveram suas ações.

Os proprietários mais novos estavam comprando ações da Polaroid durante todo esse tempo com base na teoria de que ela não poderia cair mais, e grande parte deles deve ter se arrependido de haver tomado essa decisão, porque, de fato, o preço das ações da Polaroid ainda baixou muito mais. Essa grande ação caiu de US$ 143,50 para US$ 14,10 em menos de um ano, e apenas então a frase "ela não pode cair mais" provou-se verdadeira. Até logo para a teoria de "não pode baixar ainda mais".

Não há uma regra simples que possa informá-lo sobre quão baixo pode chegar o preço de uma ação. Aprendi essa lição por conta própria em 1971, quando era um analista ansioso e inexperiente da Fidelity. A Kaiser Industries já havia passado de US$ 25 para US$ 13. Com base em minhas recomendações, a Fidelity comprou cinco milhões de ações – um dos maiores blocos jamais negociado na história do mercado de ações dos Estados Unidos – quando a ação estava a US$ 11. Confiantemente, avaliei que a ação não poderia baixar a menos de US$ 10.

Quando ela atingiu US$ 8, liguei para minha mãe e pedi que ela fosse comprá-la, uma vez que era praticamente inconcebível que a Kaiser caísse abaixo de US$ 7,50. Felizmente, minha mãe não me ouviu. Assisti com horror à medida que a ação da Kaiser despencava de US$ 7 para US$ 6 e, então, para US$ 4, em 1973 – quando finalmente ela provou que não poderia baixar mais.

Os gestores de fundos da Fidelity mantiveram seus cinco milhões de ações, com base na teoria de que, se a Kaiser havia sido uma boa compra a US$ 11, ela agora inquestionavelmente era uma pechincha a US$ 4. Uma vez que eu era o analista que as havia recomendado, tive de continuar assegurando-lhes que ela possuía um bom balanço patrimonial. De fato, nos alegrou descobrir que, com apenas 25 milhões de ações emitidas, por um preço de US$ 4 por ação, a empresa inteira estava à venda por US$ 100 milhões. Com esse mesmo valor, você teria comprado quatro Boeings 747 naquela ocasião. Atualmente, você conseguiria um avião sem os motores.

O mercado de ações havia deixado a ação da Kaiser em um patamar tão baixo que essa poderosa empresa, com seus negócios de imóveis, alumínio, aço, cimento, construção de navios – sem mencionar os jipes – estava à venda pelo preço de quatro aviões. A empresa possuía poucas dívidas. Mesmo que fosse liquidada pelos ativos, calculamos que valeria US$ 40 por ação. Atualmente, um investidor agressivo teria surgido e assumido o controle da empresa.

Logo depois, a Kaiser Industries se recuperou para US$ 30 por ação, mas isso não ocorreu antes que a queda de US$ 4 houvesse me curado de qualquer outro impulso de anunciar: "Ela não pode cair mais do que isso".

Você sempre pode dizer quando uma ação atingiu seu mínimo

A pesca de profundidade é um passatempo popular entre investidores, mas geralmente é o pescador que é pescado. Tentar descobrir o ponto mais baixo de uma ação em queda é como tentar apanhar uma faca caindo. Normalmente é uma boa ideia esperar até que a faca caia no chão e vibre um pouco até se acalmar antes de ser apanhada. Apanhar rapidamente uma faca caindo resulta em surpresas dolorosas, pois você inevitavelmente a apanhará no lugar errado.

Se ficar interessado em comprar uma ação em recuperação, isso deve ocorrer por uma razão mais sensata que acreditar que o preço da ação tenha atingido um ponto tão baixo que pareça alto para você. Talvez você note que o negócio está se recuperando, cheque o balanço da empresa e verifique que ela possui US$ 11 em caixa e que é vendida por US$ 14.

Mas, ainda assim, você não será capaz de acertar o preço mínimo de uma ação. O que geralmente ocorre é que uma ação "vibra" antes de começar a se recuperar. Geralmente, esse processo leva 2 ou 3 anos para ser concluído, mas algumas vezes pode demorar mais.

Se ela já subiu tanto, como pode subir mais?

Você está certo, a menos, é claro, que esteja falando da Philip Morris ou da Subaru. Que a Philip Morris é uma das maiores ações de todos os tempos é óbvio. Já mencionei como a Subaru poderia nos ter tornado milionários, se houvéssemos comprado a ação no lugar do carro.

Se você comprou ações da Philip Morris nos anos 1950 pelo equivalente a 75 centavos por ação, você poderia ter se sentido tentado a vendê-las por US$ 2,50, em 1961, com base na teoria de que ela não poderia subir muito mais. Onze anos mais tarde, com a ação cotada a sete vezes seu preço de 1961 e 23 vezes o preço dos anos 1950, você mais uma vez poderia ter concluído que as ações da Philip Morris não poderiam subir mais. Mas, se as tivesse vendido nessa ocasião, você teria perdido uma *sevenbagger*.

Quem conseguiu manter as ações da Philip Morris durante todo esse tempo teria visto suas ações de 75 centavos se transformarem em ações de US$ 124,50, e um investimento de US$ 1.000 gerando um resultado de US$ 166.000. E isso sequer inclui os US$ 23.000 de dividendos recebidos ao longo do caminho.

Se me preocupasse em me questionar "como essa ação poderá subir ainda mais?", nunca teria comprado ações da Subaru após elas haverem subido 20 vezes. Mas verifiquei os fundamentos do negócio, percebi que a Subaru ainda era barata, comprei a ação e, depois disso, obtive sete vezes o valor dos meus investimentos.

A questão é que não há um limite arbitrário para o quão alto pode chegar o preço de uma ação, e, se a história ainda é boa, os lucros continuam a melhorar e os fundamentos não se alteraram, "não pode subir muito mais" é uma razão errada para ignorar uma ação. Envergonho-me de todos aqueles especialistas que aconselham os clientes a vender automaticamente após haverem dobrado o valor do seu investimento. Você nunca obterá uma *tenbagger* dessa forma.

Ações como as da Philip Morris, Shoney's, Masco, McDonald's e Stop & Shop quebraram as barreiras da situação "não pode subir muito mais" ano após ano.

Honestamente, nunca fui capaz de prever quais ações subiriam dez vezes ou quais subiriam cinco vezes. Tento permanecer com elas, contanto que suas histórias estejam intactas, na expectativa de ser agradavelmente surpreendido. O sucesso de uma empresa não está na surpresa, mas sim naquilo que as ações frequentemente trazem consigo. Lembro-me de haver comprado a Stop & Shop como uma ação conservadora e pagadora de dividendos, então os fundamentos continuaram a melhorar, e percebi que tinha uma ação de crescimento rápido em minhas mãos.

É apenas uma ação de US$ 3: o que posso perder?

Quantas vezes você ouviu as pessoas perguntarem isso? Talvez você mesmo o tenha dito. Você encontra uma ação que é vendida por US$ 3 cada e já começa a pensar: "É muito mais seguro que comprar uma ação de US$ 50".

Tive de acumular 20 anos de experiência antes de finalmente perceber que, se uma ação custar US$ 50 ou US$ 1, quando ela chega a zero você ainda assim perderá tudo. Se ela chegar a 50 centavos por ação, os resultados serão levemente distintos. O investidor que comprou a ação de US$ 50 perde 99% de seu investimento, enquanto o investidor que a comprou por US$ 3 perde 83%, mas que consolo há nisso?

A questão é que uma má ação barata é tão arriscada quanto uma má ação cara se ela baixar de preço. Se você investiu US$ 1.000 em uma ação de US$ 43 ou em uma ação de US$ 3 e ambas caírem a zero, você terá perdido exatamente a mesma quantidade de dinheiro. Independentemente do momento em que você a comprar, o maior ponto negativo de selecionar a ação errada é sempre 100% idêntico.

Ainda assim, estou certo de que há compradores que não podem resistir a uma pechincha por US$ 3 e se perguntarem: "O que eu posso perder com isso?".

É interessante notar que os vendedores a descoberto profissionais, os quais lucram com ações que caem, normalmente assumem suas posições mais perto da cotação mínima do que da cotação máxima. Os vendedores a descoberto gostam de esperar até que a empresa afunde de um modo tão óbvio que a falência seja certa. Não os incomoda se envolverem com a ação a US$ 8 ou a US$ 6, em vez de a US$ 60, pois, se ela chegar a zero, eles obterão exatamente o mesmo lucro em qualquer um desses casos.

E adivinha para quem eles venderão quando as ações estiverem a US$ 8 ou a US$ 6? A todos aqueles investidores azarados que perguntaram a si próprios: "Como eu posso perder com isso?".

Elas sempre se recuperam

O mesmo pode ser dito dos visigodos e dos pictos[1], e Genghis Khan cavalgará novamente. As pessoas afirmavam que a RCA se recuperaria e, após 65 anos, isso não aconteceu. Essa era uma empresa bem-sucedida, de fama mundial. A Johns-Manville é outra empresa mundialmente conhecida que não se recuperou, e, com todos os processos relacionados ao amianto movidos contra ela, as possibilidades de um retorno são muito difíceis de serem mensuradas. Ao emitir centenas de milhares de novas ações, a empresa também diluiu seus lucros, da mesma forma como fez a Navistar.

Se pudesse me lembrar dos nomes, poderia lhe dar uma lista muito maior de empresas de capital aberto menores e menos conhecidas cujos sinais desapareceram para sempre dos monitores dos computadores. Talvez você tenha investido em algumas delas – não gostaria de pensar que fui o único a fazê-lo. Quando se consideram os milhares de empresas falidas, as empresas solventes que nunca conseguiram recuperar sua prosperidade e as que foram adquiridas por preços muito abaixo das suas maiores máximas, você pode começar a ver a fraqueza do argumento "elas sempre se recuperam".

As ações de seguradoras de saúde, de fabricantes de disquetes, produtoras de tecidos de fio trançado, fabricantes de relógios digitais e indústrias de casas móveis não se recuperaram até agora.

A noite é sempre mais escura antes do amanhecer

Há uma tendência muito humana em acreditar que as coisas que ficaram um pouco ruins não podem ficar ainda piores. Em 1981, havia 4.520 poços ativos de petróleo nos Estados Unidos, e, em 1984, esse número havia caído para 2.200. Nesse momento, muitas pessoas compraram ações das prestadoras de serviço para empresas petrolíferas, acreditando que o pior já havia passado. Mas, 2 anos depois, havia apenas 686 poços ativos e hoje[2] ainda há menos de 1.000.

As pessoas que investem regularmente em transportadoras de contêineres ficaram surpresas quando o negócio caiu de um pico de 95.650 unidades entregues, em 1979, para um mínimo de 44.800, em 1981. Esse foi o menor valor em 17 anos, e ninguém imaginava que pudesse ficar pior, até que ele caiu para

---

[1] Antigos habitantes da Caledônia, atual Escócia, desde a época do Império Romano até o século X. [N. R.]
[2] Refere-se a 1989. [N. R.]

17.582 unidades, em 1982, e, então, para 5.700, em 1983. Isso foi uma espantosa redução de 90% em um setor anteriormente vigoroso.

Algumas vezes, a noite é sempre mais escura antes do amanhecer, mas novamente, em outras ocasiões, a noite é sempre mais escura antes da escuridão total.

Quando ela se recuperar para US$ 10, eu venderei

Pela minha experiência, nenhuma ação em movimento descendente retorna ao nível pelo qual você decidiu que venderia. Na verdade, no momento em que afirma "Se ela retornar a US$ 10, venderei", você provavelmente relegou a ação a vários anos de oscilação em torno de US$ 9,75 antes que ela retorne novamente a US$ 4, a caminho de cair vertiginosamente até US$ 1. Esse doloroso processo pode levar uma década para ser concluído, e, enquanto isso, você estará tolerando um investimento de que não gostava, apenas porque algumas vozes interiores lhe dizem que deve receber US$ 10 por ele.

Sempre que fico tentado a me deixar seduzir por essa afirmação, me lembro de que, a menos que esteja confiante o suficiente na empresa para comprar mais ações, deveria começar a vendê-las imediatamente.

Por que me preocupar? Ações conservadoras não flutuam muito

Duas gerações de investidores conservadores cresceram com a ideia de que você não poderia errar com as ações de concessionárias de serviços públicos. Você poderia colocar essas ações livres de preocupação no cofre e apanhar os cheques com os dividendos. Então, subitamente, houve problemas com as instalações nucleares e com as tarifas básicas, e ações como as da Consolidated Edison perderam 80% de seu valor. Novamente, de forma repentina, a Con Edison conseguiu recuperar mais do que havia perdido inicialmente.

Com as dificuldades econômicas e regulatórias causadas por unidades nucleares caras, o então chamado "estável setor de concessionárias de serviços públicos" tornou-se tão volátil quanto o traiçoeiro setor das caixas de depósito ou as ações de empresas de informática. Agora[3], há novas empresas do setor elétrico que foram ou podem ser decuplicadoras de investimentos, positiva ou negativamente. Pode-se ganhar ou perder muito, dependendo de quão sortudo ou cuidadoso você for na seleção da concessionária certa.

---

[3] Refere-se ao ano de 1989. [N. R.]

Os investidores que não se atualizaram rapidamente diante dessa nova situação devem ter sofrido terríveis castigos financeiros e psicológicos. Seus chamados "investimentos prudentes" em empresas como Public Service of Indiana, Gulf States Utilities or Public Service of New Hampshire tornaram-se arriscados, do mesmo modo que se houvessem adquirido empreendimentos de risco entre empresas iniciantes do setor biogenético – ou até mesmo mais arriscados, uma vez que eles não estavam cientes dos perigos.

As empresas são dinâmicas, e as perspectivas mudam. Simplesmente não há nenhuma ação que você possa ter que lhe permita deixar de estar atento a ela.

Está demorando demais para acontecer algo

Há algo que certamente vai acontecer: se você deixar uma ação porque está cansado de esperar por algo maravilhoso acontecer, algo maravilhoso acontecerá no dia seguinte após ter se livrado dela. Chamo isso de "florescimento pós-liquidação".

A Merck testou a paciência de todos. Essa ação ficou estável entre 1972 e 1981, ainda que seus lucros tenham crescido continuamente a uma média anual de 14%. Então, o que ocorreu? Ela disparou quatro vezes nos 5 anos seguintes. Quem sabe quantos investidores desafortunados abandonaram a Merck porque ficaram cansados de esperar ou porque ansiavam por "mais ação"? Se eles houvessem acompanhado a história, não a teriam vendido.

A ação da Angelica Corporation, fabricante de uniformes profissionais, praticamente não se alterou entre 1974 e 1979. A American Greetings esteve parada por 8 anos; a GAF Corporation, durante 11; a Brunswick, durante toda a década de 1970; a SmithKline (antes do Tagamet), por metade da década de 1960 e metade da década de 1970; a Harcourt Brace, ao longo das administrações Nixon, Carter e do primeiro mandato de Reagan; e a Lukens não se moveu durante 14 anos.

Permaneci com a Merck porque estou acostumado a manter uma ação quando o preço não está se movendo. Grande parte do dinheiro que ganho chega no terceiro ou no quarto ano após adquirir essas ações – apenas no caso da Merck demorou um pouco mais. Se tudo estiver certo com a empresa e se aquilo que me atraiu em direção a ela não houver se alterado, estou confiante de que, mais cedo ou mais tarde, minha paciência será recompensada.

O fato de uma ação não chegar a lugar algum, a que chamo de "eletrocardiograma (ECG) de uma pedra", é, verdadeiramente, um sinal favorável. Sempre que vejo um ECG de uma pedra no gráfico de uma ação pela qual já me sinto atraído, considero isso como uma forte dica de que o próximo grande movimento pode ser de alta.

É necessária uma excepcional paciência para se manter com uma ação de uma empresa que o instiga, mas que todo mundo em volta parece ignorar. Você começa a pensar se as outras pessoas estão certas e você está errado. Mas, quando os fundamentos são promissores, a paciência normalmente é recompensada – a ação da Lukens subiu cinco vezes no 15º ano; a American Greetings era uma *sixbagger* em 6 anos; a Angélica, uma *sevenbagger* em 4 anos; Brunswick, uma *sixbagger* em 5 anos; e SmithKline, uma *threebagger* em 2 anos.

Veja todo o dinheiro que perdi por ter deixado de comprar!

Nós todos estaríamos muito mais ricos atualmente se tivéssemos colocado todo o nosso dinheiro na Crown, Cork and Seal a 50 centavos por ação. Mas, agora que você sabe disso, abra sua carteira e verifique seu último extrato bancário. Você notará que seu dinheiro continua lá. De fato, você não está um centavo sequer mais pobre do que era há um segundo, quando descobriu a grande fortuna que deixou de ganhar com a Crown, Cork and Seal.

Isso pode soar como algo ridículo de mencionar, mas sei que alguns de meus colegas investidores se torturam diariamente por haver ignorado os "grandes vencedores da Bolsa de Valores de Nova York" e ficam imaginando quanto dinheiro eles perderam por não as terem comprado. O mesmo se aplica a cartões de beisebol, joias, móveis e casas.

Considerar os lucros de outra pessoa como suas perdas não é uma atitude produtiva para quem investe no mercado de ações. Na verdade, isso apenas pode levá-lo à loucura. Quanto mais ações descobre, mais vencedores percebe que perdeu; e logo você estará se culpando por perdas de milhões ou bilhões de dólares. Se abandonar completamente o mercado de ações e ele subir 100 pontos em um dia, você acordará resmungando: "Acabo de sofrer uma perda de US$ 100 bilhões".

A pior parte dessa forma de pensar é a de que ela induz as pessoas a tentar brincar de pega-pega, comprando ações que não deveriam comprar, apenas para evitar maiores "perdas", o que acaba geralmente resultando em perdas reais.

Perdi aquela ação, mas comprarei a próxima

O problema é que a "próxima" raramente funciona, como já foi demonstrado. Se você perdeu a Toys"R"Us, uma grande empresa cuja ação continuou a subir, e então comprou a Greenman Brothers, uma empresa medíocre cuja ação caiu, você aumentou seu erro. De fato, você identificou um erro que não lhe custou nada (lembre-se de que não perdeu nada ao deixar de comprar ações da Toys"R"Us) e o transformou em um erro que lhe custou muito caro.

Se você deixou de comprar a Home Depot por um preço baixo e então comprou a Scotty's, a "próxima" Home Depot, você provavelmente cometeu outro erro, pois as ações da Home Depot aumentaram 25 vezes desde que a empresa abriu seu capital, enquanto as da Scotty's aumentaram apenas 25% ou 30%, situando-se abaixo do desempenho geral do setor ao longo do mesmo período.

O mesmo ocorreu se você perdeu a oportunidade de comprar ações da Piedmont e comprou ações da People Express ou se perdeu a chance de comprar ações da Price Club e comprou ações da Warehouse Club. Em muitos casos, é melhor comprar ações da boa empresa original por um preço mais alto que saltar à "próxima" por uma pechincha.

O preço da ação subiu, então devo estar certo, ou o preço da ação caiu, então devo estar errado

Se tivesse de escolher uma única grande falácia em investimentos, essa seria acreditar que, quando o preço de uma ação sobe, você realizou um grande investimento. As pessoas frequentemente se reconfortam com o fato de que sua última compra de ações por US$ 5 sobe para US$ 6, como se isso provasse a sabedoria da aquisição. Nada poderia estar mais distante da verdade. É claro que, se você vender rapidamente por um preço mais alto, você obteve um bom lucro, mas a maioria das pessoas não vende em circunstâncias favoráveis. Em vez disso, elas se convencem de que o preço de compra demonstra que seu investimento vale a pena e irão se manter com a ação até que o seu preço em queda as convença de que o investimento não é bom. Se houver uma escolha, elas irão permanecer com a ação que subiu de US$ 10 para US$ 12 e irão se livrar da ação que caiu de US$ 10 para US$ 8, enquanto dizem a si mesmas que "mantiveram a vencedora e se livraram da perdedora".

Isso é exatamente o que pode ter ocorrido em 1981, quando a Zapata, uma ação do setor de petróleo no pico do *boom* da indústria energética, deve ter parecido muito mais interessante que a Ethyl Corp., apelidada de "cachorro atropelado", em razão do banimento da agência ambiental ao seu principal produto – aditivos de chumbo para gasolina. Contudo, a "melhor" ação entre as duas passou de US$ 35 para US$ 2, e você não podia se safar atribuindo essa perda à grande queda do período. Enquanto isso, a Ethyl obtinha grandes resultados com suas divisões de produtos químicos especiais, melhores vendas no exterior e um rápido crescimento consistente em sua operação com seguros. A ação da Ethyl passou de US$ 2 a US$ 32.

Dessa forma, quando as pessoas afirmam "Veja, em 2 meses a ação subiu 20%, então eu realmente escolhi um vencedor" ou "Ótimo, em 2 meses a ação caiu 20%, escolhi um perdedor", elas confundem preços com perspectivas. A menos que sejam investidores de curto prazo que buscam lucros de 20%, o alarde do curto prazo não significa nada.

O fato de o preço de uma ação subir ou cair depois de você comprá-la apenas lhe diz que há alguém disposto a pagar mais – ou menos – pela mesma mercadoria.

19

Opções, futuro e venda a descoberto

As ferramentas de investimento se tornaram tão populares que o velho lema "Compre ações dos Estados Unidos" deveria ser mudado para "Adquira uma opção de compra dos Estados Unidos". "Investir no futuro dos Estados Unidos" agora significa "Arrisque-se na Bolsa de Valores de Nova York".

Nunca adquiri um contrato de futuros ou uma opção de compra em toda a minha carreira de investidor e não consigo me imaginar comprando uma agora. Já é suficientemente difícil ganhar dinheiro com ações sem ficar distraído por essas apostas secundárias, as quais me afirmaram ser praticamente impossíveis de ganhar a menos que você seja um *negociante* profissional.

Isso não significa que os contratos de futuros não servem a um propósito útil no negócio de *commodities*, em que muitos fazendeiros podem assegurar um preço para o trigo ou o milho a ser colhido e certificar-se de que poderão vendê-los por aquele valor quando as colheitas forem entregues – e o comprador de trigo ou de milho poderá fazer o mesmo. Mas as ações não são *commodities*, e não há nenhuma relação entre produtor e consumidor que torne a garantia de preço necessária para o funcionamento de um mercado de ações.

Relatos de Chicago e Nova York, as duas capitais do mercado de futuros e de opções, sugerem que entre 80% e 95% de todos os investidores amadores perdem. As probabilidades são piores que em cassinos ou em pistas de corrida de cavalos, e, ainda assim, persiste a ficção de que essas são "alternativas de investimento razoáveis". Se for inteligente investir nesse mercado, então o Titanic era um navio seguro.

Não há sentido em descrever como os contratos de futuros e as opções de compra realmente funcionam, pois (1) isso exige uma exposição longa e enfadonha, depois da qual você ainda estaria confuso, (2) saber mais sobre isso poderia deixá-lo interessado em comprar alguns e (3) eu mesmo não compreendo contratos de futuros e opções de compra.

Na verdade, conheço algumas coisas sobre opções. Sei que o grande potencial de retorno é atraente para muitos pequenos investidores que estão insatisfeitos em ficar ricos lentamente. Em vez disso, eles optam por ficar ricos de forma mais rápida. Isso ocorre porque uma opção é um contrato que é válido por apenas 1 ou 2 meses e, diferentemente de muitas ações, ela geralmente expira sem valor algum – depois do qual o investidor em opções deverá comprar outra opção, apenas para perder 100% de seu dinheiro novamente. Após uma sequência delas, você estará em grandes apuros.

Considere a situação quando você está absolutamente seguro de que algo maravilhoso ocorrerá com a Sure Thing Inc. e as boas notícias fazem o preço subir a um nível mais alto. Talvez você tenha descoberto um Tagamet, uma cura para o câncer, uma explosão nos lucros ou um dos muitos outros sinais fundamentais positivos pelos quais aprendeu a buscar. Você descobriu a empresa perfeita, a segunda melhor coisa, depois de um *royal flush*[1], que poderia encontrar.

Você checa seus ativos, e há apenas US$ 3.000 em sua conta-corrente. O resto está aplicado em fundos de investimentos que a Pessoa que Compreende o Sério Negócio do Dinheiro não lhe deixará tocar. Você vasculha a casa em busca de objetos de valor que possam ser penhorados, mas o casaco de pele está repleto de furos causados por traças. A prataria é uma possibilidade, mas, como você dará um jantar festivo no final de semana, sua esposa certamente notará seu desaparecimento. Talvez você pudesse vender o gato, mas ele não é de raça. O barco de madeira tem vazamentos, e ninguém pagaria por tacos de golfe enferrujados com cabos sem aderência.

Assim, os US$ 3.000 são tudo o que pode reunir para investir na Sure Thing Inc., o que apenas lhe permitirá conseguir 150 ações de US$ 20 cada. Justo quando se resignava a aceitar essa realidade, você se lembra de ter

---

[1] A maior mão dentro do pôquer tradicional, formada pelas cinco maiores cartas de um mesmo naipe. [N. R.]

ouvido falar sobre a excepcional alavancagem das opções. Você fala com seu corretor, o qual lhe confirma que a opção na Sure Thing, de abril – US$ 20 –, agora vendida por US$ 1, pode valer US$ 15 se o preço da ação for a US$ 35. Um investimento de US$ 3.000, nesse caso, lhe proporcionaria um ganho de US$ 45.000.

Então você compra as opções e abre o jornal todos os dias esperando ansiosamente o momento em que a ação começa a subir. Na metade de março, ainda não há nenhum movimento, e as opções que você comprou por US$ 3.000 já perderam metade de seu valor. Você está tentado a vendê-las e obter algum dinheiro, mas as mantém porque ainda está a um mês do prazo final em que elas devem perder o seu valor após expirarem. Um mês mais tarde, é exatamente isso que ocorre.

Os insultos se transformam em dor quando, algumas semanas depois de perder a opção, a ação da Sure Thing realiza seu movimento. Não apenas você perdeu todo o seu dinheiro como também o fez com a ação certa. Essa é a maior tragédia de todas. Você fez seu dever de casa e, em vez de ser recompensado por isso, perdeu todo o seu dinheiro. Quando isso acontece, é uma verdadeira perda de tempo, dinheiro e talento.

Outra coisa ruim sobre as opções é que elas são muito caras. Elas podem não parecer caras até você perceber que tem de comprar quatro ou cinco conjuntos delas para cobrir a ação durante o período de um ano. Você literalmente está comprando tempo, nesse caso, e, quanto mais tempo compra, maior será o preço que terá de pagar por isso. Também há uma generosa taxa de corretagem associada a cada compra. As opções são a galinha dos ovos de ouro dos corretores. Um corretor com apenas poucos clientes ativos de opções pode ter uma vida maravilhosa.

O pior de tudo é que comprar uma opção não tem nenhuma relação com ter ações de uma empresa. Quando uma empresa cresce e prospera, todos os acionistas se beneficiam, mas as opções são um jogo de soma zero. Para cada dólar ganho no mercado, há um dólar que é perdido, e uma pequena minoria fica com todas as vitórias.

Quando compra ações, mesmo aquelas mais arriscadas, você contribui de alguma forma para o crescimento do país. É para isso que servem as ações. Nas gerações anteriores, quando era considerado perigoso especular com ações de pequenas empresas, pelo menos os "especuladores" estavam proporcionando capital para empresas como IBM, McDonald's e Walmart começarem suas atividades. No mercado multibilionário de contratos de futuros e opções, nem uma pequena parcela dos recursos é destinada a fins construtivos. Esses recursos não financiam nada, exceto os carros, os aviões e as casas compradas por corretores e por um pequeno grupo de ganhadores. Tudo o que testemunhamos, nesse caso, é uma gigantesca transferência de recursos de desprevinidos para prevenidos.

Muito se tem falado atualmente[2] em relação à utilização de contratos de futuros e opções como um seguro de portfólio para proteger nossos investimentos em ações. Muitos de meus colegas profissionais lideraram o caminho ladeira abaixo, como sempre. As instituições compraram milhões em seguro de portfólio, para se protegerem no caso de um colapso. Aparentemente, eles pensaram que deveriam ter estado mais protegidos durante o último colapso, mas o seguro de portfólio voltou-se contra eles. Parte do programa de seguros exigia a venda automática de ações, ao mesmo tempo que mais contratos de futuros eram adquiridos, e as vendas automáticas de ações moveram o mercado para baixo, deflagrando mais compras e vendas de contratos de futuros. Entre as causas plausíveis do colapso de outubro, o seguro de portfólio é um dos principais culpados, mas muitas instituições ainda o compram.

Alguns investidores individuais adotaram essa má ideia por conta própria (quem disse que sempre compensa imitar os profissionais?), adquirindo opções de venda para se protegerem em um declínio. Mas as opções de venda também expiram sem valor, e você tem de continuar a comprá-las se desejar permanecer continuamente protegido. Você pode gastar anualmente uma parcela entre 5% e 10% de seu investimento para proteger-se de um declínio de 5% a 10%.

Assim como o alcoólatra é atraído à garrafa de gim ao inocentemente provar uma cerveja, o investidor em ações que investe em opções como um seguro frequentemente não consegue controlar-se e logo está comprando opções sem nenhum outro motivo – e daí para os contratos de *hedges*, operações de volatilidade etc. Ele se esquece de que algum dia se interessou por ações inicialmente. Em vez de pesquisar sobre empresas, passa todas as horas do dia lendo artigos de previsores de mercado e preocupando-se com padrões reversos ou padrões reverso zigue-zague. Pior, ele perde todo o seu dinheiro.

Warren Buffett acredita que os contratos de futuros e de opções deveriam ser declarados ilegais, e concordo com ele.

---

[2] Refere-se a 1989. [N. R.]

Vendendo uma ação a descoberto

Você sem dúvida já ouviu sobre essa prática antiga e estranha, a qual lhe permite lucrar com uma ação que está caindo. (Algumas pessoas se interessam por essa ideia ao analisar seus portfólios e perceber que, se houvessem vendido a descoberto, hoje estariam ricas.)

Vender a descoberto é o mesmo que tomar algo emprestado de seu vizinho (nesse caso, você não sabe seus nomes) e, então, vender o item e embolsar o dinheiro. Mais cedo ou mais tarde, você sai e adquire o mesmo item para devolver a seu vizinho, e ninguém percebe sua ausência. Não é exatamente roubar, mas também não é algo muito cortês. Trata-se de tomar emprestado com a intenção de cometer um crime.

O que o vendedor a descoberto espera fazer é vender o item emprestado por um preço muito alto, adquirir o item de reposição por um preço muito baixo e ficar com a diferença. Eu acredito que você poderia fazer isso com cortadores de grama ou mangueiras de jardim, mas funciona melhor com ações – especialmente com ações que a princípio estão com seus preços inflados. Se você descobriu que as ações da Polaroid, por exemplo, estavam sobrevalorizadas a US$ 140 por ação, você poderia ter vendido 1.000 ações a descoberto por um crédito imediato de US$ 140.000 em sua conta. Então poderia esperar o preço da ação cair para US$ 14, entrar no mercado novamente e readquirir as mesmas 1.000 ações por US$ 14 e ir para casa US$ 126.000 mais rico.

A pessoa da qual você originalmente tomou as ações emprestadas nunca notará a diferença. Essas transações são realizadas em papel e conduzidas por corretores. É tão fácil vender a descoberto quanto adquirir opções de venda.

Antes de ficarmos muito empolgados, há alguns sérios inconvenientes em relação a vender a descoberto. Durante todo o tempo em que você tomou emprestadas as ações, o proprietário legítimo fica com todos os dividendos e outros benefícios, de forma que deixa de ganhar algum dinheiro, nesse caso. Além disso, você verdadeiramente não pode gastar os aportes que obtém com a venda a descoberto de ações até que devolva as ações e encerre a transação. No exemplo da Polaroid, você não poderia simplesmente pegar os US$ 140.000 e partir para umas longas férias na França. Você deveria manter um saldo suficiente em sua conta na corretora de valores para cobrir o valor dessas ações emprestadas. À medida que o preço da ação caísse, você poderia retirar uma parte do dinheiro, mas, e se o preço da ação subisse? Então, você deveria ter todo o dinheiro adicional para cobrir sua posição.

A parte assustadora sobre vender a descoberto é que, mesmo que esteja convencido de que a empresa está em má forma, outros investidores podem não perceber e até fazer o preço subir ainda mais. Embora a Polaroid já tivesse atingido um nível ridículo, o que ocorreria se seu preço houvesse dobrado para um nível ainda mais ridículo, de US$ 300 por ação? Se estivesse a descoberto nessa ocasião, você estaria muito nervoso. A perspectiva de gastar US$ 300.000 para repor um item de US$ 140.000 que tomou emprestado pode ser perturbadora. Se não tiver os outros mais de US$ 100.000 para colocar em sua conta para cobrir sua posição, poderá ser forçado a liquidá-la com uma grande perda.

Nenhum de nós é imune ao pânico que sentimos quando uma ação normal perde o seu valor, mas esse pânico é restringido de alguma forma pela compreensão de que a ação normal nunca baixará de zero. Se tomou emprestado algo que está subindo, você começa a perceber que não há nada que o impeça de chegar ao infinito, pois não há nenhum teto sobre o preço da ação. Infinito é o lugar para onde as ações emprestadas sempre parecem estar se dirigindo.

Entre todas as lendas populares de vendedores a descoberto bem-sucedidos, estão histórias de horror de vendedores que assistiam indefesos a suas ações emprestadas favoritas subir cada vez mais, contrariamente à razão e à lógica, levando-os à pobreza. Um desses desafortunados foi Robert Wilson, um homem inteligente e bom investidor, que nos anos 1970 tomou emprestadas ações da Resorts International. Ele estava certo, afinal – muitos vendedores a descoberto estão –, John Maynard Keynes não disse que "todos estaremos mortos no longo prazo"? Enquanto isso, no entanto, a ação passou de 70 centavos para US$ 70, uma modesta *onehundredbagger*, deixando o sr. Wilson com uma modesta perda de US$ 20 a US$ 30 milhões.

Essa história é boa para ser lembrada caso você esteja pensando em vender algo a descoberto. Antes de vender a descoberto, você deve ter mais do que uma convicção absoluta de que a empresa está desmoronando. Você tem de ter a paciência, a coragem e os recursos para aguentar se o preço da ação não cair – ou, pior, se ele subir. Ações que supostamente deveriam cair me fazem lembrar personagens de desenhos animados que caminham no ar após passarem da borda dos penhascos. Até o momento em que não reconheçam sua verdadeira situação, eles poderão permanecer flutuando para sempre.

20

50 mil franceses podem estar errados

Relembrando meu período como investidor em ações, lembro-me de vários grandes eventos midiáticos e de seus efeitos sobre o preço das ações, começando com a eleição do presidente Kennedy, em 1960. Mesmo com a pouca idade de 16 anos, tinha ouvido que a presidência de um Democrata era ruim para as ações, de forma que fiquei surpreso com o fato de que, no dia seguinte ao da eleição, 9 de novembro de 1960, o mercado apresentou uma leve subida.

Durante a crise cubana dos mísseis e o bloqueio naval dos Estados Unidos aos navios russos – a primeira e única vez que os Estados Unidos enfrentaram a possibilidade de uma guerra nuclear –, eu temia por mim, por minha família e meu país. Ainda assim, o preço da ação caiu menos de 3% naquele dia. Sete meses mais tarde, quando o presidente Kennedy criticou duramente a U. S. Steel e forçou o setor a reduzir seus preços, não temi por nada, e, ainda assim, o mercado teve um dos maiores declínios da história – 7%. Estava intrigado com o fato de que o potencial de holocausto nuclear era menos aterrorizador para Wall Street que a intervenção do presidente nos negócios.

Em 22 de novembro de 1963, estava prestes a realizar um exame no Boston College quando as notícias de que o presidente Kennedy havia sido baleado se espalharam pelo *campus*. Fui com meus colegas de curso à St. Mary's Hall para rezar. No dia seguinte, vi no jornal que o mercado de ações havia caído menos de 3%, embora o pregão houvesse sido suspenso quando a notícia do assassinato tornou-se oficial. Três dias mais tarde, o mercado recuperou suas perdas de 22 de novembro e ainda teve uma pequena alta.

Em abril de 1968, após o anúncio do presidente Johnson de que não concorreria à reeleição, interromperia os bombardeios no Sudeste Asiático e estimularia as conversas de paz, o mercado subiu 2,5%.

Ao longo da década de 1970, estive totalmente envolvido com ações e dedicado a meu trabalho na Fidelity. Durante esse período, os grandes eventos, e a reação do mercado a eles, se deram da seguinte forma: o presidente Nixon impõe controles de preços (mercado sobe 3%); o presidente Nixon renuncia (mercado em baixa de 1%) (Nixon certa vez comentou que, se não fosse presidente, estaria comprando ações: um crítico bem-humorado de Wall Street respondeu afirmando que, se Nixon não fosse presidente, ele também estaria comprando ações.); são apresentados os *bottoms* do plano *"Whip Inflation Now"* (Elimine a Inflação Agora) do presidente Ford (mercado sobe 4,6%); a IBM vence um grande caso antitruste (mercado sobe 3,3%); e irrompe a Guerra do Yom Kippur (mercado sobe discretamente). A década de 1970 foi a pior desde os anos 1930, e, ainda assim, as maiores variações diárias percentuais foram todas de alta – nos dias que mencionei.

O evento de consequências mais duradouras foi o embargo de petróleo da Opep, em 19 de outubro de 1973 (outro feliz 19 de outubro!), que ajudou a empurrar o mercado para baixo 16% em 3 meses e 39% em 1 ano. É interessante notar que o mercado não respondeu à significância do embargo, subindo 4 pontos naquele dia e 14 pontos adicionais nas cinco sessões seguintes antes de começar seu drástico declínio. *Isso demonstra que o mercado, assim como as ações individuais, pode se mover na direção oposta à dos fundamentos no curto prazo*, o que, no caso do embargo, envolveu preços crescentes da gasolina, longas filas nos postos de abastecimento, inflação em escalada e taxas de juros significativamente mais elevadas.

A década de 1980 teve mais dias excepcionais de lucros e perdas do que se pôde observar em todas as décadas antecedentes juntas. Em um quadro maior, a maioria deles foi insignificante. Eu situaria a queda de 508 pontos de outubro de 1987 muito abaixo do encontro de ministros de Economia de 22 de setembro de 1985, em razão de sua importância de longo prazo para os investidores. Foi a chamada conferência do G7, na qual as nações industriais mais ricas concordaram em coordenar políticas econômicas e permitir um declínio no valor do dólar. Após essa decisão ser anunciada, o índice do mercado geral subiu 38% ao longo de 6 meses. Isso teve um impacto mais drástico em empresas específicas, que se beneficiaram com um dólar mais fraco, cujas ações dobraram e triplicaram de preço nos 2 anos seguintes. Assim como em 19 de outubro de 1987, eu estava na Europa tanto durante a Guerra do Yom Kippur quanto durante a conferência do G7, mas, pelo menos nessas duas últimas ocasiões, estava visitando empresas, e não jogando golfe.

Há algumas tendências e mudanças graduais que me vêm à mente. O período de conglomeração em meados dos anos 1960 resultou na diversificação e no desmoronamento de grandes empresas, que não foram capazes de se recuperar durante os 15 anos seguintes. Muitas nunca se recuperaram, enquanto outras, tais como a Gulf and Western, a ITT e a Ogden, ressurgiram como empresas em recuperação.

Houve um grande caso de amor com as empresas de alta qualidade cujas ações eram consideradas *blue chips* nos anos 1970. Elas eram conhecidas como ações das "grandes 50" ou de "uma única decisão", as quais você podia comprar e manter para sempre. Essa breve casualidade de ações superavaliadas e sobrevalorizadas foi acompanhada de um devastador declínio de mercado em 1973-1974 (o Dow atingiu 1.050 em 1973 e regressou a 578 em dezembro de 1974), com as *blue chips* caindo de 50% a 90%.

O popular romance com as pequenas empresas de tecnologia em meados de 1982 até meados de 1983 levou a outro colapso (60% a 98%) de ações igualmente amadas que nunca poderiam se sair mal. O pequeno pode ser belo, mas não é necessariamente lucrativo.

O aumento no mercado japonês, entre 1966 e 1988, elevou o índice Nikkei Dow Jones 17 vezes, ao passo que o Dow Jones americano apenas dobrou. O valor total de todas as ações japonesas na realidade ultrapassou o das ações americanas em abril de 1987, e o hiato tem aumentado desde então. Os japoneses têm a sua própria forma de pensar sobre ações, a qual ainda não compreendi. Sempre que vou ao Japão para estudar a situação, concluo que as ações estão absurdamente sobrevalorizadas, mas elas continuam a subir.

A mudança do horário de pregão tornou mais difícil prestar atenção aos fundamentos e não olhar para o monitor com cotações. Durante 80 anos, até 1952, a Bolsa de Valores de Nova York abriu às 10h00 e fechou às 15h00, proporcionando algum tempo para que as edições da tarde dos jornais fossem impressas e os investidores tivessem tempo de checar suas ações no retorno às suas casas. Em 1952, o pregão de sábado foi eliminado, mas o horário de fechamento diário foi atrasado para 15h30; em 1985, o horário de abertura foi movido para as 9h30, e agora o mercado fecha às 16h00. Pessoalmente, preferiria um mercado muito mais curto. Isso nos daria mais tempo de analisar empresas ou mesmo visitar museus, os quais seriam mais úteis do que assistir aos preços subir e baixar.

As instituições passaram de um papel minoritário, na década de 1960, para um papel dominante no mercado de ações dos anos 1980.

O *status* legal das grandes firmas corretoras de valores modificou-se de parcerias, nas quais a fortuna pessoal dos indivíduos estava em risco, para corporações, nas quais a responsabilidade individual é limitada. Teoricamente, isso deveria fortalecer as firmas de corretagem, mas, como corporações, elas podem obter capital ao venderem ações publicamente. Estou convencido de que esse foi um resultado negativo.

O aumento dos negócios no mercado paralelo trouxe milhares de ações secundárias, que eram negociadas por meio do obscuro método da "folha rosa" – pelo qual você nunca sabia se estava obtendo um preço justo –, para um mercado de ações eficiente e computadorizado.

O país está preocupado com as notícias financeiras atualizadas constantemente, as quais eram raramente mencionadas na TV nos anos 1960, por exemplo. O incrível sucesso de *Wall $treet Week, with Louis Rukeyser*, desde a sua estreia, em 20 de novembro de 1970, provou que um programa sobre notícias financeiras pode realmente ser popular. Foi a realização de Rukeyser que inspirou as redes abertas a expandir sua cobertura financeira, o que, por sua vez, levou ao estabelecimento da Financial News Network, a qual levou o registrador de cotações a milhares de lares americanos. Os investidores amadores agora também podem checar suas ações o dia todo. Tudo o que separa o investidor amador do registrador profissional é um atraso de 15 minutos na divulgação das informações.

O *boom* e, posteriormente, o fim das deduções fiscais: terras, poços de petróleo, perfuradoras de petróleo, barcaças, conjuntos de apartamentos populares para aluguel, cemitérios, produções cinematográficas, shopping centers, equipes de esportes, *leasing* de computadores e praticamente tudo o mais que pode ser comprado, financiado ou alugado.

O surgimento de grupos de fusão e aquisição, bem como outros grupos de aquisição de controle, que estão dispostos a financiar compras de US$ 20 bilhões. Entre os grupos domésticos de aquisição de controle (Kohlberg, Kravis e Roberts; Kelso; Coniston Partners; Odyssey Partners; e Wesray), as empresas e os grupos de aquisição de controle europeus (Hanson Trust, Imperial Chemical, Electrolux, Unilever, Nestlé etc.) e os investidores corporativos hostis, com recursos consideráveis (David Murdock, Donald Trump, Sam Hyman, Paul Bilzerian, os irmãos Bass, os Reichmann, os Haft, Rupert Murdoch, Boone Pickens, Carl Icahn, Asher Edelman etc.), qualquer empresa, pequena ou grande, tem a possibilidade de ser adquirida.

A popularidade das aquisições alavancadas, por meio das quais empresas ou divisões inteiras "tornam-se privadas" – ao serem adquiridas por terceiros ou por membros da administração com dinheiro emprestado de bancos ou obtido por meio da emissão de títulos podres[1].

A fenomenal popularidade desses títulos podres, inicialmente inventados por Drexel Burnham Lambert e agora reproduzidos em todos os lugares.

O advento dos contratos de futuros e de opções, especialmente de índices de ações, possibilitando a "negociantes automáticos" comprar e vender grandes quantidades de ações nos mercados regulares e, então, reverter suas posições nos chamados mercados de contratos de futuros, movimentando bilhões de dólares para obter pequenos lucros adicionais...

E, ao longo de todo esse tumulto citado, a SS Krege, uma moribunda proprietária de bazares, desenvolve a fórmula K-Mart, e a ação se valoriza 40 vezes em 10 anos; a Masco desenvolve a torneira de acionamento por alavanca simples e sua ação aumenta 1.000 vezes, tornando-se a maior ação em 40 anos – e quem teria pensado isso de uma empresa de torneiras? As empresas de crescimento rápido bem-sucedidas tornam-se *tenbaggers*, as ações vítimas de boatos sobre aquisição de controle vão à falência e os investidores recebem suas parcelas de ações das "Baby Bell" a partir da divisão da ATT e dobram seus lucros em 4 anos.

Se você me perguntar quais foram os eventos mais importantes do mercado de ações, a divisão da ATT figura próxima do topo (pois afetou 2,6 milhões de acionistas), enquanto a grande oscilação de outubro provavelmente não se situaria entre os três mais significativos.

Algumas coisas que tenho ouvido ultimamente[2]:

Tenho ouvido que o pequeno investidor não tem nenhuma chance nesse ambiente e que seria melhor que o abandonasse. "Você construiria sua casa onde há terremotos?", me adverte um investidor cauteloso. Mas o terremoto não está sob a casa, e sim sob o escritório imobiliário.

---

[1] Nome popular dado aos títulos de alto risco, geralmente oferecidos por empresas sem um histórico de lucro renomado ou com um histórico de crédito duvidoso. As *junk bonds*, como são denominadas em inglês, oferecem altos rendimentos, porém com baixa segurança. [N. R.]
[2] Refere-se a 1989. [N. R.]

Os pequenos investidores são capazes de lidar com todos os tipos de mercados, contanto que possuam um produto de qualidade. Caso alguém se preocupe, esses são os paradoxos. Afinal, as perdas de outubro apenas representaram perdas para aqueles que tiveram de assumi-las, o que não foi o caso do investidor de longo prazo. Foram o investidor especulador, o árbitro de riscos, o negociador de opções e o gestor de portfólios cujos computadores assinalavam "vender" que ficaram com as perdas. Como um gato que se vê em um espelho, os vendedores assustaram a eles próprios.

Tenho ouvido que a era da administração profissional trouxe nova sofisticação, prudência e inteligência ao mercado de ação. Há 50 mil investidores em ações que dominam o show, e, como os 50 mil franceses, eles não poderiam estar errados.

A partir do meu ponto de vista, diria que 50 mil investidores normalmente estão certos, mas apenas em 20% dos últimos movimentos típicos envolvendo ações. Trata-se dos 20% para os quais Wall Street estuda, difunde informações e, então, alinha-se em seu entorno – enquanto mantém seus olhares voltados para a saída do mercado. A ideia é obter um ganho rápido e, então, correr para a porta de saída.

Os pequenos investidores não têm de lutar contra esse bando. Eles podem entrar calmamente quando há uma multidão na saída e sair quando há uma multidão na entrada. Apresento a seguir uma lista de ações favoritas de grandes instituições, em meados de outubro de 1987, que foram vendidas a preços muito menores 10 meses mais tarde, apesar dos lucros crescentes, das perspectivas excitantes e dos bons fluxos de caixa. As empresas não se modificaram, mas as instituições perderam seu interesse: Automatic Data Processing, Coca-Cola, Dunkin' Donuts, General Electric, Genuine Parts, Philip Morris, Primerica, Rite Aid, Squibb e Waste Management.

Tenho ouvido que 200 milhões de ações negociadas diariamente é uma grande melhoria em relação à marca anterior de 100 milhões de ações negociadas, e que há vantagem em um mercado líquido.

Mas não se você estiver se afogando nele – e nós estamos. No último ano, 87% de todas as ações listadas na Bolsa de Valores de Nova York trocaram de proprietários pelo menos uma vez. Nos anos 1960, negociar entre 6 e 7 milhões de ações por dia era considerado normal, e a rotatividade anual na propriedade de ações chegava a 12%. Nos anos 1970, um fluxo diário de 40 a 60 milhões de ações negociadas era considerado normal, e, nos anos 1980, esse número chegou a 100 milhões. Atualmente, se não temos 150 milhões de ações negociadas por dia, as pessoas pensam que algo está errado. Sei que faço a minha parte para contribuir com essa causa, pois compro e vendo todos os dias. Mas meus grandes vencedores continuam a ser ações que mantive durante 3 ou mesmo 4 anos.

A rápida e grande rotatividade tem sido acelerada por fundos indexados, os quais compram e vendem bilhões de ações sem considerar as características individuais das empresas envolvidas.

Logo teremos uma rotatividade anual em ações de 100%. Se for uma terça-feira, devo comprar ações da General Motors! Como essas pobres empresas conseguem se manter atualizadas em relação aos endereços para envio dos relatórios? Um livro chamado *What's wrong with Wall Street* informa que gastamos entre US$ 25 e US$ 30 bilhões anualmente para manter as várias trocas e pagar as comissões e tarifas decorrentes da negociação de ações, contratos de futuros e opções. Isso significa que gastamos tanto dinheiro com o intercâmbio de ações quanto obtemos com a emissão de novas ações. Afinal, a obtenção de dinheiro para novos empreendimentos é a razão pela qual temos ações, antes de tudo. E, quando esse intercâmbio se encerra, nos meses de dezembro, os grandes portfólios dos 50 mil investidores parecem idênticos ao que eram no mês de janeiro anterior.

Os grandes investidores que adquiriram esse hábito de intercâmbio estão rapidamente se tornando os grandes pagadores de comissões de corretagem por operações de curto prazo que os corretores da vizinhança adoravam. Atualmente, os investidores amadores é que são prudentes, enquanto os investidores profissionais são volúveis. O público é o fator de estabilidade e segurança.

A instabilidade dos departamentos de investimento, a elite de Wall Street e o distrito financeiro de Boston podem representar uma oportunidade para você. Você pode esperar até que as ações mais desfavorecidas atinjam preços ridiculamente baixos e comprá-las.

Tenho ouvido que a queda de 19 de outubro, a qual ocorreu em uma segunda-feira, foi um dos vários declínios históricos que acontecem às segundas-feiras, e os pesquisadores passaram todas as suas carreiras investigando o efeito segunda-feira. Eles até mesmo já falavam sobre o efeito segunda-feira quando fui para a Wharton.

Após investigar isso, descobri que parece haver alguma relação: de 1953 até 1984, o mercado de ações ganhou 919,6 pontos ao todo, mas perdeu 1.565 pontos às segundas-feiras. Em 1973, o mercado estava 169 pontos à frente no cômputo total, mas 149 pontos abaixo considerando as segundas-feiras; em 1974, estava 235 pontos abaixo de forma geral e 47 pontos abaixo às segundas-feiras; em 1987, 483 pontos abaixo às segundas-feiras e 42 pontos acima de forma geral.

Se há um efeito segunda-feira, acho que sei por que isso ocorre. Os investidores não podem falar com as empresas durante os dois dias do fim de semana. Todas as fontes fundamentais de notícias estão cerradas, proporcionando 60 horas para eles se preocuparem com a venda de ienes, leilões de compra de ienes, as cheias do rio Nilo, os danos causados às plantações de café no Brasil, o avanço das abelhas assassinas ou os outros horrores e catástrofes relatados nos jornais de domingo. O fim de semana também é o momento em que as pessoas têm tempo de ler sobre as previsões pessimistas de longo prazo de economistas que escrevem suas colunas na seção de editorial.

A menos que você seja cuidadoso em dormir até mais tarde e ignorar as notícias gerais sobre negócios, tantos medos e suspeitas podem aumentar durante o fim de semana, de forma que, na segunda-feira pela manhã, você estará pronto para vender suas ações. Essa, me parece, é a principal causa do efeito segunda-feira. (No final da segunda-feira, você já teve a oportunidade de ligar para uma ou outra empresa e descobrir que elas não abandonaram seus negócios, razão pela qual as ações se recuperam durante o restante da semana.)

Tenho ouvido que o mercado de 1987-1988 é uma repetição do mercado de 1929-1930 e estamos prestes a entrar em outra grande depressão. Até agora, o mercado de 1987-1988 se comportou de um modo bem similar ao mercado de 1929-1930, mas e daí? Se formos ter outra depressão, isso não ocorrerá porque o mercado de ações entrou em colapso, assim como aquela primeira depressão não ocorreu em razão do colapso do mercado de ações. Naquela época, apenas 1% dos americanos possuía ações.

A primeira depressão foi causada por uma estagnação econômica em um país no qual 66% da força de trabalho estava no setor manufatureiro, 22% no setor agrícola e não havia previdência social, seguro-desemprego, planos de aposentadoria, assistência social, empréstimos estudantis avalizados ou contas bancárias garantidas pelo governo. Atualmente[3], o setor manufatureiro representa apenas 27% da força de trabalho, a agricultura corresponde a meros 3% e o setor de serviços, o qual representava 12% em 1930, cresceu constantemente ao longo da recessão e do *boom* subsequente, respondendo por 70% da força de trabalho dos Estados Unidos. Diferentemente da década de 1930, hoje uma

---

[3] Refere-se a 1989. [N. R.]

grande parcela das pessoas possui casa própria; muitas delas as possuem livres de dívidas ou assistiram ao crescimento de seu patrimônio à medida que aumentaram os valores das propriedades. Hoje em dia, um lar médio possui duas fontes de renda em vez de uma, e isso proporciona um colchão econômico que não existia há 60 anos. Se tivermos uma depressão, ela não será como a última!

Nos fins de semana e nos dias úteis, estive ouvindo que o país está desmoronando. Nosso dinheiro costumava ser tão valioso quanto ouro, e agora não vale praticamente nada. Não podemos mais vencer guerras. Sequer podemos ganhar medalhas de ouro em patinação de velocidade sobre gelo. Nossos melhores cérebros são atraídos ao exterior. Estamos perdendo empregos para os coreanos. Estamos perdendo nosso mercado de carros para os japoneses. Estamos perdendo no basquete para os russos. Estamos perdendo petróleo para os sauditas. Estamos perdendo nossa credibilidade por causa dos iranianos.

Tenho ouvido todos os dias que grandes empresas estão deixando os negócios. Certamente algumas delas estão. Mas o que dizer em relação aos milhares de pequenas empresas que estão entrando no mercado e proporcionando milhões de novos empregos? À medida que faço minhas visitas rotineiras a diversas matrizes, fico espantado em descobrir que muitas empresas estão muito bem. Algumas até estão ganhando dinheiro. Se nós perdemos todo o nosso senso de empreendedorismo e vontade de produzir, então quem são aquelas pessoas que parecem estar presas no trânsito durante a hora do *rush*?

Tenho visto evidências de que centenas dessas mesmas empresas cortaram custos e aprenderam a fazer as coisas de forma mais eficiente. Parece que muitas delas estão melhor agora do que estavam no final da década de 1960, quando os investidores eram mais otimistas. Os CEOs são mais brilhantes e, consequentemente, mais pressionados para desempenhar suas atividades. Os administradores e os trabalhadores compreendem que têm de competir.

Tenho ouvido todos os dias que a aids, as secas, a inflação, a recessão, o déficit orçamentário, o déficit comercial e o dólar fraco nos aniquilarão. Desculpem-me. O dólar forte é que nos aniquilará. Dizem-me que os preços do mercado imobiliário vão entrar em colapso. No mês passado as pessoas começaram a se preocupar com isso. Neste mês, elas estão se preocupando com a camada de ozônio. Se você acredita no velho ditado sobre investimento segundo o qual o mercado de ações "escala uma parede de preocupações", tome nota de que o muro das preocupações atualmente possui uma dimensão considerável e que ele continua a crescer a cada dia.

Desenvolvi um contra-argumento completo para o argumento comum de que o déficit comercial irá nos destruir. A Inglaterra aparentemente teve um grande déficit comercial durante 70 anos e esteve pujante durante todo esse período. Mas não há sentido em levantar essa questão. No momento em que pensar sobre isso, as pessoas já terão esquecido o déficit comercial e terão começado a se preocupar com o próximo superávit comercial.

Por que o rei de Wall Street tem de estar sempre nu[4]? Estamos tão ansiosos para apanhá-lo em maus lençóis que sempre que ele desfila completamente paramentado acreditamos que vemos alguém nu.

Tenho ouvido que os investidores deveriam ficar positivamente surpreendidos quando empresas nas quais investiram são compradas por investidores corporativos agressivos ou quando são recompradas pela administração, algumas vezes dobrando o preço da ação da noite para o dia.

Quando um investidor agressivo compra um empreendimento sólido e saudável, é o acionista que é roubado. Talvez isso possa parecer um bom negócio para os investidores hoje, mas eles estão abrindo mão de sua participação no crescimento futuro. Os investidores estavam muito felizes em oferecer suas ações da Taco Bell quando a Pepsi as comprou por US$ 40 cada. Mas essa empresa de crescimento rápido continuou a crescer aceleradamente e, com base nos lucros, uma Taco Bell independente poderia valer US$ 150 por ação. Digamos que uma empresa em baixa esteja se recuperando de uma mínima de US$ 10 e algum indivíduo generoso se ofereça para adquiri-la por US$ 20. Isso parece excepcional quando ocorre. Mas o restante do aumento até US$ 100 é negado a todos, exceto ao empreendedor privado.

Algumas potenciais *tenbaggers* foram tiradas do mercado por fusões e aquisições recentes.

Tenho ouvido que estamos rapidamente nos tornando uma nação de endividados inúteis, bebedores de *cappuccino*, turistas e comedores de *croissants*. Infelizmente, é verdade que os Estados Unidos possuem uma das taxas de poupança mais baixas entre os países desenvolvidos. Parte da culpa pode ser atribuída ao governo, o qual continua a punir as poupanças ao taxar os lucros de capital e os dividendos, enquanto recompensa a dívida e as deduções tributárias sobre pagamento de juros. A conta de aposentadoria individual foi uma das mais benéficas invenções da última década – finalmente os americanos eram encorajados a economizar alguma coisa sem

---

[4] O autor faz referência ao conto "A nova roupa do rei", de Hans Christian Andersen. [N. R.]

impostos –, porém o que fez o governo? Cancelou as deduções para todos os indivíduos, exceto para os assalariados.

Apesar das frequentes tolices, continuo a ser otimista em relação aos Estados Unidos, aos americanos e ao investimento em geral. Quando se investe em ações, você tem de ter uma fé básica na natureza humana, no capitalismo, no país como um todo e na prosperidade em geral. Até agora, nada foi suficientemente forte para abalar essas minhas convicções.

Disseram-me que os japoneses começaram fabricando pequenas lembranças de festas e guarda-chuvas de papel para decorar drinques havaianos, enquanto começamos fabricando carros e televisores; enquanto agora eles fabricam os carros e os televisores e nós fabricamos as lembranças de festas e os guarda-chuvas de papel para decorar drinques havaianos. Se isso for verdade, deve haver uma empresa de crescimento rápido que fabrica guarda-chuvas de papel em algum lugar nos Estados Unidos que merece ser observada. Ela pode ser a próxima Stop & Shop.

Se você tiver de levar consigo algo desta última seção, espero que se lembre do seguinte:

- Em algum momento, no próximo mês, no próximo ano ou nos próximos 3 anos, o mercado declinará significativamente.
- Os declínios do mercado são grandes oportunidades para comprar ações de empresas pelas quais você se interessa. As correções – a definição de Wall Street para uma grande queda – deixam empresas excepcionais a um preço de oferta.
- Tentar prever a direção do mercado ao longo do próximo ano ou mesmo dos próximos 2 anos é impossível.
- Para ter êxito, você não precisa estar certo o tempo todo ou mesmo na maior parte do tempo.
- Os maiores vencedores são surpresas para mim, e as aquisições de controle são ainda mais surpreendentes. São necessários anos, e não meses, para produzir grandes resultados.
- Diferentes categorias de ações possuem diferentes riscos e recompensas.
- Você pode ganhar um bom dinheiro ao reunir uma série de lucros de 20% a 30% em ações confiáveis.
- Os preços de ações geralmente se movem em direções opostas às dos fundamentos do negócio, mas, no longo prazo, a direção e a sustentabilidade dos lucros prevalecerão.

- O simples fato de que uma empresa já possui um mau desempenho não significa que ela não possa ter um desempenho ainda pior.
- O simples fato de o preço de uma ação subir não significa que você esteja certo.
- O simples fato de o preço de uma ação cair não significa que você esteja errado.
- As ações confiáveis com grande participação institucional e ampla cobertura por Wall Street que superaram a média do mercado e estão sobrevalorizadas devem se estabilizar ou cair.
- Comprar uma empresa com perspectivas medíocres apenas porque a ação é barata é uma técnica ruim.
- Vender uma destacada empresa de crescimento rápido porque suas ações parecem estar ligeiramente sobrevalorizadas é uma técnica ruim.
- As empresas não crescem sem um motivo, assim como as empresas de crescimento rápido não permanecerão dessa forma para sempre.
- Você não perde nada ao deixar de ter uma ação bem-sucedida, mesmo se ela for uma *tenbagger*.
- Uma ação não sabe que você a possui.
- Não se apegue excessivamente a uma ação vencedora de modo que isso o torne displicente e você pare de monitorar sua história.
- Se uma ação chegar a zero, você perde a mesma quantidade de dinheiro, independentemente de haver investido US$ 50, US$ 25, US$ 5 ou US$ 2 – ou seja, tudo o que investiu.
- Por meio de eliminação e rotação cuidadosas, baseadas em fundamentos, você pode melhorar seus resultados. Quando as ações não estão de acordo com a realidade e existem melhores alternativas, venda-as e mude para outra ação.
- Quando aparecem cartas favoráveis, aumente a sua aposta, e vice-versa.
- Você não melhorará seus resultados ao retirar as flores e regar as ervas daninhas.
- Se você pensa que não pode superar o mercado, então compre cotas de um fundo de ações e economize muito tempo e dinheiro extras.
- Sempre há algo com que se preocupar.
- Mantenha a mente aberta para novas ideias.
- Você não tem de possuir todas as ações em alta. Perdi minha parcela de *tenbaggers*, e isso não me impediu de superar o mercado.

Epílogo:
APANHADO DE CALÇAS CURTAS

Iniciei este livro com uma história de férias, de forma que talvez também devesse terminar com uma. Estamos em agosto de 1982. Carolyn, eu e as crianças entramos no carro. Dirigíamos para Maryland para participar do casamento da irmã de Carolyn, Madalin Cowhill. Tenho entre oito e nove paradas para realizar entre Boston e o casamento. Todas elas são em empresas de capital aberto em um raio de 160 km da rota direta.

Carolyn e eu recentemente havíamos assinado um contrato para comprar uma nova casa. O dia 17 de agosto era o último dia no qual poderíamos abandonar o negócio sem perder os 10% que deixáramos como sinal. Lembro-me de que isso representa o salário combinado de meus três primeiros anos na Fidelity.

A compra de uma casa exige uma fé substancial no futuro de minha própria renda, a qual, por sua vez, é, em grande parte, dependente do futuro da América corporativa.

Ultimamente, os ânimos estão em baixa. As taxas de juros subiram aos dois dígitos, fazendo algumas pessoas satisfeitas em pensar que logo estaríamos tão mal quanto nos anos 1930. Os sensatos burocratas estavam se perguntando se deveriam aprender a pescar, caçar ou apanhar frutas para obter alguma vantagem sobre as milhares de pobres almas que logo estariam se dirigindo às florestas. A média do índice Dow Jones industrial está próxima aos 700 pontos, enquanto há uma década havia estado em torno dos 900. A maioria das pessoas espera que as coisas fiquem piores.

Se no verão de 1987 o cenário era otimista, no verão de 1982 o cenário era exatamente o oposto. Nós nos enchemos de coragem e decidimos não cancelar o acordo com a casa. Em algum lugar em Connecticut, percebemos que a nova casa era nossa. A parte difícil disso era como pagaríamos por ela, no longo prazo.

Ignorando tudo isso, parei para visitar a Insilco, em Meriden, Connecticut. Carolyn e as crianças passaram 3 horas na área de jogos, pesquisando o Atari. Quando terminei meu encontro, liguei para o escritório. Disseram-me que o mercado estava em alta de 38,8 pontos. Iniciando a um nível de 776, isso é o equivalente a um dia de 120 pontos em 1988. Repentinamente, as pessoas estão entusiasmadas. E elas ficam ainda mais entusiasmadas em 20 de agosto, quando o mercado sobe outros 30,7 pontos.

Praticamente da noite para o dia, tudo se modificou. As pessoas que haviam reservado suas clareiras na floresta retornaram para recomprar todas as ações que podiam obter. Elas estavam se debatendo para voltar ao mercado de ações. Há uma corrida insana para investir em todos os tipos de empreendimentos prósperos que, há uma semana, eram tidos como mortos.

Não há nada que se possa fazer, exceto os negócios de sempre. Eu havia investido todos os meus recursos – antes e depois dessa maravilhosa recuperação. Sempre tenho todos os meus recursos investidos. É uma ótima sensação essa de não ser pego desprevenido. Além disso, não posso correr para comprar mais ações. Devo visitar a Uniroyal, em Middlebury, Connecticut, e, então, a Armstrong Rubber, em New Haven. No dia seguinte, tenho de parar na Long Island Lighting, em Mineola, Nova York, e na Hazeltine, em Commack. No dia seguinte, será a vez da Philadelphia Electric e da Fidelcor, na Philadelphia. Se fizer muitas perguntas, talvez aprenda alguma coisa que não sei. E não posso perder o casamento da minha cunhada. Se você planeja se sair bem com suas ações, você tem que manter suas prioridades em ordem.

Agradecimentos

Muitas pessoas e organizações merecem reconhecimento por sua pronta e gentil assistência na preparação desta versão atualizada de *O jeito Peter Lynch de investir*. Pelo apoio geral: Doe Coover, agente literário; Paula Caputo, diretora de marketing da Fidelity Capital; e Ellen Hoffman, da Devonshire Publishing. Pela reunião e verificação dos dados: Ned Davis Research; FactSet; Dow Jones; Scott Machovina, da Fidelity Market Research; e o Fidelity Technical Group, especialmente Patricia Mulderry, Denise Russell, Shawn Bastian e Krista Wilshusen. Pela assistência editorial: Arié Dekidjiev e Doris Cooper, da Simon & Schuster.

Desde a década de 1960, tive a maravilhosa sorte de ser membro de uma família especial, a Fidelity Management and Research, carinhosamente apelidada de Fido. A Fido é um lugar cafona e antiquado, estrategicamente localizado em um antigo complexo de edifícios de nove andares em Boston, onde as pessoas convivem bem, apesar de suas diferenças, onde os debates sobre ações não se transformam em guerras de cubículos e onde os aniversários ainda são celebrados com festas e bolos.

Tantas pessoas me inspiraram que seria necessário um capítulo inteiro apenas para listar seus nomes. A seguir, relacionei alguns, e peço sinceras desculpas às pessoas que porventura tenha omitido.

Ao longo dos últimos 15 ou 20 anos[1], e, em alguns casos, até antes de 1966, gostaria de agradecer a: Mike Allara (*in memoriam*), Sam Bodman, Donald

---

[1] À época da primeira edição do livro, em 1989. [N. R.]

Burton, Bill Byrnes, Warren Casey (*in memoriam*), Sandy Cushman, Leo Dworsky, Dorsey Gardner, Joe Grause, Allan Grey, Barry Greenfield, Dick Haberman, Bill Hayes, Bob Hill, sr. Johnson II (*in memoriam*), Ned Johnson, Bruce Johnstone, Caleb Loring, Malcom McNaught, Jack O'Brien, Patsy Ostrander, Frank Parrish (*in memoriam*), Bill Pike, Dick Reilly, Dick Smith, Cathy Stephenson, D. George Sullivan (*in memoriam*), John Thies e George Vanderheiden.

Fui enormemente auxiliado por outro grupo de dedicados administradores de recursos da Fidelity, incluindo: Jeff Barmeyer (*in memoriam*), Gary Burkhead, William Danoff, George Domolky, Bettina Doulton, Bill Ebsworth, Rich Fentin, Karie Firestone, Bob Haber, Steve Kaye, Alan Leifer, Brad Lewis, Steve Peterson, Ken Richardson, Bob Stansky, Beth Terrana e Ernest Wiggins (*in memoriam*).

Também fui auxiliado por um grupo excepcional de *traders* que compram e vendem ações do Fundo Magellan e gostaria de agradecer especialmente àqueles que tornaram suave a transição de um pequeno fundo para um empreendimento multibilionário: Robert Burns, Carlene De Luca O'Brien e Barry Lyden.

Além dos limites da Fidelity, e apesar de tudo o que foi dito sobre as falhas de caráter dos profissionais de Wall Street, fui auxiliado por amigos e colegas de dois grupos: analistas setoriais de corretoras e gestores de outros fundos. Novamente, mencionarei apenas poucos nomes – e peço desculpas aos vários outros dos quais tenha porventura me esquecido:

Analistas

John Adams (*Adams, Harkness & Hill*), Mike Armellino (*Goldman, Sachs & Co.*), Steve Berman, Allan Bortel, Jon Burke, Norm Caris (*Gruntal & Co.*), Tom Clephane (*Morgan Stanley & Co.*), Art Davis, Don DeScenza (*in memoriam – Nomura Securities*), David Eisenberg (*Sanford Bernstein*), Jerry Epperson, Joe Frazzano, Dick Fredericks, Jonathan Gelles, Jane Gilday (*McKinley Allsopp*), Maggie Gilliam, Tom Hanley, Herb Hardt (*Monness, Crespi, Hardt & Co., Inc.*), Brian Harra (*Brean Murray, Foster Securities*), Ira Hirsch (*The Fourteen Research Corp.*), Ed Hyman, Sam Isaly, Lee Isgur, Robert Johnson, Joe Jolson, Paul Keleher, John Kellenyi, Dan Lee, Bob Maloney (*Wood Gundy Corp.*), Peter Marcus, Jay Meltzer (*Goldman Sachs & Co.*), Tom Petrie, Larry Rader, Tom Richter (*Robinson Humphrey*), Bill Ritger (*Dillon Reed & Co.*), Elliot Schlang, Elliot Schneider (*Gruntal & Co.*), Rick Schneider, Don Sinsabaugh (*Swergold, Chefitz & Sinsabaugh*), Stein Soelberg (*Baird, Patrick & Co.*), Oakes Spalding, Stewart

Spector, Joseph Stechler (*Stechler & Co.*), Jack Sullivan (*in memoriam – Van Kasper & Co.*), David Walshe e Skip Wells (*Adams, Harkness & Hill*).

Gestores de fundos

James Roger Bacon (*Putnam Management*), George Boltres (*Tiedman, Karlin, Boltres*), Tom Cashman (*Massachusetts Financial Services*), Ken Cassidy (*Cassidy Investments*), Tony Cope, Richard Corneliuson, Gerald Curtis (*Webster Management*), Peter deRoetth (*Account Management*), Tom Duncan (*Frontier Capital Management*), Charles Flather (*Middlegreen Associates*), Richard Frucci (*Putnam Management*), Mario Gabelli (*Gabelli & Company*), Bob Gintel (*Gintel & Company*), Dick Goldstein (*Richard Goldstein Investments*), Jon Gruber (*Gruber Capital Management*), Paul Haagensen (*Putnam Management*), Bill Harris (aposentado – *Massachusetts Financial Services*), Ken Heebner (*Capital Growth Management*), Philip Hempleman (*Ardsley Partners*), Ed Huebner (*in memoriam – Hellman, Jordan Management*), Richard Jodka, H. Alden Johnson, Jr. (*in memoriam – Massachusetts Financial Services*), Donald Keller (*Rollert & Sullivan*), David Knight (*Knight, Bain, Seath & Holbrook*), Kathy Magrath (*Valuequest*), Terry Magrath (*Valuequest*), Ed Mathias (*The Carlyle Group*), Joe McNay (*Essex Investment Management*), Bill Miller (*Legg Mason*), Neal Miller (*Fidelity*), David Mills, Ernest Monrad (*Northeast Investors*), John Neff (aposentado – *Wellington Management*), Michael Price (*MFP Investors, LLC*), Jimmy Rogers, Binkley Shorts (*Wellington Management*), Rick Spillane (*Eaton Vance – agora Fidelity*), Richard Strong (*Strong Corneliuson*), Eyk Van Otterloo (*Grantham, Mayo, Van Otterloo*), Ernst H. von Metzch (*Wellington Management*), Wally Wadman (*Constitution Research & Management Inc.*) e Matt Weatherbie (*M. A. Weatherbie & Co., Inc.*).

Tenho especial gratidão a um homem excepcional, que tem sido um amigo de minha família há 40 anos: o padre John J. Collins, o S. J., do Boston College. Ele era presidente do departamento de finanças quando frequentei essa escola e me ensinou muitas coisas importantes. Posteriormente, ele batizou todos os meus três filhos e tem sido uma constante fonte de apoio para mim e para centenas de outros estudantes e graduados do Boston College.

Este livro nunca poderia ter sido escrito sem o trabalho árduo e a persistência de Peggy Malaspina, da Malaspina Communications. Agradeço também a Jane Lajoie e ao escritor Derrick Niederman, que passou meses pesquisando e verificando dados para este livro. Meus agradecimentos a Cathy Davis e Jack Cahill, à Fidelity Research Library, a Robert Hill, da Fidelity Technical Department, a várias pessoas do Fidelity Equity Research Department e outros gestores de fundos, a Bettina Doulton, por sua ajuda especial, às minhas quatro secretárias, que contribuíram com muitas e longas horas extras, a Paula Sullivan, Evelyn Flynn, Natalie Trakas e Karen Cuneo.

Agradecimentos especiais a Bob Bender, editor sênior da Simon & Schuster, e Doe Coover, da Doe Coover Agency, por sua assistência neste projeto do começo ao fim.

Finalmente, devo prestar minhas maiores homenagens a John Rothchild, por tornar este livro possível. Sua atitude, seu talento, sua flexibilidade e seu extraordinário trabalho foram valiosos para mim ao longo deste último ano.